HISTOIRE
DU
COLLÉGE DE LOUIS-LE-GRAND.

Paris. — Imprimerie de J.-B. Gros, rue du Foin-Saint-Jacques, 18.

HISTOIRE
DU
COLLÉGE DE LOUIS-LE-GRAND

Ancien Collége des Jésuites à Paris,

DEPUIS SA FONDATION JUSQU'EN 1830,

PAR G. ÉMOND,

Censeur émérite des études au collége de Louis-le-Grand.

PARIS,

DURAND, LIBRAIRE,   LOISEL, LIBRAIRE,
Rue des Grès, 3.   Rue Saint-Jacques, 152.

1845.

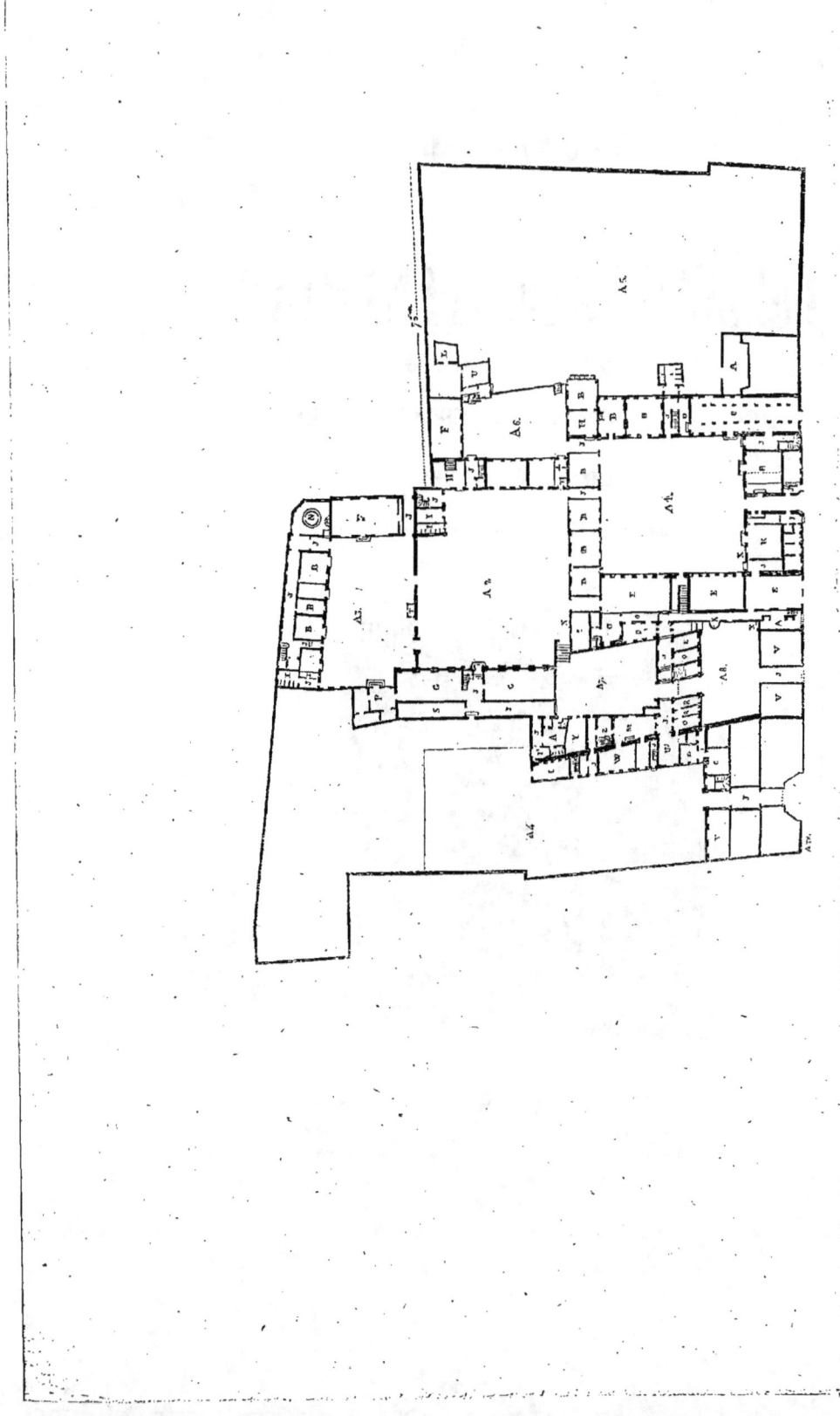

Plan du Collège de Louis-le-Grand,

Réduit sur les dessins de M. P. L. de Maingoval, élève de cette maison en 1822.

- A 1. Première cour (cour d'entrée).
- A 2. Seconde cour (cour du bassin).
- A 3. Petit collége (cour du Mans neuf).
- A 4. Cour du Plessis.
- A 5. Jardin de l'infirmerie (Chollets).
- A 6. Cour de l'infirmerie (Mans vieux).
- A 7. Cour des cuisines.
- A 8. Cour des professeurs. } Collége de Marmoutiers.
- A. Cour de la Cordonnerie.
- B. Classe.
- C. Chapelle.
- E. Réfectoire.
- F. Salle de dessin.
- F coupé. Salle d'écriture (chapelle du Mans neuf).
- I. Lieux d'aisance.
- I coupé. Réservoir.
- J. Passages-Corridors.
- I coupé. Bains de pieds (Mans neuf).
- K. Parloir.
- L. Réservoir.
- M. Cuisines.
- N. Salle de bains.
- O. Crédence et dépendances.
- P. Logement du sous-directeur du petit collége.
- Q. Lavoir.
- R. Celier.
- S. Magasin.
- T. Portier.
- U. Infirmerie (Mans vieux).
- V. Logement des professeurs.
- X. Fontaine.
- Y. Dépendances de la lingerie.
- Z. Four, boucherie.
- W. Charbonnier
- A. Cour, aujourd'hui cage d'un escalier qui conduit aux appartements du censeur.

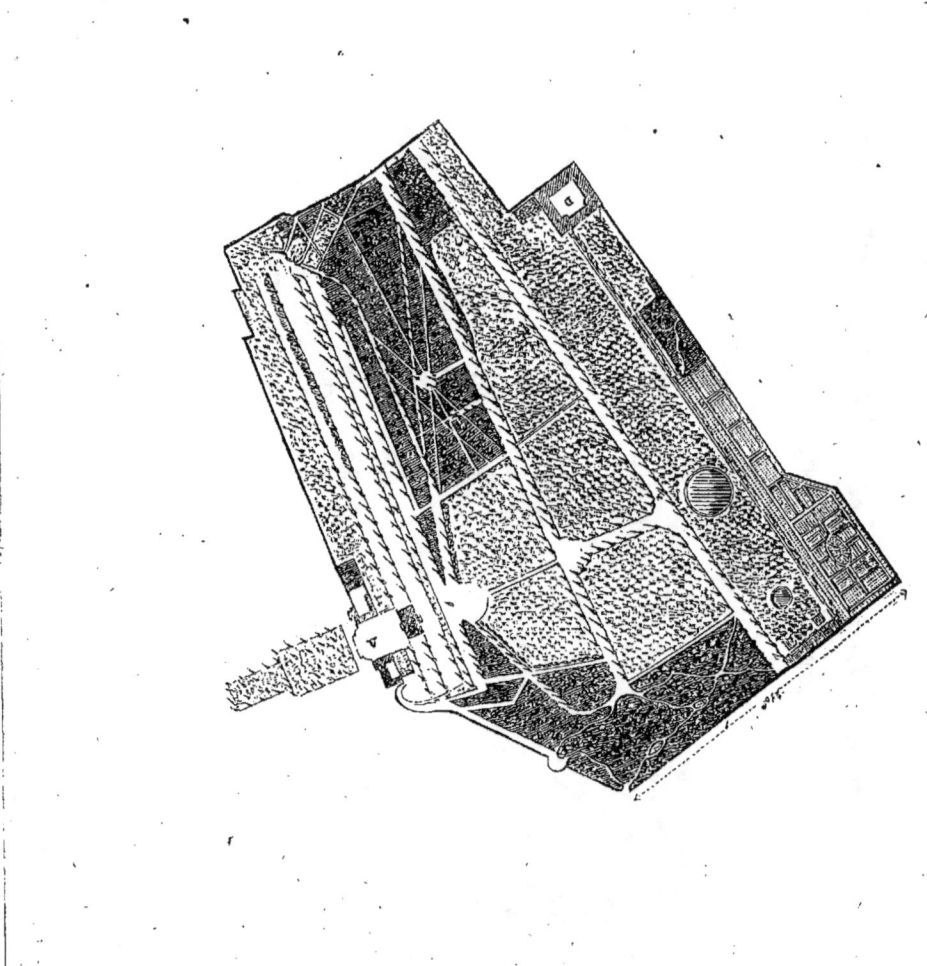

Plan du Parc de Vanvres,

Réduit sur les dessins de M. Ch. Demercières, élève du Prytanée.

A. Cour d'honneur, entre le château et l'avenue plantée par les élèves en 1798. A droite et à gauche, pavillons occupés autrefois par les officiers de la maison de Condé.
B. Potager. Après le potager, la glacière, la terrasse et la ferme.
C. Derrière le château qui s'élève au milieu d'une belle terrasse, une vaste pelouse qui descend en talus jusqu'aux allées de tilleuls. C'était anciennement un parterre. A droite et à gauche, les bocages. Dans celui de gauche, appelé le *Petit-Bois*, est une salle de verdure, formée par des marronniers qui entouraient jadis un bassin. C'est ce que l'on nomme aujourd'hui *les Quatre-Arbres*. Le parc est coupé, dans sa longueur, par des allées couvertes qui forment autant de gradins conduisant aux vastes pièces de gazon à l'extrémité desquelles se trouvent les grand et petit bassins avec jet d'eau.
D. La ferme.

PRÉFACE.

Le collége de Louis-le-Grand, d'abord collége de Clermont, puis de Louis-le-Grand; de nos jours, institut des Boursiers, collége Égalité, Prytanée français, lycée Impérial, et enfin redevenu collége de Louis-le-Grand, a, sous ses différents noms, traversé quatre siècles depuis sa fondation jusqu'à nous. Seul de tous les établissements de ce genre, il a subsisté au milieu des orages et des ruines de notre première révolution, et, en ouvrant ses classes, même sous la terreur, aux générations qui devaient être la force et la gloire de l'empire, il a empêché qu'il n'y eût lacune entre le passé et l'avenir de l'éducation publique en France.

Ce n'est pas le seul privilége de Louis-le-Grand de n'avoir jamais interrompu ses cours, et d'avoir ainsi formé la transition et le lien entre l'ancienne et la nouvelle Université; ses annales présentent, avec cette merveilleuse unité, une variété d'événements dignes d'intérêt. Cette histoire d'une maison en effet est l'histoire, en partie, des corporations les plus célèbres qui partageaient avec elle, ou lui disputaient l'instruction publique; c'est encore l'histoire d'un ordre célèbre qui sut s'établir et se maintenir, malgré les oppositions qui auraient vaincu ou découragé moins de résolution et de patience.

Singulier retour des choses d'ici-bas! Quand, dans le silence du cabinet, uniquement pour rappeler et entretenir des souvenirs qui nous étaient chers, nous avons entrepris d'écrire cette histoire du collége de Louis-le-Grand, qui nous eût dit que ce sujet si simple et si calme dût s'animer à la chaleur de discussions politiques; que des noms, des questions pour lesquels nous pouvions craindre plutôt l'indifférence que la vivacité contemporaine, réveilleraient tout à coup tant et de si grands débats? C'est là un choc du dehors qui est venu nous surprendre au milieu de notre travail, et qui, sans la troubler, a dû inquiéter notre impartialité.

Mais bientôt, rassuré par nos intentions, nous avons continué notre œuvre comme nous l'avions commencée, interrogeant avec un soin religieux les différentes pièces de ces anciens débats, et, par le spectacle de ces luttes bientôt refroidies et éteintes après avoir excité tant d'émotion, nous sentant moins disposé à nous animer des préoccupations du présent, qu'à nous inspirer de la paix et de la leçon que nous donnait le passé. Les passions d'autrefois, étudiées dans l'histoire, sont en effet un grand préservatif contre les préventions du jour, quelles qu'elles soient; on voit que le temps, en jetant sur les questions les plus agitées un peu de sable, les a bientôt apaisées.

> Hi motus animorum atque hæc certamina tanta
> Pulveris exigui jactu compressa quiescent.

Ainsi, pour cette première époque du collége de Louis-le-Grand, qui va jusqu'en 1762, et qui touche à des questions aujourd'hui délicates et vives, nous croyons nous être tenu, nous avons du moins cherché à nous tenir dans l'impartialité qui convient à l'histoire.

Lorsque Louis-le-Grand devient et demeure collége de l'État, dans cette seconde période où, étranger à toute lutte du dehors, il se fond, sans s'y perdre, dans le système général d'instruction publique, notre tâche était encore difficile par la rareté des matériaux. Louis-le-Grand avait toujours vécu, mais ses annales avaient été dispersées; la révolution en avait enlevé bien des feuilles, et y avait laissé de sanglants souvenirs. En 93, toutes ses classes n'étaient pas ouvertes à l'étude ; plusieurs avaient été converties en prisons où gémissaient, en attendant l'échafaud, des hommes qui avaient passé dans ces murs le temps heureux du jeune âge.

Ces feuilles et ces souvenirs, nous les avons rassemblés, recueillis avec beaucoup de temps et de peine : le hasard nous en a fourni un grand nombre ; les autres, nous les tenons, soit des mains, soit de la bouche de personnes qui avaient été témoins, et dont quelques unes avaient failli être victimes de ces proscriptions de la terreur. Pour les temps plus voisins de nous, nous avons eu d'obligeantes et de précieuses communications, pour lesquelles nous devons surtout témoigner notre gratitude à un proviseur que le collége de Louis-le-Grand n'a point oublié, M. Malleval; qui dans l'ordre et les succès qui depuis son administration ont contribué à la prospérité de Louis-le-Grand, peut encore reconnaître l'heureux mouvement de son habile et forte direction.

HISTOIRE

DU COLLÉGE

DE LOUIS-LE-GRAND.

CHAPITRE I.

De l'Université de Paris. — Colléges. — Ignace de Loyola. — Testament de Guillaume Duprat. — Décision du colloque de Poissy concernant la compagnie de Jésus.

L'Université de Paris fait remonter son origine à Charlemagne. Cette prétention, qui lui est toujours chère bien que généralement combattue aujourd'hui, ne repose guère que sur des hypothèses. Parmi les autorités dont elle s'appuie, il en est une qui n'est pas sans importance, peut-être, c'est la circulaire de 787, qui enjoint à tous les métropolitains d'établir des écoles dans les cathédrales, et d'en confier le soin à des personnes instruites et de bonnes mœurs ; mais rien ne prouve que cette ordonnance ait été suivie d'une exécution complète. On cite encore les remontrances du VI⁰ concile, tenu à Paris, aux successeurs dégénérés de Charlemagne, Louis et Lothaire son fils : « Nous vous supplions, nous vous adjurons, hauts et puissants seigneurs, de continuer l'œuvre de votre père, et d'établir enfin des écoles publiques dans les trois villes de votre empire dont votre sagesse aura fait choix. » La critique a voulu voir dans ces trois académies celles de Padoue, de Pavie et de Paris, qui reconnaissent Charlemagne pour fondateur; mais ce n'est encore là qu'une conjecture. En vain demandons-nous la lumière à nos archives pour nous éclairer dans la nuit de cette époque; nous voyons bien se former l'école palatine et celle des cloîtres; nous voyons naître les écoles de Lyon, d'Orléans, de Saint-Martin de Tours; celle de Paris ne se montre pas. L'Université de Paris sommeille dans l'histoire jusqu'à la fin du neuvième siècle, où le continuateur des traditions d'Alcuin, Remi d'Auxerre, vient l'aider à sortir de cette longue enfance. A Remi succèdent Hubolde, Lambert, Drogon, Manegolde, de Lutembach. C'est surtout dans le douzième siècle qu'elle brille d'un vif éclat avec Anselme de Laon, Guillaume de Champeaux, Abailard, Pierre Lombard, l'auteur des Sentences, et Pierre Lemangeur, chancelier de l'église de Paris. Robert de Courçon ne lui a pas encore donné ses statuts. Elle ne jouit pas des priviléges qui lui seront prodigués par les papes et les rois de France. Elle n'a pas essayé ses forces contre le prévôt de Paris, et Guillaume de Saint-Amour ne lui a pas appris à résister même au Saint-Siége; mais elle grandit chaque jour; elle montre avec orgueil ses classes de Sainte-Geneviève et de Saint-Victor, dont la réputation attire les étudiants de toutes les parties de l'Europe ; son recteur va paraître : elle a des colléges.

Les colléges n'ont pas toujours été ce qu'ils sont aujourd'hui. Dans le principe, on donnait ce nom à des maisons qui recevaient un certain nombre d'étudiants sous la surveillance d'un maître chargé de les conduire aux leçons des professeurs ; on finit par le transporter aux écoles dont l'organisation était devenue plus complète. Un des plus anciens colléges dont il soit parlé dans nos annales, est Notre-Dame-des-Dix-huit, dont l'établissement, qui remonte à 1180, est dû à Josse de Londres, chanoine de l'église de Paris, qui le destina à dix-huit écoliers pauvres. Toutefois, son origine ne pouvait être antérieure à celle de Saint-Thomas-du-Louvre, érigée dans le même but par Robert, fils de Louis-le-Gros ; mais la date précise de cette fondation n'est pas connue. Viennent ensuite Constantinople, Calvi, les Bons-Enfants-Saint-Honoré, le Trésorier, Cluny, les Cholets [1].

L'Université de Paris ne tarde pas à devenir un corps considérable dans l'Etat. Elle est surtout florissante dans le quatorzième siècle, qui voit s'élever plus de vingt colléges nouveaux. Les fondateurs de ces maisons ne se bornaient pas à la concession des édifices destinés à l'enseignement ; ils assignaient, en outre, des revenus pour l'entretien d'un certain nombre d'écoliers pauvres. Ces revenus étaient assurés par des propriétés foncières, inaliénables. Telle est l'origine des bourses, création ingénieuse de la charité chrétienne, qui s'emparait de l'avenir, et voulait lutter de constance avec le malheur et la misère en éternisant ses bienfaits.

---

[1] 1204—1291

En 1534, Paris pouvait compter plus de quarante colléges ; chacune de ces maisons avait son genre de célébrité. Navarre, fondé par Jeanne, reine de France, épouse de Philippe-le-Bel, avait les préférences de la cour ; Montaigu se recommandait par l'excellence de sa discipline ; Notre-Dame-de-Bayeux par ses cours de mathématiques ; Sainte-Barbe se distinguait par ses quatorze régents, qui étaient en grande renommée dans le monde savant.

[1] C'est à Sainte-Barbe, où il étudiait la philosophie, après avoir quitté Montaigu, qu'Inigo, gentilhomme espagnol, illustre dans tout l'univers sous le nom de Loyola, conçut la première idée d'un nouvel ordre religieux. C'est là qu'il connut Pierre Lefaivre, originaire de Savoie, François Xavier, Jacques Laynez, Alphonse Salmeron, Nicolas Bobadilla, tous quatre Espagnols, et Simon Rodriguez, Portugais, ses premiers prosélytes. Le 15 août 1534, jour de l'Assomption, après avoir communié dans la chapelle de Notre-Dame, à Montmartre, ils firent vœu de pauvreté, de chasteté et d'obéissance. Paul III, en 1540, approuva l'institut sous le nom de Compagnie de Jésus. En donnant ce nom à sa nouvelle milice, le fondateur voulait faire entendre que sa mission était de combattre les ennemis de la religion sous la bannière de Jésus-Christ.

[2] Ignace de Loyola, élu général, envoya ses disciples, comme autant de nouveaux apôtres, pour annoncer les vérités du salut en Allemagne, en Bavière, en Espagne, en Portugal, en France, en Écosse, en Irlande, et jusqu'aux Indes. Jacques

---

[1] 1528—1532. [2] 1541.

d'Equia fut nommé supérieur de ceux qui étudiaient à Paris. Il eut pour successeurs Jérôme Dominique et Jean-Baptiste Viole. Ce dernier se logea avec ses compagnons dans la rue des Carmes, au collége des Lombards. Soit qu'ils se trouvassent à l'étroit dans une maison de peu d'étendue et qui était, dès-lors, dans un état de délabrement dont elle ne s'est pas relevée depuis, soit qu'ils fussent déjà inquiétés par l'Université, dont l'œil jaloux suivait leurs mouvements avec défiance, les jésuites ne demeurèrent pas longtemps dans ce collége. [1] Guillaume Duprat, évêque de Clermont, les retira dans son hôtel de la rue de la Harpe, résidence affectée au titulaire de ce diocèse quand il venait à Paris. Ce prélat, qui avait vu les jésuites au concile de Trente, avait conçu pour eux une affection singulière. Ses richesses, son crédit, son pouvoir, tout ce qu'il possédait était acquis à la société naissante. Les religieux, par son intercession, obtinrent d'Henri II des lettres patentes qui leur accordaient la permission *de construire, édifier et faire bâtir des biens qui leur seraient aumônés, une maison et collége, en la ville de Paris seulement, et non en autre ville, pour y vivre selon leurs règle et statuts.*

[2] Trois ans plus tard, il fit aux jésuites une donation entre-vifs, conçue en ces termes : *Je déclare donner, par donation entre-vifs, aux religieux de la société de Jésus, en faveur et contemplation d'un collége pour ladite société, en la ville de Paris, les seigneuries de Croméde, Lempde et Saint-Amand-d'Artières, que j'avais auparavant acquises des*

---

[1] 1550. [2] 1553.

seigneurs de Ravel. Ladite donation faite en intention et pour parvenir au moyen d'acquérir une maison, en ladite ville de Paris, pour y loger et tenir leur collége perpétuel. Ses libéralités ne devaient pas s'arrêter là. Il légua par testament à la société de Jésus dix mille livres tournois, destinées à l'érection du collége projeté, et deux rentes annuelles, l'une de quinze cent quarante-cinq livres, l'autre de deux cents écus d'or au soleil, pour la dotation du nouvel établissement et l'entretien des religieux, à la charge par eux d'élever, à perpétuité, six pauvres écoliers de l'Université de Paris.

[1] La mort de Guillaume Duprat laissa néanmoins les jésuites dans un grand embarras. Ils devaient sortir de l'hôtel de Clermont, dont l'usufruit passait au successeur du prélat, et ils n'avaient pas de maison pour les recevoir. Ce n'était point l'argent qui leur manquait, mais la capacité pour acquérir. La société de Jésus n'était point reconnue en France. Le parlement avait refusé d'enregistrer les lettres patentes d'Henri II, et il ne paraissait pas disposé davantage à céder aux invitations de François II et de la régente Catherine de Médicis, qui venait de lui écrire pour le presser de se rendre au bon plaisir du roi. Les priviléges que les jésuites tenaient de leurs constitutions et des bulles du Saint-Siége avaient soulevé contre eux l'Église et l'Université, en les mettant au-dessus de la juridiction de l'évêque et du recteur. Il était question, dans ce temps-là, d'une convocation du clergé à Poissy, pour entrer en conférence avec les huguenots. Placé entre les exigences de la cour et les remon-

[1] 1560.

trances d'Eustache du Bellay, évêque de Paris, le parlement déclara en référer à cette assemblée.

Les jésuites commençaient à désespérer; cette nouvelle leur rendit la confiance. Ils comptaient sur des amis au colloque de Poissy, où il n'était pas même impossible qu'ils fussent appelés, car on cherchait partout les meilleurs théologiens. Du reste, ils étaient merveilleusement secondés par les circonstances.

Nous avons vu que Henri II avait protégé la société au berceau. Après la mort tragique de ce prince, le sceptre était tombé des mains défaillantes de François II dans celles de Charles IX, âgé de dix ans; mais la cour n'était pas changée pour les jésuites, dont la faveur se maintenait d'autant mieux qu'elle se rattachait à la politique. Catherine de Médicis et le conseil de régence étaient fatigués de la turbulence des écoles. Il ne se passait guère un mois dans l'année qui ne fût attristé par des rixes sanglantes, soit au Pré aux Clercs, soit dans les rues, soit dans les colléges, et, plus d'une fois, les régents eux-mêmes avaient pris part à la mêlée et prêté main-forte à leurs élèves. Certains recteurs aussi avaient cherché à signaler, aux dépens du repos public, leur magistrature d'un jour. La cour n'était donc pas fâchée de l'introduction d'une compagnie qui devait entrer en concurrence avec l'Université pour l'éducation de la jeunesse. Mais les jésuites, qui connaissaient la faiblesse du pouvoir, comptaient peu sur l'efficacité de ces bonnes dispositions; ils avaient besoin d'un personnage d'action, puissant et résolu; il l'avaient trouvé dans le cardinal de Lorraine.

Ce prélat était effrayé des progrès de la religion prétendue réformée. Il n'aimait pas les huguenots, non par dévouement à la cour de Rome, il l'avait bien prouvé dans sa lettre en faveur des libertés gallicanes ; mais, comme par sa naissance et sa position il était, en France, le premier prince de l'Église, il voyait une injure personnelle dans les atteintes portées d'ailleurs à l'autorité du Saint-Siége. Il n'avait pas oublié l'importance des jésuites à Trente, et l'ascendant inouï de Laynez, dont la santé réglait les séances du concile. Déjà à Rome, où il avait ménagé une conférence entre quatre de ces Pères et autant de théologiens de Paris, il avait donné la victoire à la compagnie de Jésus.[1] Au colloque de Poissy, où lui-même répondit au fameux Théodore de Bèze, il fit parler le successeur d'Ignace de Loyola; c'était Laynez : le nouvel institut, déjà autorisé par Paul III, confirmé par Jules III, accueilli par les rois Henri II et François II, fut reconnu dans le royaume. Le cardinal de Tournon, qui présidait, déclara, au nom de l'assemblée, que : *les jésuites seraient reçus et approuvés par forme de société et de collége, et non de religion nouvellement instituée, à la charge qu'ils ne feraient, ne en spirituel, ne en temporel, aucune chose au préjudice des évêques, chapitres, curés, paroisses et universités, ne des autres religieux. Ains seraient tenus de se conformer entièrement au droit commun.* Les requérants devaient en outre prendre un autre nom que celui de société de Jésus ou de jésuites.

Le parlement n'opposa plus de difficultés. Il enregistra les bulles et les lettres patentes, avec les clauses et réserves énoncées dans la déclaration de Poissy.

Quand on examine attentivement les termes de cet arrêt, on finit par reconnaître que le clergé de Poissy

[1] 1561.

et le parlement approuvaient les hommes de l'ordre fondé par Ignace de Loyola, et en condamnaient les constitutions, l'esprit et le nom même. Des dispositions aussi contradictoires devaient être, et furent en effet pour l'avenir, une source inépuisable de procès.

CHAPITRE II.

Ouverture du collége de Clermont.—Opposition de l'Université.—Julien de Saint-Germain, recteur. — Les jésuites au tribunal de l'Université. — Les jésuites citent l'Université au parlement.

La déclaration de Poissy fut accueillie avec joie par ceux qu'elle plaçait dans une condition aussi bizarre. En vertu de l'arrêt du parlement, les jésuites étaient autorisés à jouir des legs de Guillaume Duprat. Jusquelà rien n'était fait encore pour l'érection d'un collége, parce qu'ils avaient été empêchés par la position précaire où ils se trouvaient; ils songèrent à l'accomplissement du vœu de leur bienfaiteur, et jetèrent les yeux sur la cour de Langres.

C'était un hôtel considérable, situé dans la rue Saint-Jacques, entre les colléges des Cholets et de Marmoutiers, et adossé au collége du Mans. Après avoir appartenu à Bernard de Latour, évêque de Langres, il avait été vendu, en 1486, à Pierre Sionart, secrétaire du roi, par Bernard de Latour, comte de Boulogne et d'Auvergne. Le 2 juillet 1563, les jésuites l'achetèrent de

MM. Hennequin et Prévost qui en étaient alors possesseurs.

On trouva facilement des classes dans ces vastes bâtiments. Les régents de l'Université recevaient une rétribution; les jésuites publièrent que, chez eux, l'instruction serait gratuite.

Le nouveau collége n'avait donc plus qu'à ouvrir ses portes aux écoliers qui accouraient de toutes parts. Un homme interposa son *veto*. Cet homme, qui ne craignait pas de braver la volonté du roi et l'autorité du pape, qui, en approuvant l'institut, lui avait conféré le pouvoir d'enseigner dans toute la chrétienté, cet homme était un magistrat élu pour trois mois, le recteur de l'Université de Paris.

Fière de son illustre origine et des services qu'elle avait rendus à la France, l'Université de Paris, indépendamment des immunités et des franchises qu'elle tenait de la reconnaissance du pays, jouissait de grandes prérogatives dans la personne de son chef suprême. Le recteur ne reconnaissait de préséance que celle des princes du sang et du légat apostolique. Il avait le pas sur les cardinaux, les pairs de France et les ambassadeurs. Mais de tous les priviléges de l'Université, le plus honorable et le plus solide, le plus important à ses yeux, celui dont elle était surtout jalouse, lui confiait exclusivement l'instruction publique. Aussi poursuivait-elle avec une ardeur implacable les prétentions contraires à son droit.

Ici, il faut le dire, ce n'était pas seulement l'intérêt du monopole qui l'animait contre les jésuites, ses statuts lui défendaient positivement l'admission des compagnies religieuses. Tant qu'ils avaient borné leur enseignement aux novices de l'ordre, les révérends Pères n'avaient pas été inquiétés ; mais chaque fois qu'ils avaient tenté de rendre leurs leçons publiques, il avaient rencontré l'Université menaçante, prête à les dénoncer au parlement. Ils avaient bien compris qu'il s'agissait d'une guerre à outrance ; aussi s'étaient-ils préparés de longue main au combat.

Avec le roi et le cardinal de Lorraine ils étaient assurés des deux puissances de droit et de fait, qui se disputaient le gouvernement de l'État, car on sait ce qu'était alors en France la maison de Guise ; et cependant ils n'avaient point avancé d'un pas pour entrer dans l'Université. Une simple approbation du recteur eût mieux valu pour eux que la protection de ces hauts personnages. Ils ne tardèrent pas à le comprendre ; aussi avisèrent-ils à se ménager des intelligences dans le camp ennemi. Par une occurrence singulièrement favorable à leurs projets, Julien de Saint-Germain, alors recteur, était du nombre de ces hommes désireux de contenter tout le monde, capables, il est vrai, de concevoir la nécessité de la résistance, le cas échéant, mais trop faibles pour ne pas céder.

Les bons Pères commencèrent par lui expliquer la nécessité d'un ordre qui avait pour but la défense et la propagation de la foi, dans un temps où la religion était si violemment attaquée. Ensuite ils montraient, d'un côté, Luther, Calvin, Zwingle, parcourant les Pays-Bas, l'Allemagne, la Suisse, et l'hérésie se répandant sur leurs pas avec la rapidité de l'incendie ; de l'autre, François-Xavier allant porter la parole divine dans le Japon, et les peuplades sauvages se convertissant au christianisme. Ils finissaient par ces doléances : « Pourquoi ces tristes débats entre gens qui s'estiment et sont d'accord sur les principes essentiels ? Que voulez-vous que nous ne voulions également? Votre but n'est-il pas de former des sujets à la religion et au roi? Eh bien! ce que vous faites pour la France, nous le faisons, nous, pour la France et le monde entier. C'est en vain que vous refusez de nous reconnaître, nous sommes à vous, en dépit de vous-mêmes. Nos fondateurs, Ignace de Loyola et ses premiers disciples, sont vos élèves. Pourquoi l'Université repousse-t-elle des enfants qui l'aimeront toujours, qui lui seront toujours soumis? Cessons de réjouir les ennemis de la religion par le spectacle de nos discordes. »

Soit conviction, soit crainte de déplaire à tant d'illustres seigneurs, protecteurs déclarés de la société, soit impatience d'en finir avec cette longue querelle, soit concours de tous ces motifs réunis, Julien de Saint-Germain laissa échapper l'autorisation tant désirée. Deux jours après, *on lisait* dans le nouveau collége, sans beaucoup de bruit, il faut bien le croire, car l'Université ne réclama pas. Huit mois plus tard, au 1er octobre, parut, au-dessus de la porte de l'ancienne cour de Langres, cette inscription : *Collegium Claromontanum Societatis Jesu.*

C'était la fête de Saint-Remi, époque de la rentrée générale dans les colléges. Ce même jour, se présenta un huissier envoyé par le nouveau recteur Jean Prévost, qui somma les révérends Pères de fermer leurs classes. Ceux-ci montrèrent leurs lettres de scholarité. L'Université jeta un cri de surprise et de colère. En vain les jésuites voulurent tenter encore les voies de la conciliation, et supplièrent le recteur de proposer à l'Université de les admettre solennellement ; on répondit en renvoyant leur requête à la prochaine assemblée qui devait avoir lieu au 8 octobre.

[1] A la suite de la procession qui était d'usage à la fin de chaque trimestre, le recteur convoqua aux Mathurins les doyens des facultés de théologie, de droit, de médecine et des arts, les procureurs des quatre nations des arts, le procureur-syndic, le greffier et le receveur. Là, ayant à ses côtés les huit massiers qui portaient devant lui leurs bâtons à tête d'argent, revêtu des insignes de sa dignité, du manteau d'hermine et de la robe violette, avec l'escarcelle de velours violet, suspendue à sa ceinture par des cordons d'or, il dit que le conseil avait à délibérer sur la supplique des jésuites qui demandaient à entrer dans le corps enseignant. L'avis unanime conclut au rejet. Un arrêt fut lancé contre les jésuites, qui leur défendait toute leçon publique. Il y eut encore plusieurs assemblées dans lesquelles on confirma l'interdiction; mais comme ceux qu'elle frappait n'en continuaient pas moins à professer, l'Université résolut de présenter requête au parlement, en prenant conseil de ses avocats.

Pendant que leurs adversaires perdaient le temps à délibérer, les jésuites faisaient agir leurs amis. La cour rendit un arrêt qui les maintenait provisoirement en possession d'enseigner. Nouvelles supplications plus humbles et plus pressantes de leur part, nouvelle sommation du recteur qui les cite encore à comparaître aux Mathurins, pour avoir à répondre s'ils étaient religieux de la société de Jésus ou séculiers, et recevoir, en conséquence, réponse à leur requête. Ils vinrent, et voici le procès-verbal des débats :

D. « Êtes-vous séculiers, ou réguliers, ou moines ?
R. « Nous sommes en France tels que le parlement

[1] 1564.

« nous a nommés, c'est-à-dire la société du collége que
« l'on appelle de Clermont.

D. « Êtes-vous réellement moines ou séculiers ?

R. « Il n'appartient pas au tribunal, devant lequel
« nous comparaissons ici, de nous faire cette question.

D. « Êtes-vous en effet moines réguliers ou sécu=
« liers ?

R. « Nous avons déjà répondu plusieurs fois. Nous
« sommes tels que le parlement nous a nommés, et
« nous ne sommes point tenus de répondre.

D. « Vous ne donnez pas de réponse sur le nom ;
« sur la chose, vous dites que vous ne voulez pas ré-
« pondre. Le parlement vous a défendu de prendre le
« nom de jésuites ou de société du nom de Jésus.

» R. La question de nom nous importe peu. Vous
« pouvez nous citer en justice si nous prenons un
« nom qui nous soit interdit par arrêt. »

Si le recteur avait ses motifs pour insister sur une
réponse précise, les révérends Pères avaient leurs raisons pour ne pas la donner. Ils ne pouvaient nier
qu'ils fussent religieux, sans démentir leur vœu et
renoncer aux legs de l'évêque de Clermont, qui regardaient les *religieux* de la société de Jésus. D'un autre
côté, ils ne voulaient pas non plus se dire religieux,
puisqu'ils avaient été reçus par l'assemblée de Poissy
et le parlement sous forme de société et de collége
seulement, et non de religion nouvellement instituée.
Le résultat de cet interrogatoire fut le mandement
qu'on va lire :

« Nous, Jean Prévost, recteur de l'Université de
« Paris, en vertu du consentement unanime et du
« décret de ladite Université, faisons itérative défense
« à tous les jésuites de Paris, et à chacun d'eux en par-

« ticulier, de faire désormais leçons publiques, et de
« professer les belles-lettres en le ressort de cette
« Université, jusqu'à ce qu'ils aient représenté leurs
« diplômes et autres pièces qui nous garantissent l'au-
« torisation et le privilége qu'ils auraient obtenus.
« Donné sous le seing du rectorat de l'Université de
« Paris. An de grâce 1564, vingtième jour du mois
« d'octobre. »

Dans les rencontres où les adversaires se trouvaient en présence, ce n'étaient plus ces interpellations uniformes d'une part, de l'autre, ce langage laconique plein de défiance et de réserve, qui craignait de se compromettre. On ne ménageait point les paroles. « Vous nous accusez d'ambition, disaient les jésuites, et nous faisons vœu de pauvreté; nous renonçons d'avance à tous les honneurs, à toutes les dignités universitaires! Nous avons pris l'engagement d'être soumis au recteur, et parce que cet engagement ne vous semblait pas explicite, nous l'avons renouvelé en termes plus formels. Que nous reste-t-il à faire pour vous contenter? »

« Nous n'avons pas foi dans vos promesses, répondaient les suppôts de l'Université, parce que vous ne les tiendrez pas. Quand vous ouvrez vos classes au public, êtes-vous fidèles à vos constitutions, qui n'admettent dans vos écoles que les novices de votre société? Respectez-vous le vœu de votre bienfaiteur, qui ne fondait un collége que pour les jésuites? L'assemblée de Poissy et le parlement ne vous ont reçus en France que sous la condition expresse de renoncer au nom de jésuites, de ne rien entreprendre au préjudice de l'Université. Pour voir comment vous obéissez aux lois du royaume, à votre règle, il suffit de lire l'inscription affichée par vous au-dessus de la porte de votre maison. Nous jugeons de ce que vous serez plus tard, par ce que vous êtes aujourd'hui. » Les révérends Pères ne manquaient pas de s'appuyer des lettres de scholarité que leur avait données Julien de Saint-Germain; « Ces titres sont nuls, répliquaient leurs adversaires; le recteur a dépassé ses pouvoirs. » Et les jésuites de répondre : « Que nous importe? Nous avons la permission en bonne forme. » La dispute s'échauffait, et on se séparait de guerre lasse. Comme il arrive en pareil cas, chaque parti, en se retirant, s'attribuait la victoire.

L'opinion générale était que le parlement pouvait seul terminer cette grande affaire. Cette fois-ci, ce furent les jésuites qui prirent l'initiative, et demandèrent son intervention. Leur requête fut signifiée à Marescot, recteur, en sa chambre, au collége de Bourgogne. Marescot répondit qu'il en donnerait communication à son conseil. « J'irai, s'écria-t-il, et je ne me ferai pas attendre; j'irai prouver que la permission dont ils se targuent est dérisoire, nulle, et de nul effet ! »

CHAPITRE III.

Premier procès entre les jésuites et l'Université. — Plaidoiries de Pasquier, Versoris et Baptiste Dumesnil. — Les parties sont appointées.

Il était naturel de penser que cette lutte serait la dernière : on se disposa donc sérieusement au combat. Chaque parti, en mesurant ses forces, se croyait sûr de triompher. Les jésuites comptaient pour eux Catherine de Médicis, les cardinaux de Bourbon et de Tournon, le cardinal de Lorraine, dont l'appui leur avait été si utile. L'Université avait, de son côté, le prévôt des marchands et les échevins, l'évêque et les curés de Paris, le cardinal de Châtillon conservateur apostolique, les chanceliers de Notre-Dame et de Sainte-Geneviève, et les commissaires des pauvres de Clermont qui prétendaient profiter du legs de Guillaume Duprat, dans le cas où l'institut perdrait son procès. Tous ces différents personnages intervenaient aussi comme parties civiles, et l'institut n'avait pas même à leur opposer contradictoirement les exécuteurs testamentaires de l'évêque de Clermont, qui faisaient cause commune avec eux.

Paris présentait alors une physionomie singulière. La ville et la cour avaient pris parti dans cette querelle vraiment intéressante par l'importance des deux compagnies rivales : car les jésuites, nés d'hier, comme ils se plaisaient à le dire, étaient déjà assez forts pour lutter avec l'Université. On s'abordait, on parlait, on gesticulait avec feu. Vous eussiez dit que l'on était à la veille des scènes tragiques dont plus tard la capitale fut le théâtre. Tout ce mouvement devait finir par trois grands discours, et ne rien décider.

On songea d'abord de part et d'autre à se choisir des défenseurs capables. De Fontenay devait parler pour les exécuteurs testamentaires de messire Guillaume Duprat, de Thou pour les prévôt et échevins de la ville, Béchet pour l'évêque de Paris, Ayrault pour les curés, Guérard pour les chanceliers de l'Université et de Sainte-Geneviève, du Vair pour les commissaires des pauvres. L'Université, chose singulière, dit Crévier, fut embarrassée pour le choix d'un avocat. Elle en avait quatre qui formaient son conseil ordinaire : Montholon, qui fut depuis garde des sceaux, Choart, Chauvelin et Chippart. Mais le premier avait servi les jésuites de ses conseils; Choart était suspect, parce que son beau-père se montrait dévoué à leurs intérêts; Chauvelin et Chippart avaient signé pour eux dans quelques occasions. Elle jeta les yeux sur Etienne Pasquier qui fit alors sa première campagne contre la compagnie de Jésus. Versoris, déjà connu par plusieurs plaidoyers, se présenta pour l'institut.

Peu s'en fallut que les deux camps n'en vinssent

aux mains avant que le signal ne fût donné pour l'audience. Versoris s'était porté au barreau des pairs, du côté des conseillers lais. Pasquier prétendit que son confrère usurpait une place qui ne lui appartenait pas, et la revendiqua. Versoris ne voulait point céder. La contestation fut jugée par arrêt rendu sur-le-champ, qui ordonna que l'avocat des jésuites désemparerait le barreau des pairs, et le laisserait à l'Université.

Enfin le champ fut ouvert aux débats.[1] Comme ces frères à jamais fameux qui allaient décider, les armes à la main, du sort de leur patrie, les deux athlètes chargés des intérêts de leurs mandataires étaient animés de toute l'ardeur de deux grandes armées. Versoris parla le premier. Il félicita ses clients d'avoir pour juge cette cour du parlement « qui regarde chacun d'un œil qui a sa rondeur également proportionnée, œil plus droit que celui de Polyphême, lequel aucuns ont estimé, sur Philostrate, être l'œil de la France. » Il fit ensuite l'éloge de l'institut. Pasquier l'attendait à l'exposition de sa requête et des motifs dont il devait l'appuyer. Lui-même, en profond tacticien, avait prévu toutes les combinaisons probables de son adversaire, pour le battre en brèche ; mais celui-ci n'avait garde de prêter le flanc. Il se contenta de citer le contenu de la requête, et conclut sans exposer ses moyens. Pasquier, qui voyait ruiner tout son plan de réplique, en conçut un vif dépit. Il compare Ignace de Loyola à Martin Luther, et le dénonce comme un hérétique bien plus dangereux, « d'autant que, soudain que les con« sciences timorées entendent parler Luther ou Calvin, « elles se tiennent sur leurs gardes, et, comme l'on dit

[1] 1564.

« en pratique, se gardent de méprendre. A l'opposite,
« elles se laissent fort aisément surprendre et impré-
« gner du poison des Ignaciens, pour les estimer pre-
« miers protestants de notre religion contre les héré-
« tiques, ores qu'ils en soient les premiers dissipateurs.
« Je les compare proprement au lierre qui, attaché à
« une vieille parois, fait monstre extérieure de la sou-
« tenir, tandis qu'il la ruine de fond en comble, au
« long aller..... Appelez-vous simplicité de faire comme
« religieux vœu de pauvreté, tant en général qu'en
« particulier, et néantemoins qu'il vous soit permis,
« par le moyen d'un collége, tenir terres et posses-
« sions? N'est-ce pas ici un sophisme, par lequel non-
« seulement vous surprenez ce pauvre peuple, ains
« faites gerbes de foin à Dieu? Gentils Cincinnats, qui
« ne voulez pas avoir de biens comme religieux, mais
« qui voulez commander à ceux qui en auront! »

Pasquier se laissa emporter au-delà des bornes par le sentiment qui le dominait, et fut admonété par le ministère public. Il avait comparé Ignace à Luther; Versoris compara Luther à un serpent, et les jésuites à la fleur du frêne qui, suivant un préjugé populaire, est un arbre mortel pour tous les animaux venimeux. Il représenta ses clients comme des victimes de la prévention et de la calomnie. Il n'y avait pas jusqu'au nom qu'ils portaient qui ne pouvait trouver grâce devant la haine de leurs ennemis! « Comment y aurait-
« il plus d'orgueil à se nommer jésuites, qu'à se dire
« trinitaires, par exemple? Étrange inconséquence! On
« nous accuse d'être schismatiques et ultramontains!
« de recevoir des hommes de toutes les religions, et
« d'être dévoués, de corps et d'âme, à l'autorité tem-
« porelle du pape! Peu importent les contradictions,

« pourvu qu'on nous accuse! » Mais, en fin politique, il se garde bien d'inculper l'Université, les ennemis implacables des jésuites sont les ennemis de la religion. Ce sont les hérétiques, les huguenots, dont Ramus et Gallandius sont les aveugles instruments. Versoris fut moins mordant que son adversaire; il tâcha cependant de l'être autant que possible, puisqu'il s'attira les mêmes reproches du parquet.

Baptiste Dumesnil, avocat général, prit ensuite la parole. Son discours donnera une idée de l'éloquence de ce temps-là.

« Si cause fut oncques digne de la splendeur et ampli-
« tude de la cour, c'est celle qui nous occupe de céans,
« *cùm ratione subjecti, tum ratione contendentium.*
« Car, quant au sujet, il est question d'un point con-
« cernant, sinon la religion, à tout le moins, la po-
« lice d'icelle, *cui justitia proxima et maximè con-*
« *juncta est habita, imo veluti geminas sorores, Jove*
« *ipso natas, perpetuò assidere illi scripsit Hesiodus.*
« Est aussi question d'un point que le jurisconsulte ap-
« pelle public, quand il dit: *jus publicum in sacris*
« *et sacerdotibus consistere*, et qui, d'abondant, est
« général ou universel, partant, traitable en cette cour
« première et générale de ce royaume, qui est la cour
« des pairs, et qui certes retient plusieurs marques de
« l'excellence du sénat romain, auquel, en cas sem-
« blable, on trouvait avoir été tenues plusieurs au-
« diences et délibérations publiques, *de novâ et pere-*
« *grinâ religione admittendâ, vel non; de collegiis*
« *recipiendis vel rejiciendis; de retinendis aut ex-*
« *pellendis urbe professoribus*, dont les exemples par-
« ticuliers seront ci-après cités, etc. »

Après cet exorde, l'orateur se livre à des divaga-

tions interminables, dans lesquelles il fait intervenir Socrate, puis Martinus Kemnicius, puis Diegus Cayna et quantité de rois, de papes et d'évêques, avec Aulu-Gelle, Platon, Élien, les Décrétales, Guillaume de Saint-Amour, Horace et saint Augustin. Il divise son discours en trois points, et aborde enfin la question, mais non pas avant un long éloge de l'Université, et même des jésuites qui entendent faire profession d'enseigner et d'instruire la jeunesse gratuitement, *quod maximè mirum omnibus videtur*. « Car, encores que la charité
« en aucuns, et la gloire en autres, soustiennent les
« arts et le labeur, si est ce que, dès long-temps, il est
« écrit : *parentûm parcimoniam in causâ esse ut mi-*
« *nùs diligentes præceptores habeamus; undè et illud:*

« *Scire volunt omnes, mercedem solvere nemo.* »

Vient ensuite la péroraison : « Doncques, après y
« avoir plusieurs fois pensé, nous avons estimé, *ex*
« *moribus et institutis majorum, atque adeò ex repu-*
« *blicâ nostrâ, nihil aliud iis aptius videri consen-*
« *tiendum aut supplicandum, quàm in ea quæ se-*
« *quuntur;* à savoir : qu'en cette ville de Paris soit
« établi un collége, des deniers et biens ordonnés et dé-
« laissés par ledit feu évêque, qui aura titre et déno-
« mination de Clermont; duquel collége, sera modéra-
« teur et recteur, ou (à parler vulgairement) principal,
« un bon personnage non régulier d'aucun ordre, en-
« core moins de cette société, étant néanmoins de bon-
« nes mœurs et conversation, et natif dudit Clermont
« en Auvergne, ou, en défaut de ce, des villages de
« Billom ou Mauriac. Qu'en ce collége soyent nourris
« et instituez, *gratis*, aux premières lettres, douze

« pauvres enfants, l'espace de sept ans, et non plus,
« qui seront extraits de l'aumône publique établie ès
« ville de Paris et de Clermont. »

La cour n'adopta pas les conclusions de l'avocat général. Les parties furent appointées, et le *statu quo* provisoirement maintenu ; en sorte que, sans être incorporée à l'Université, comme elle le demandait, la société de Jésus demeura en possession d'enseigner.

Il est temps de le dire : Le défenseur le plus redoutable des jésuites n'assistait pas aux débats. C'était Possevin de Mantoue, déjà fameux par la confiance du pape Grégoire XIII qui l'avait chargé de missions délicates auprès des têtes couronnées. Au premier bruit d'un procès avec l'Université, ce Père avait quitté Paris pour courir à Bayonne où se trouvait la cour. Il en était revenu chargé de lettres de recommandation pour le parlement. A Rome, le général de l'ordre, Borgia, auparavant duc de Candie et vice-roi de la Catalogne, s'était jeté aux pieds du Saint-Père qui écrivit, dans les termes les plus pressants, aux cardinaux de France, à l'évêque de Paris et aux seigneurs dont il connaissait le dévouement à l'Église et à sa personne. Quand on voit des magistrats célèbres par leurs lumières et par leur attachement au bien de l'État, le chancelier de Lhopital, le premier président de Thou se déclarer pour les jésuites, il faut, ou croire que ces religieux n'étaient pas dangereux comme on les représentait, ou leur supposer des moyens de séduction surnaturels.

Si l'on en croit l'historien de Thou, fils du premier président de ce nom, le parlement voulait opposer une digue aux progrès des huguenots ; cette considération, pour être fondée, n'était pas la seule qui déterminait cette compagnie. Tout en défendant, au dehors, les intérêts de la société, les jésuites s'étaient occupés sérieusement de l'organisation de leur collége. Ils avaient des professeurs excellents, Mariana, Tyrius, Perpinien, Saphore, Valentini, surtout Auger et Maldonat qui étaient aussi d'éloquents prédicateurs. Plus tard devait paraître Sirmond, le maître chéri de saint François de Sales qui sortira des écoles de l'Université pour le suivre dans celle des jésuites. L'Université, malheureusement, n'avait pas encore ses Rollin, ses Coffin, ses Mézenguy. Quelques-uns de ses colléges étaient dans un désordre complet, à la veille de fermer les classes, faute de fonds nécessaires pour tenir plus longtemps. La comparaison était donc toute à l'avantage de ses rivaux qui joignaient au mérite de la nouveauté, toujours bien venue en France, le talent, l'argent et tout le zèle d'une institution naissante.

Sous un autre point de vue, l'Université était encore dans une position désavantageuse. Elle avait un grand nombre de colléges, et on la rendait responsable des moindres désordres qui s'y commettaient; tandis que les jésuites, qui n'avaient qu'une maison à Paris, n'avaient rien à redouter de la sévérité du public, parce que leur surveillance, étant simple et immédiate, devenait aussi plus facile et plus efficace.

L'arrêt de la cour fut diversement interprété dans le monde universitaire. La plupart n'y virent d'abord que la continuation provisoire du *statu quo*, et rien de plus. Mais les vieux régents et les anciens recteurs voyaient plus loin et témoignaient tout haut leur mécontentement. « Combien devait durer un pareil état de choses? « sans doute le temps nécessaire aux jésuites pour se « consolider! Que voulaient-ils au collège de Clermont? « la permission d'enseigner. Eh bien, ils ont gagné leur

« procès. Ils ne sont pas incorporés à l'Université,
« dira-t-on ; qu'importe ? Ce qu'ils voulaient avant tout,
« ils l'ont obtenu ; ils professeront et ne dépendront que
« d'eux-mêmes. »

L'événement a justifié ces prévisions, mais non pas les intentions attribuées aux Pères de la société de Jésus, quand on les représentait voulant comme s'isoler du corps enseignant. La suite, au contraire, va nous montrer ces religieux toujours en instance pour entrer dans l'Université. A chaque avantage qu'ils obtenaient ils faisaient des ouvertures au recteur, dans l'espoir de le trouver plus traitable, et ils étaient toujours repoussés. Ils avaient pour principe qu'on obtient tout de la persévérance et du temps. Le proverbe ne dit pas toujours vrai ; les révérends Pères en firent l'expérience.

CHAPITRE IV.

Organisation intérieure et priviléges de l'Université de Paris. — Maldonat accusé d'hérésie. — Edmond Hay. — Les jésuites ont recours à la médiation du cardinal de Bourbon. — Bulle de Grégoire XIII. — Henri III vient poser la première pierre de la chapelle au collége de Clermont.

L'Université de Paris était une véritable république, mais une république aussi jalouse de sa liberté que le furent jamais Rome et Athènes. Son premier magistrat ne fut d'abord élu que pour huit jours. A peine était-il entré en fonction, qu'il devait songer à céder la place aux prétendants qui se pressaient en foule pour lui succéder. Il fallut se décider à le continuer pendant trois mois; c'est le seul moyen qu'on trouva pour mettre un frein à l'ambition turbulente des candidats, moyen dont, plus d'une fois, l'expérience a prouvé l'insuffisance.

Ainsi que les consuls romains précédés des licteurs

avec leurs faisceaux, le recteur marchait escorté de quatre massiers portant le grand sceau de l'Université et les insignes des quatre facultés, la théologie, le droit, la médecine et les arts. Il présidait, aux Mathurins, le tribunal de l'Université, qui se composait des procureurs des quatre nations, des doyens des facultés supérieures; du syndic des arts tenant le parquet avec le greffier et le receveur; mais, par une disposition bizarre d'un acte du 22 février 1462, on ne lui donnait que la seconde place dans les assemblées particulières des facultés et des nations. Ce personnage comblé d'honneurs, ce magistrat revêtu d'or, de pourpre et d'hermine, qui dans les cérémonies publiques avait le pas sur les premiers officiers de la couronne, pouvait prétendre à quinze cents francs d'honoraires, qu'il ne complétait pas toujours avec les droits qu'il prélevait sur les parchemins. Sa mission expirée, il rentrait dans la foule.

La dernière dans l'ordre hiérarchique, la faculté des arts était, en réalité, la première dans le monde universitaire, tant par l'importance de ses attributions, que par le nombre de ses suppôts et de ses écoliers qui, suivant le pays dont ils étaient originaires, se distribuaient en quatre nations distinguées par un titre honorifique : *Honoranda Gallorum, fidelissima Picardorum, veneranda Normannorum, constantissima Germanorum, natio*. Les nations se divisaient encore en plusieurs tribus se partageant les diverses villes comprises dans leur ressort. Elles avaient séparément un procureur, un censeur, un questeur et des examinateurs, tous éligibles, et dont les fonctions étaient annuelles. A la fin du trimestre, elles désignaient, chacune, un intrant ou mandataire chargé de les représenter au conclave qui devait élire le recteur, dont la nomination était confirmée par la faculté des arts, à laquelle le candidat devait être préalablement affilié.

Nous avons vu que les Capitulaires de Charlemagne avaient placé les écoles sous l'autorité des évêques. Cette autorité s'était continuée dans la personne du chancelier de Notre-Dame, qui avait le droit de confirmer les grades et d'inspecter les colléges; mais il ne devait pas toujours jouir exclusivement de ce droit. Lorsque, suivi de ses nombreux auditeurs, Abailard, et, à son exemple, les docteurs les plus renommés quittèrent le parvis pour la montagne, ils se trouvèrent sous la juridiction de l'abbaye de Sainte-Geneviève, qui voulut avoir et eut aussi son chancelier. Ces deux dignitaires nommés, l'un par le chapitre métropolitain, l'autre par l'abbé de Sainte-Geneviève, n'étaient pas membres de l'Université; il n'en était pas ainsi des conservateurs, chargés de défendre les franchises et immunités accordées aux écoles par les papes et les rois de France; ceux-là appartenaient bien à l'Université, qui avait soin de les choisir parmi les prélats les plus puissants du royaume, et ils ne tardaient pas à comprendre qu'ils n'avaient pas une sinécure. Pour peu, en effet, qu'elle crût ses libertés menacées, toute cette innombrable population de docteurs, de licenciés, de maîtres ès arts se mettait en mouvement; c'était une levée générale de boucliers. Les chambres du parlement, la cour de Rome, la cour de France retentissaient d'énergiques protestations; le recteur fermait les classes, pour ne les ouvrir qu'après avoir reçu satisfaction complète.

Ces priviléges de l'Université étaient vraiment excessifs ; plusieurs avaient été abrogés, comme incompatibles avec l'ordre public. J'en citerai quelques-uns, qui feront comprendre ce qu'étaient les autres.

Un édit de Philippe-Auguste défend au prévôt de Paris de prendre connaissance des délits commis par les écoliers, et lui enjoint de les renvoyer en cour d'église, à leurs juges particuliers, qui devront prononcer sur l'espèce et la juridiction. Ce prince oblige aussi tous témoins à prêter aide et confort aux écoliers quand ils seront offensés, sous peine d'être déclarés consentants et fauteurs de l'injure. Le roi Philippe-le-Bel arrête que les créanciers d'un étudiant ne peuvent avoir recours sur ses meubles. Enfin Philippe de Valois exempte le corps enseignant de tous péages, tailles et impositions, tant ordinaires qu'extraordinaires.

L'importance de ces priviléges n'était pas l'unique motif de la persévérance des jésuites à vouloir entrer dans l'Université. Leurs colléges, dans le principe, étaient des séminaires destinés exclusivement aux novices. Mais ils n'avaient pas tardé à s'apercevoir combien l'instruction publique pouvait contribuer à l'agrandissement de la société. Il fut donc arrêté, par une déclaration sur le chapitre III des constitutions, que, dans les colléges où le cadre des novices ne serait pas rempli, on pourrait admettre des externes appartenant à des familles peu favorisées de la fortune, quoique étrangers à la compagnie par leur vocation ; mais on ne prétend pas exclure ceux qui sont distingués par la richesse ou la naissance, pourvu qu'ils s'entretiennent à leurs frais et qu'ils se conforment à la discipline intérieure de la maison. L'Université refusait de conférer les grades à des écoliers qu'elle ne reconnaissait pas ; la bulle de Pie IV, en accordant à la société le pouvoir de conférer les degrés pour les arts et la théologie, transforme ses colléges en autant d'universités indépendantes[1]. Malheureusement pour le nouvel institut, ce privilége n'était que conditionnel : il fallait la sanction du parlement, et le parlement exigeait le consentement de l'Université qui se gardait bien de le donner.

Voilà comment l'Université ne se lassait pas de repousser les jésuites qui ne se lassaient pas de se présenter. Les bons Pères, qui n'étaient pas les plus forts, prenaient le mal en patience, ne pouvant mieux faire ; mais l'Université ne se résignait pas d'aussi bonne grâce: Elle ne se consolait pas des derniers arrêts du parlement ; elle avait toujours les yeux fixés sur le collége de Clermont, pour surprendre ses adversaires en défaut.

Ce qu'elle voyait n'était pas fait pour la réjouir. C'étaient les écoliers accourant en foule, trois heures avant l'ouverture des portes, pour assister aux leçons de Maldonat qui enseignait la philosophie. C'était Maldonat obligé de quitter la classe devenue trop étroite pour le nombre des auditeurs, et de transporter sa chaire dans la cour. Quand les élèves sortaient du collége de Clermont, on les prenait à part, on leur faisait répéter la leçon du professeur, dans l'espoir de découvrir quelque parole mal sonnante et propre à constituer un procès. Mais voici que Maldonat est convaincu d'hérésie : il a osé avancer que la Sainte-Vierge a été conçue dans le péché originel, et que les épreuves du purgatoire ne durent pas au-delà de dix ans. Le recteur a les preuves en main : ce sont les dictées mêmes du professeur.

[1] 1561.

La première de ces deux propositions a trouvé des apologistes, bien que contraire à la doctrine de l'Église qui reconnaît l'immaculée conception; mais la seconde, si étrange à la fois et si absurde, comment la comprendre dans un homme aussi grave et aussi éclairé que Maldonat? A juger de cette affaire par les résultats, on est porté à croire que l'accusation n'était ni bien claire, ni bien exacte :

— Le recteur dénonce Maldonat à l'autorité ecclésiastique; Pierre de Gondi, évêque de Paris, déclare qu'après les informations dûment faites par son promoteur, et les témoins entendus, il reconnaît que le prévenu n'a rien enseigné qui ne soit orthodoxe.

— Le recteur s'adresse alors à la faculté de théologie; le prélat, blessé de cette démarche, défend, sous peine d'excommunication, à l'Université de connaître des propositions de Maldonat.

— Le recteur, s'autorisant de son droit, décline la juridiction de l'évêque de Paris, et fait appel au parlement comme d'abus; le parlement, tout en confirmant les priviléges de la faculté de théologie, appointe quant au fond de la question.

— Enfin le recteur a recours au cardinal de Bourbon, conservateur apostolique; et ce prince répond en demandant sans détours l'admission des jésuites dans le corps enseignant. On ne sait en vérité qui on doit admirer davantage ici, ou du cardinal voulant imposer les jésuites à l'Université qui réclame sa protection pour les faire condamner, ou des jésuites prétendant être adoptés par cette compagnie qui, non contente de les avoir toujours repoussés, invoquait contre eux alors les censures de la Sorbonne et les foudres du Vatican : car elle avait envoyé, à cet effet, une députation au souverain pontife Grégoire XIII dont la réponse est loin de démentir le langage du cardinal de Bourbon et de l'évêque de Paris. On croirait volontiers assister à une comédie dont les personnages sont d'accord pour mystifier un suppliant qui les implore tour à tour. Et parce que rien ne devait manquer à l'humiliation de l'Université, forcé par le nom du médiateur de donner suite à sa recommandation, le recteur dut assembler son conseil pour délibérer, du moins en apparence. Les voix, on le pense bien, furent unanimes pour un refus formel.

La faculté de théologie avait écrit au Saint-Père. Voici plusieurs passages de cette lettre, dont l'un fait une allusion maligne à la seconde proposition de Maldonat, qui se trouve expliquée d'une manière qui fait honneur à la sagacité des docteurs. « Nous ne vexons « aucune Église, ni même aucun particulier. Nous ne « cherchons point à nous attirer les successions, au pré-« judice des héritiers. Nous ne suggérons point des tes-« taments contraires aux droits de la nature et du sang, « pour nous enrichir. Nous ne sommes point à l'affût « pour faire tomber dans nos filets les monastères et les « autres bénéfices ecclésiastiques, de manière à en avoir « le profit, sans en acquitter les charges. Nous n'abré-« geons point les peines du purgatoire, et ne dirigeons « point, au nom de Jésus-Christ, sur le système qui les « réduit à dix ans, la conscience des princes, en leur « faisant entendre qu'on peut, sans préjudice aux âmes « des fondateurs morts depuis des siècles, enlever les « biens ecclésiastiques aux titulaires et aux autres mo-« nastères qui les possèdent, pour les donner en com-« mande, ou les appliquer à des usages profanes, ou les « transférer à d'autres œuvres de piété et à des colléges.

« Nous faisons notre cours d'études sur nos patrimoines
« souvent très-médiocres, ou sur un petit pécule acquis
« par un travail honnête, et ensuite nous nous distri-
« buons pour les fonctions et le ministère ecclésias-
« tique où nous sommes appelés ; et, après les exer-
« cices préparatoires, nous partons pour le combat. »

Cette lettre est la contre-partie de celle que le jésuite Émond Hay qui fut longtemps recteur au collége de Clermont, écrivait, onze ans auparavant, à un de ses confrères en province : « Nos exercices ont l'approba-
« tion de tous les gens de bien, mais ils déplaisent beau-
« coup à ceux que la détestable soif de l'or gouverne
« plus que l'honneur de Dieu, et le nombre en est ici
« très-grand. Cette espèce d'hommes nous fait la guerre
« avec plus d'audace néanmoins que de succès. »

L'esprit de parti se montrait avec toute son aigreur dans ces récriminations également injustes de part et d'autre. Les régents de l'Université avaient raison d'exiger des honoraires de leurs écoliers, et la société de Jésus, comme ordre mendiant, n'avait pas tort d'accepter les legs faits en sa faveur.

Émond Hay exprime bien l'idée fixe de la compagnie par ces mots : « Nous espérons qu'incessamment l'Uni-
« versité se verra dans le cas de nous adopter, ou de gré,
« ou de force. » Les jésuites s'étaient fait des partisans dans le sein même de l'Université. De ce nombre, un des plus zélés était Charles, cardinal de Bourbon, archevêque de Rouen et légat d'Avignon, le même que le duc de Mayenne voulut mettre sur le trône en 1589, sous le nom de Charles X. C'était un prince naturellement porté au bien, mais faible, pusillanime et incapable de soutenir le rôle auquel il était appelé par sa naissance. Il se démit du titre de conservateur aposto-

lique, au grand contentement de l'Université qui était obsédée de ses demandes en faveur de ses protégés. On le voit figurer encore dans le passage suivant, extrait des registres de l'Académie de Paris, où les recteurs consignaient les faits remarquables qui se rattachaient à leur gestion :

« [1] Thomas Scourion, bachelier dans la très-salutaire faculté de médecine, élu recteur par acclamation de la faculté des lettres, après avoir professé, trois ans, les humanités au collége de la Marche, et, autant d'années, la philosophie au collége du cardinal Lemoine, exerça, depuis le 16 décembre 1577 jusqu'au 24 mars 1578. Dans cet intervalle, les jésuites de la *maison de Clermont* demandèrent à être incorporés à l'Académie. Ils espéraient obtenir cette grâce par le crédit et l'autorité du très-illustre cardinal de Bourbon, prince du sang. Prétextant un ordre du Saint-Père et du roi très-chrétien, ils conduisirent le recteur et une commission nommée à cet effet, auprès de sa seigneurie qui, après avoir exposé l'objet de cette réunion et le zèle des jésuites à bien mériter de l'État, requit l'admission de cette société. Mais, sur les représentations du recteur et des députés qui prononcèrent que la règle des jésuites était incompatible avec les lois fondamentales et la discipline de l'Université, le cardinal déclara s'en rapporter à la décision de l'Académie, avec une déférence filiale et le dévouement d'un zélé conservateur. Les jésuites furent ainsi déboutés de leurs prétentions. »

Le bon vouloir du cardinal ne s'arrêtait pas toujours à des manifestations stériles. C'est lui qui acheta de Madeleine de Savoie, veuve du connétable de Montmo-

[1] 1578.

rency, l'hôtel d'Anville, dans la rue Saint-Antoine, et qui le donna aux jésuites pour en faire leur maison professe.

Le temps était arrivé où les jésuites allaient être vengés de tant de refus. Grégoire XIII, Hugues Buoncompagno, un des plus grands pontifes qui aient occupé la chaire de Saint-Pierre, et qui vit, dans ses derniers jours, les ambassadeurs de trois rois venir du Japon reconnaître l'autorité du Saint-Siége, Grégoire XIII résolut d'user de tous ses pouvoirs temporels et spirituels, pour assurer aux jésuites les priviléges que l'Université ne voulait pas partager avec eux. Il lança la bulle « *quanta in vineâ Domini*, » dans laquelle, après avoir rappelé, à la suite d'un magnifique éloge de la compagnie, les bulles de Paul III, de Jules III, de Jules IV et de Pie V, ses prédécesseurs, il leur confirme la permission de conférer les degrés, et d'enseigner, en concurrence avec les professeurs de l'Université, avec clause dérogatoire aux conciles généraux, et nonobstant toute appellation. Déjà la bulle « *œquum reputamus* » portait faculté, aux jésuites, de se choisir des juges conservateurs pour toutes sortes de causes tant civiles que criminelles.

Bien qu'ils ne fussent pas reconnus en France, ces priviléges vraiment excessifs ne laissaient pas d'être considérables aux yeux des personnes, toujours en bon nombre, qui admettent les principes ultramontains; et puis cette haute manifestation de la bienveillance spéciale du souverain pontife environnait les jésuites, même à Paris, d'une sorte de protection.

D'autre part, les révolutions du trône en France

[1] 1578.

ne changeaient rien à leur position. Le sceptre des Valois les soutenait encore dans les mains débiles d'Henri III, successeur de son frère Charles IX. L'avénement de ce prince à la couronne avait été salué avec enthousiasme par l'Université. Il avait été harangué, à son entrée dans Paris et à son sacre, par le recteur qui, à l'époque de cette dernière cérémonie, se trouvait être Jean Boucher, depuis ligueur des plus emportés et des plus furieux. On avait fait auparavant une procession en actions de grâces pour son heureux retour de Pologne. Henri III récompensa tant d'empressement par la création de trois chaires royales ; mais il réservait aux jésuites un gage particulier de sa faveur. Ces Pères voulaient bâtir une chapelle dans leur collége; le 20 avril 1582, le roi vint en personne en poser la première pierre, sur laquelle est gravée cette inscription :

Religionis amplificandæ studio, Henricus III, Christianiss. Rex Franciæ, atque Poloniæ, in augustiss. Jesu nomen, pietatis suæ monumentum hunc primum lapidem, in ejus templi fundamentum conjecit. Anno Domini 1582. Die 20 aprilis.

Cette démarche solennelle et significative fut accompagnée d'un acte non moins éclatant de la munificence royale. Henri III fit une fondation dans le collége de Clermont pour l'entretien et l'instruction de douze écoliers nés de parents honnêtes et pauvres : l'acte en fut passé devant notaire, dans le l'abbaye de Saint-Victor-lez-Paris, le 27 avril 1582.

CHAPITRE V.

Plan d'éducation de l'institut. — Opinion de Bacon. — Etat des colléges sous Henri III. — Réforme de l'Université jugée nécessaire. — Le recteur visite les colléges. — Les jésuites et l'Université figurent dans la ligue.

---

[1] L'année suivante est une époque mémorable dans les annales du collége de Clermont. C'est en 1583 que fut envoyé de Rome le plan d'éducation et d'études connu sous le nom de *ratio studiorum*, dont les premiers éléments sont tirés des constitutions d'Ignace de Loyola, et qui fut rédigé sous les yeux d'Aquaviva général de l'ordre, par six jésuites de différentes nations, choisis parmi les plus éclairés et les plus habiles. Comme la connaissance de ce plan est indispensable pour avoir une idée juste de l'esprit qui devait diriger

[1] 1583.

les maîtres et les professeurs, on nous saura gré d'en présenter l'esquisse.

Le but que l'institut se propose dans l'éducation de la jeunesse est de former et de perfectionner la volonté, la conscience, les mœurs, les manières, l'imagination et la raison. La soumission est la première vertu du citoyen, et la docilité la première vertu de l'enfant. Si on ne prend soin de plier de bonne heure la volonté de l'homme, elle se roidira de façon à ne supporter aucun joug et à briser tous les liens. Mais en vain voudrez-vous attacher la volonté au devoir, si vous ne savez pas l'enchaîner par la conscience; et le nœud le plus puissant de la conscience, c'est la religion. La religion, en effet, a plus d'empire sur les hommes que les lois même : les lois peuvent tout au plus désarmer le bras; la religion va jusqu'à subjuguer la passion. Or, on peut cacher son bras à la vigilance humaine, et on ne saurait cacher à la vigilance divine sa plus intime passion. C'est en soumettant la volonté, en formant la conscience par l'éducation, que l'institut dirige les mœurs, dont l'attrait du plaisir et la contagion de l'exemple sont les deux écueils redoutables. Le maître prévient l'un par les distractions de l'étude, et l'autre par une surveillance active et intelligente. Les bonnes manières, qui servent d'appui et d'ornement aux bonnes mœurs, n'occupent pas moins l'attention du législateur qui recommande la modestie et la décence dans le maintien des élèves, la modération et la politesse dans les discussions, la correction dans le langage, la netteté dans la prononciation, le naturel à la fois et l'élégance dans le geste, enfin la convenance et la dignité dans tous les mouvements.

C'est par l'étude des langues savantes que s'enrichit

et se perfectionne la mémoire en même temps que le style. On demandait à Patru où il avait si bien étudié la langue française : dans Cicéron, répondit-il, et dans Horace. La mémoire s'enrichit encore des trésors de l'histoire qui déroule pour elle les annales du monde, aidée de la géographie qui dessine avec précision les villes, les empires et tous les lieux célèbres de l'univers, secondée enfin de la chronologie qui enchaîne avec ordre les époques et les événements considérables. La culture de la mémoire a dû précéder celle de l'imagination qui est fille de la mémoire. Aux belles-lettres, à l'éloquence et à la poésie est réservé le soin de former l'imagination par le commerce de Démosthènes, de Cicéron, d'Homère et de Virgile ; elle s'agrandit par la lecture, se fortifie par les préceptes et se perfectionne par l'exercice et l'imitation des grands maîtres.

Cependant, toute précieuse qu'est cette faculté, elle l'est moins encore que la raison qui nous initie aux secrets de la nature. Le but essentiel de l'éducation classique est de perfectionner ce don céleste. Ici se présente l'étude des sciences pour l'accomplir. La raison recevra de la philosophie l'intelligence des principes, des mathématiques la justesse nécessaire pour en tirer les conséquences, de la théologie l'élévation suffisante pour sortir du cercle étroit des choses humaines et arriver à la connaissance de Dieu.

Maintenant, quels sont les maîtres chargés de dispenser à la jeunesse les trésors de l'instruction ? Des maîtres qui joignent le goût au savoir, le zèle au talent, le discernement à la piété, les bonnes manières aux bonnes mœurs, l'indulgence à la fermeté ; qui ont pour leurs élèves le zèle d'un professeur éclairé, la tendresse vigilante d'un père ; qui s'appliquent à les bien connaître, qui étudient leurs forces pour voir ce qu'on peut en exiger, leurs talents pour les diriger sûrement, leurs besoins pour examiner ceux qu'il est juste de satisfaire, leur naturel enfin pour voir jusqu'à quel point il convient de le ménager ou de le combattre. Ces hommes ont fait abnégation d'eux-mêmes, ils doivent se dévouer entièrement à leurs élèves, sans rien exiger de leur reconnaissance. En vain seraient-ils tentés de s'écarter de leur devoir : le préfet qui les observe, le principal qui les dirige, le provincial qui les juge, ont sans cesse les yeux ouverts sur leur conduite.

Le maître aura recours aux récompenses plutôt qu'aux punitions. Dans les punitions indispensables, il craindra la précipitation qui donne à la justice l'air de la violence. Dans l'examen des fautes, il évitera ces investigations minutieuses et inquisitoriales qui inspirent la défiance et la terreur. Il se souviendra que savoir à propos fermer les yeux sur les fautes légères, c'est souvent prévenir les plus grands écarts. La douceur attire, et la contrainte repousse ; ce n'est donc qu'après avoir épuisé toutes les ressources de la première, qu'il fait usage de la seconde.

Il devra appuyer son autorité sur celle des parents, et conférer avec eux sur les moyens les plus propres à régler la conduite et à former le caractère de leurs enfants. Il aura surtout une affection égale pour tous les élèves, sans avoir égard aux avantages de la fortune et de la naissance.

Je ne vois rien qui justifie le reproche souvent adressé aux jésuites d'obliger leurs élèves à s'observer les uns les autres, pour dénoncer les coupables aux supérieurs. Cette surveillance mutuelle, à laquelle, il est vrai, étaient soumis les profès de l'ordre, peut avoir un but avoué dans une corporation religieuse où elle a été adoptée librement et d'un commun accord par des hommes qui s'exercent aux perfections de la vie ascétique, mais elle serait dangereuse dans les colléges, où la jeunesse égarée par les passions naissantes risquerait de confondre l'esprit de charité avec l'esprit de délation.

Ce plan d'instruction apporta dans l'éducation et l'enseignement de la jeunesse une révolution salutaire dont Bacon parle avec une sorte d'enthousiasme : « Une société nouvelle, dit ce père de la philosophie moderne, a porté la plus heureuse réforme dans nos écoles. Pourquoi de tels hommes ne sont-ils pas de toutes les nations ? Que ne les avons-nous dans nos intérêts ! » Pour ce qui regarde l'instruction de la jeunesse, dit-il encore dans son traité *De Dignitate et augmento scientiarum*, il n'y a qu'un mot à dire : Consultez les classes des jésuites ; car rien de mieux que ce qu'ils y pratiquent. Il est certain que les jésuites seraient encore en France s'ils s'étaient toujours conformés religieusement aux principes d'Ignace de Loyola, qui ne sont nullement ceux d'Escobar et de tous ces casuistes accommodants dont Pascal a fait justice. Les hommes seraient heureux si les législateurs qui font les bonnes lois, trouvaient aussi le moyen d'en assurer l'exécution !

L'éclat qui rejaillissait sur les jésuites offusquait l'Université et lui faisait sentir plus vivement le besoin d'une réforme, réforme projetée depuis longtemps, souvent entreprise et jamais accomplie, parce que ceux qui se chargeaient de corriger les abus étaient les mêmes qui se trouvaient intéressés à les maintenir. Cette fois encore, le recteur échoua dans ses efforts. On devait commencer par la faculté des arts, qui comprenait les colléges dans sa juridiction; mais elle déclara vouloir procéder seule et sans le concours des autres facultés. C'était dire ouvertement qu'elle ne voulait rien changer. Du reste, dans les circonstances actuelles, une mesure de ce genre était aussi impraticable qu'elle était nécessaire. La faiblesse de Henri III, ses débauches et ses profusions, d'un côté; de l'autre, l'ambition de la maison de Guise, avaient plongé le royaume dans un affreux désordre. La majesté royale étant dégradée, l'autorité avilie dans son principe n'était respectée nulle part: chaque année le mal croissait, et l'année suivante prouvait, par de nouveaux excès, qu'il n'était pas arrivé à son comble.

On ne peut se représenter sans horreur l'état des colléges à cette époque. Ces maisons, destinées à être le séjour de la science et de la vertu, étaient devenues des retraites de femmes de mauvaise vie, et même d'assassins : ce sont les propres termes du recteur, dans une requête adressée au roi dont il implore la protection. Une ordonnance du 6 mars[1] enjoint à ce magistrat de visiter les chambres des colléges et les boutiques des libraires, pour y saisir les mauvais livres. Les mêmes lettres l'autorisent à poursuivre les corrupteurs de la jeunesse, et à prononcer contre eux les peines académiques, réservant aux juges royaux de les punir plus rigoureusement, si le cas le requiert.

Ces arrêtés et beaucoup d'autres, très-sages, mais dont l'exécution était impossible dans ces temps d'anarchie, n'avaient d'autre effet que de prouver l'impuissance du Gouvernement.

[1] 1587.

Cependant le recteur fit la visite des colléges, mais ce ne fut qu'après les barricades, afin de recevoir le serment pour l'édit de l'union. En entrant au collége de Clermont, il protesta que cette démarche était sans conséquence pour le procès que l'Université soutenait contre les jésuites.

Le meurtre du duc et du cardinal de Guise, aux États de Blois, en rendant le roi plus odieux sans le rendre plus fort, redoubla l'audace de la ligue. Dès-lors les événements se succèdent avec une effroyable rapidité : la faction des Seize règne dans Paris, le monarque est déposé; sept mois plus tard, il est assassiné par Jacques Clément. Les étrangers sont appelés en France; Henri de Béarn marche à la conquête de sa couronne.

Pendant le siége de Paris, pour la première fois, les hostilités cessèrent entre les deux compagnies rivales qui ne songeaient qu'à signaler leur dévouement à la ligue. Il ne faut pas cependant ajouter foi à toutes les prouesses dont la tradition leur fait honneur. On conte, par exemple, que la valeur des révérends Pères ne pouvant se contenir dans l'intérieur de leur collége, allait s'aventurer au dehors, et, qu'une nuit que dix d'entre eux étaient en sentinelle à la porte Saint-Jacques, non loin de leur maison, ils empêchèrent que la ville ne fût surprise, en repoussant, avec de vieilles hallebardes, les assiégeants qui escaladaient les remparts. L'historien de Thou dément ce fait, et Crévier en fait autant de ce passage de la satire Ménippée, qui représente Rose grand-maître du collége de Navarre et recteur de l'Université, conduisant la procession, l'épée au côté, et une pertuisane sur l'épaule. Ce sont là des licences de la causticité parisienne qui fait son profit de tout ce qui prête au ridicule; mais, ce qui n'est que trop constant, ce sont les déclamations furieuses et sacriléges des Hamilton, des Boucher, des Lincestre, des Commolet et des Varade. Jésuites et suppôts de l'Université, figuraient dans les saturnales de la ligue, et se faisaient gloire de ce qui, par la suite, devait faire le sujet de récriminations mutuelles.

CHAPITRE VI.

L'Université et les jésuites à l'entrée d'Henri IV dans Paris. — L'Université demande l'expulsion des jésuites. — Arrêt du Parlement. Echec de l'Université.

---

[1] Enfin, la nuit du 21 au 22 mars 1594, Paris recouvre le calme et le bon ordre, en recevant Henri IV. Le corps enseignant ne fut pas des premiers à reconnaître le monarque légitime; le recteur Antoine de Vinci tenait pour Mayenne. L'élan général attendit pour se manifester, l'expiration de ses pouvoirs qui cessaient dans quelques jours. Cette excuse fut peu goûtée du public. On se rappelait certains actes précédents qui ne témoignaient pas d'une déférence aussi aveugle pour le chef de l'Université. Le nouveau recteur, après avoir rendu ses hom-

[1] 1594.

mages au roi, indiqua une assemblée extraordinaire au collége de Navarre. Il s'agissait de lever les scrupules que la malveillance jetait dans les esprits timorés, au sujet de l'obéissance due à Henri IV qui n'avait pas reçu l'absolution du Saint Père. Il fut déclaré que Henri était vrai et légitime roi, seigneur naturel et héritier unique des royaumes de France et de Navarre, comme fils d'Antoine de Bourbon qui descendait, en ligne directe et masculine, de Robert comte de Clermont, cinquième fils du roi saint Louis, et de Béatrix fille et héritière de Jean de Bourgogne, baron de Bourbon par sa femme Agnès.

« Toute puissance venant de Dieu, selon saint Paul, est-il dit dans le décret, ceux qui résistent à la puissance et à l'autorité de ce prince, résistent à l'ordre de Dieu, et attirent sur eux-mêmes une juste condamnation. »

Ce manifeste fut voté avec enthousiasme par tous les assistants. C'étaient Renaud de Beaune, archevêque de Bourges et grand-aumônier, François d'O, gouverneur de Paris, Jean Séguier, lieutenant civil, de la part du roi; de celle de l'Université, les docteurs en théologie au nombre de cinquante-quatre, les membres des quatre facultés et des quatre nations des arts, et tous les religieux affiliés au corps enseignant, les frères mineurs, les augustins, les carmes, les dominicains, les bénédictins, les ordres de Citeaux et de Prémontré, les chanoines réguliers de Saint-Augustin, ceux de Sainte-Croix, les guillemites, les mathurins, les religieux de Sainte-Catherine du Val-des-Écoliers.

Les jésuites n'étaient pas incorporés à l'Université, on ne s'étonne donc point de ne pas les voir dans cette assemblée; mais un autre motif les retenait : ils attendaient, pour saluer le roi, l'autorisation de la cour de

Rome. Ce scrupule était au moins étrange en France, où on ne reconnaît point au pape le pouvoir temporel hors des États romains; aussi fut-il très-mal accueilli. Je ne sais pas bien si l'Université en conçut plus d'indignation que de joie. Après avoir fait réimprimer et répandre avec profusion le plaidoyer d'Étienne Pasquier, elle fit une adresse au parlement pour demander l'expulsion des jésuites. La voici :

« Supplient humblement les recteurs, doyens et
« facultés, procureurs des nations, suppôts et escoliers
« de l'Université de Paris, disant que, dès longtemps,
« ils se sont plaints à la cour des grands désordres
« avenus en ladite Université, par certaine nouvelle
« secte qui a pris son origine tant en Espagne que ès-
« environs, prenant les qualités ambitieuses de société
« du nom de Jésus; laquelle, de tout temps, et nom-
« mément, depuis ces derniers troubles, s'est totale-
« ment rendue partiale et fautrice de la faction espa-
« gnole, à la désolation de l'Estat, tant dans cette ville
« de Paris qué dans tout le royaume de France et des-
« hors, chose, de son advancement, prévue par les-
« dits suppliants, et, signamment, par décret de la
« faculté de théologie, qui fut lors interposé, portant
« que cette nouvelle secte était introduite pour en-
« freindre tout ordre, tant politique que hiérarchique
« de l'Église, et nommément de ladite Université; re-
« fusant d'obéir aux recteurs, et, encore, aux arche-
« vêques, évêques et curés et autres supérieurs de
« l'Église. Or, est-il qu'il y a trente ans passés, que les
« suppliants de ladite société de Jésus n'ayant encore
« épandu leur venin par toutes les autres villes de
« France, ains seulement dans cette ville, présen-
« tèrent requête aux fins d'être incorporés en ladite

« Université. Laquelle cause ayant été plaidée fut ap-
« pointée au conseil, et ordonné que les choses demeu-
« reraient en état, qui était à dire que les jésuites ne
« pourraient rien entreprendre, au préjudice dudit
« arrêt. A quoi, toutefois, ils n'ont satisfait : ains, qui
« plus est, mêlant avec leurs pernicieux desseins les
« affaires d'État, n'ont servi que de ministres et
« espions, en cette France, pour avancer les affaires
« de l'Espagnol, comme il est notoire à chacun.
« Laquelle instance appointée au conseil n'a point été
« poursuivie, ni même les plaidoyers lus, de part et
« d'autre, étant, par ce moyen, péris. Ce considéré,
« Nosdits sieurs, il vous plaise ordonner que cette secte
« sera exterminée, non-seulement de ladite Univer-
« sité, mais aussi de tout le royaume de France, requé-
« rant, à cet effet, l'adjonction de M. le procureur
« général du roi, et vous ferez bien. »

La requête avait été votée par acclamation, le 18 avril 1594, à la suite d'une procession à la Sainte-Chapelle ordonnée par le recteur, pour remercier Dieu de la réduction de Paris. Il n'y avait qu'un cri contre l'entêtement coupable des jésuites. Les honnêtes gens les condamnaient hautement, et les plus furieux ligueurs devenus les plus chauds royalistes leur pardonnaient encore moins. L'occasion était belle ; il ne fallait pas la laisser échapper : l'Université prit ses mesures pour en tirer tout le parti possible. Elle créa une commission chargée de poursuivre le procès, elle imposa une contribution sur chacune des facultés pour faire face aux dépenses ; enfin, elle nomma des députés pour solliciter le concours des autorités de la ville. Ceux-ci ne réussirent pas dans cette mission, mais ils furent plus heureux auprès des curés de Paris, dont plusieurs promirent leur assistance. Ce n'est pas que ceux qui refusaient approuvassent la résistance des jésuites, mais ils ne voulaient pas l'expulsion de ces religieux.

Le rédacteur de la supplique était le recteur Jacques d'Amboise qui, dans une harangue publique, avait accusé la société d'être ennemie de la loi salique et de la royale maison des Capets. Les bons Pères voyaient bien qu'ils ne devaient pas espérer de Jacques d'Amboise la facilité de Julien de Saint-Germain; ils en appelèrent tacitement à son successeur, se promettant bien d'agir de manière à se rendre la prochaine élection favorable.

Le point essentiel était de gagner du temps. Malheureusement, le recteur en exercice fut continué dans ses fonctions. Leurs efforts ne furent cependant pas inutiles, ils parvinrent à mettre dans leurs intérêts la faculté de théologie, les doyens de droit et de médecine et trois procureurs des nations. Mais ils eurent beau employer le crédit de leurs amis, et faire toutes les soumissions possibles pour désarmer la faculté des arts, ils ne purent rien obtenir. Le recteur, à sa grande satisfaction, fut invité par son conseil à poursuivre le procès avec vigueur.

Pendant que l'accusation s'organisait au palais, les chaires de l'Université ne demeuraient pas silencieuses. Passerat, le successeur de Ramus, expliquant un passage de Cicéron, qui traite de la plaisanterie, prétend mettre la leçon en pratique, aux dépens des jésuites : « Ce sont, dit-il, des harpies, des animaux à deux pieds, sans plumes, portant une robe noire avec des agrafes; ce sont des Scythes vagabonds qui font des courses sur le domaine de l'Université.... Ils ont fait entrer dans Paris un cheval de Troie pour en faire sortir des soldats armés. Ces Ucalégons, ces Corébes ont tout perdu dans Ilion ; poltrons malpropres et impolis qui sacrifient à la déesse de l'Averne, vers luisants qui se cachent sous les broussailles! etc., etc. Il est difficile de reconnaître dans ces traits un des écrivains les plus délicats de cette époque, l'élégant, le spirituel collaborateur de la satire Ménippée ; mais, nous avons vu, de nos jours, que l'esprit de parti sait faire de ces métamorphoses.

Le parlement rendit, le 7 juillet, un arrêt qui forçait les jésuites à se présenter à la barre dans le délai de cinq jours, et prononçait, en cas de non comparution, condamnation par défaut. La cause fut plaidée à huis-clos. Jacques d'Amboise devait porter la parole en latin [1]; il ouvrit les débats par une fougueuse catilinaire conforme dans ses motifs et dans ses fins à la requête dont lui-même était l'auteur. Antoine Arnauld pour l'Université, Louis Dollé pour les curés de Paris, qui vinrent après lui, parlèrent en hommes qui se voyaient environnés de la faveur du public, et qui avaient la confiance de ne pas déplaire au souverain. « Il faut que je confesse, s'écriait Antoine Arnauld, que la colère et l'indignation me font sortir hors de moi, de voir qu'encore que ces traîtres, ces scélérats, ces assassins, ces meurtriers de rois, ces confesseurs publics de tous parricides sont entre nous ; ils vivent, ils hument l'air de la France! Comment ils vivent! Ils sont dans les palais, ils sont caressés, ils sont soutenus, ils font des ligues, des factions, des alliances, des associations nouvelles.

« Mais, dira-t-on, ils enseignent la jeunesse : — A quoi faire? à désirer, à souhaiter la mort des rois. Et cette considération de l'instruction de la jeunesse,

[1] 12 juillet 1594.

loin d'adoucir la peine de leurs crimes, doit, au contraire l'aggraver et l'augmenter........ Ou cette séance délivrera la France de ces nouveaux monstres engendrés pour la démembrer ; ou bien, si leurs ruses, si leurs artifices les maintiennent, je le dis tout haut (ils ont trouvé moyen de faire fermer les portes, mais ma voix pénétrera dans les quatre coins du royaume, et je la consacrerai encore à la postérité qui nous jugera sans crainte ni passion) : je le dis tout haut, ils nous feront encore plus de mal qu'ils ne nous en firent jamais. »

Louis Dollé, avec un langage plus mesuré, n'était pas moins violent dans ses conclusions. « Messieurs, dit-il, le sénat de Rome, ayant condamné les sacrifices d'Isis et de Sérapis, ordonna que leur temple serait détruit, afin que les prêtres isiaques perdissent à jamais l'espérance de les rétablir. Ceux qui étaient chargés de cette exécution furent saisis d'une frayeur superstitieuse, et n'osèrent y mettre la main, de peur qu'en violant l'autel de ces dieux étrangers ils ne fussent foudroyés, comme on les en menaçait. Mais le consul Emilius Paulus, assuré que tout ce qu'un citoyen faisait pour le bien de son pays était agréable à la divinité, dépouilla sa robe de pourpre, prit la hache à la main, et pour donner l'exemple, enfonça la porte le premier. Il est aujourd'hui question de savoir, si l'on doit chasser du milieu de nous des prêtres étrangers qui, sous prétexte de piété et de dévotion, sapent peu à peu les fondements de l'État, dérobent au prince le cœur de ses sujets, et débauchent le peuple de l'obéissance qu'il doit à son Roi....

« Anciennement les pontifes romains étaient obligés de donner avis au sénat des prodiges qui se rencontraient, afin de les expier. Ainsi les curés de Paris, qui ont charge des choses sacrées, vous avertissent qu'il y a un grand prodige en France ; c'est que des hommes qui se disent religieux enseignent à leurs écoliers qu'il est permis de tuer les rois et les princes! »

Seul pour soutenir le torrent de l'accusation, Duret, avocat de la société, se sentit effrayé. Il recula devant une justification détaillée de ses clients, et se retrancha dans les moyens de forme. « Si les jésuites sont crimi-
« nels, disait-il, c'est par les voies usitées qu'on doit
« les poursuivre; il appartient au procureur général,
« chargé de la vindicte publique, de prendre contre eux
« telles conclusions qu'il jugera convenable. Que si
« l'Université prétend avoir intérêt à les éloigner, que
« ne réclame-t-elle l'instance pendante, à ce sujet, au
« parlement? Cette instance n'est pas périmée! »

Duret n'en dit pas davantage. Il quitta brusquement Paris et se rendit à Tours. On ne sait pas le motif d'un départ si précipité. Peut-être voulait-il éviter d'être témoin d'une condamnation qu'il jugeait imminente.

Les jésuites demandèrent un sursis pour attendre le retour de leur avocat, et en choisir un autre, dans le cas où Duret ne reviendrait pas. Il ne leur fut accordé que trois jours. Leur cause paraissait tellement désespérée, que personne ne se présentait pour la défendre. Pour comble de disgrâce, arriva, sur ces entrefaites, une lettre de cachet que le roi, occupé au siège de Laon, adressait à la cour, pour l'inviter « à passer outre au jugement du procès, et garder le bon droit ou justice à qui il appartiendrait, sans aucune faveur, animosité, ni acception de personne quelle qu'elle fût. »

L'Université n'attendait plus que la confirmation de sa victoire par la bouche du président ; la cause fut de nouveau appointée. Par un de ces retours inattendus qui changent tout à coup la face des affaires et déconcertent toutes les prévisions humaines, la fortune relevait les jésuites qui allaient succomber.

Cet arrêt si imprévu s'explique naturellement aujourd'hui, bien que plusieurs aient voulu y voir l'effet d'une puissance mystérieuse qui aurait constamment soutenu et protégé la société de Jésus. Le roi songeait alors à obtenir son absolution de la cour de Rome. On était donc intéressé à ne pas déplaire au souverain pontife par une mesure rigoureuse.

Il est permis de croire encore que le recteur eût obtenu plus de succès, en se bornant à demander l'exécution fidèle et loyale des clauses de Poissy; car si le parlement ne pouvait oublier qu'il avait enregistré les bulles et les lettres patentes, il ne devait pas oublier davantage que les disciples de Loyola avaient des conditions à remplir.

CHAPITRE VII.

Tentative d'assassinat sur Henri IV par Jean Châtel. — Les jésuites accusés de complicité. — Perquisitions au collége de Clermont. — Procès, condamnation du père Guignard et de Jean Châtel.

Le recteur et son conseil tombèrent dans un véritable désespoir. Après ce qui venait de se passer, il fallait se résoudre à accepter les jésuites qu'on devait leur imposer tôt ou tard, ou bien consentir à les voir se constituer en corporation rivale; à voir Université s'élever contre Université. Ils ne se doutaient guère, en s'arrêtant à ces réflexions désolantes, qu'ils étaient à la veille de triompher.

Le 27 décembre suivant, [1] Henri, à son retour de Picardie, étant encore tout botté dans une des salles du Louvre, avec ses cousins le prince de Conti et le comte

[1] 1594.

de Soissons, le comte de Saint-Paul et grand nombre de courtisans, les seigneurs de Ragny et de Montigny se présentèrent pour le saluer. Comme le roi se baissait pour les relever, car ils embrassaient ses genoux, un jeune garçon qui s'était glissé dans la foule lui porta un coup de couteau qui entama la lèvre supérieure et lui rompit une dent. Il voulait fuir, après avoir jeté le fer parricide, mais il fut arrêté par un capitaine des gardes. La première parole du roi, toujours plein de clémence, fut qu'on le laissât aller, mais ayant entendu que l'assassin était du collége de Clermont, il dit : « Fallait-il donc que les jésuites fussent convaincus par ma bouche! » Jean Châtel, c'était le nom de ce monstre, fut mis entre les mains du prévôt de l'hôtel, puis conduit à la prison du Fort-l'Évêque. Il avoua qu'il cherchait depuis longtemps l'occasion de tuer le roi ; que, ce soir même, ayant vu passer dans la rue Saint-Honoré, plusieurs cavaliers et gens de pied, avec torches et flambeaux, il avait demandé qui était le roi, et qu'on lui avait répondu, en désignant Henri IV, que c'était celui qui portait des gants fourrés.

Le couteau n'était point empoisonné ; cette circonstance et celle du mouvement qui avait si heureusement trompé la main de l'assassin furent bientôt connues du public, et rassurèrent les esprits consternés par la nouvelle de cet horrible attentat. Le récit qu'on va lire est extrait d'un manuscrit dont l'authenticité nous est garantie. On reconnaît facilement, au style, que le narrateur appartient au collége de Clermont, et qu'il s'est trouvé mêlé aux événements qu'il raconte :

« Le misérable jeune homme aussitôt arresté, et interrogé qui il étoit, confessa ce qui estoit, sçavoir qu'il oyoit ses instituts sous

M. Marcilius, et qu'il avoit auparavant estudié en philosophie, aux Jésuistes, sous le P. Jean Guéret, il y avoit quasi jà sept mois passés. Ceux qui avoient juré notre ruine, sans s'attaquer à M. Marcilius, crient furieusement contre nous, que les jésuistes sont auteurs de ce parricide ; voire même le bruit court partout qu'un jésuiste déguisé a voulu tuer le roi. Aussitôt la ville fut en armes ; nous n'en fûmes toutesfois avertis qu'après les huit heures du soir. M. Brizard, conseiller de la cour, demeurant en la rüe Saint-Jacques, capitaine du quartier, reçoit mandement de se transporter en notre collége, se saisir de tous les nostres au plus-tôt.

« Voici donc arriver au collége le sieur Brizard accompagné de force gens armés. Commandement fut fait au P. Alexandre Georges recteur, de donner la liste de tous les nôtres qui, pour lors, étoient au collége, au nombre de quarante et un ; lesquels furent tous appelés et cités par leur nom, et réservés, premièrement, en la classe qui est à la gauche de la grande porte du collége d'en hault, quand on y entre. De là furent menés et conduits chacun par un soldat, hors du collége, sauf trois malades couchés dans l'infirmerie, lesquels furent donnés en garde au P. Alexandre Georges. Ainsi trente et sept de nos pères et frères furent menés droit au logis de M. Brizard, par au travers d'une populace furieuse qui deschargeoit contr'eux mille injures, et, sur aulcuns même, quelques coups de hallebardes.

« Arrivés qu'ils furent chez M. Brizard, on les serra tous dedans une salle, où ils demeurèrent toute la nuict. Sur les neuf heures et demie, arriva un mandement de M. le premier président, de lui envoyer, sous bonne et sauve garde, le P. Jean Guéret qui avait esté maistre en philosophie de Jean Chastel. M. Brizard prinst lui-même la charge de le conduire. Le premier président ordonna que ce père fût mené prisonnier au fort l'Evêque où Chastel étoit détenu prisonnier, sous la garde de maistre Pierre Lugoly lieutenant du prévost de l'hostel. Il arriva, lors, un cas mémorable qui est que, le dict Lugoly ayant présenté Chastel au P. Guéret, le dict père lui dit tout hault : Jean, dites hardiment en la présence de Messieurs qui sont icy, si vous n'avez jamais parlé ou demandé conseil du fait pour lequel vous êtes en peine. Le jeune homme respondit que non, et qu'il étoit plus marry de la peine qu'on fesoit à son dict maistre, que de la sienne propre.

Ce qu'il ne dit pas seulement pour lors, mais aussi toutes les fois qu'il fut interrogé, et en la question, et jusques aux derniers abois de la mort, entre les tenailles ardentes et les rudes secousses des quatre chevaux qui le tiroient diversement. Le lendemain qui fut le 28 décembre, le P. Guéret fut mené, du fort l'Evêque à la conciergerie du palais, et mis en un cachot où se trouvoient trois ou quatre appelants de mort. Il y demeura jusqu'au 10 de janvier de l'an 1595. Durant ce temps il fut souvent interrogé sans qu'il y eût aucune preuve contre lui. Toutefois, l'atrocité du faict de Chastel porta Messieurs à ordonner que le dict père fût appliqué à la question.

« Nos autres pères et frères ayant passé la nuict chez M. Brizard, furent, sur les sept heures du matin, ramenés au collége où fut posé un corps-de-garde. On estimoit que les grands coups étoient jà rués, et que notre innocence reconnue nous avoit mis hors de danger, quand voicy que, sur les onze heures, tous étant à table, arrivent au collége M. le président Du Drat, M. Servin avocat du roi, et plusieurs autres qui, entrant au réfectoire, firent entendre par la bouche du dit sieur Du Drat, qu'ils étoient commis par la Cour pour visiter les chambres et papiers ; partant, que eussent à obéir à justice, et leur mettre en main les clefs des chambres, les y faire conduire par l'un d'entre nous ; que les autres achevassent de dîner, sans sortir hors du lieu. En cette visite, on vint à la chambre du P. Jean Guignard qui, pour lors, enseignoit publiquement la théologie scholastique en notre collége. On trouva en son pupître certains cahiers escrits de sa main, et traitant des troubles passés et entreprinse de frère Jacques Clément jacobin, sur la sacrée personne de Henry III. Cet écrit avec autres livrets imprimés pendant les derniers troubles, furent enlevés et serrés en mains de justice. — De là, on entra en la chambre du P. Léonard Perrin qui, lors, enseignoit la métaphysique. On y trouva un sermon sur les paroles de notre Seigneur : « *Reddite quæ sunt Cæsaris, Cæsari,* » lequel fut pareillement sequestré, et de tout ce qui se trouvoit, et chez qui, fut dressé procès-verbal. Et pour autant qu'il se fesoit tard, mes dits sieurs, s'en allant, donnèrent les dict P. Guignard et Perrin en garde au R. P. Dupin provincial. Sur les cinq heures du soir, un huissier les vint quérir, disant que M. le premier président leur vouloit parler ;

toutefois il les mena droict à la conciergerie du palais, et les emprisonna chacun en un cachot. Le lendemain, qui fut le 29 décembre, le procès de Jean Chastel fut faict et parfaict, et, par le même arrêt prononcé contre lui, fut aussi dict que tous les jésuistes sortiroient, dans trois jours, hors de Paris et des autres villes, et, dans quinze jours, hors du royaume.

« Le même 29e jour de décembre, l'avocat Dollé qui avoit naguère plaidé contre nous, au nom, ce disoit-il, des curés de Paris, assisté de Doron, premier greffier de la cour et autres à ce commis par M. le premier président, vindrent au collége, après disner, et fesant sortir tous nos pères et frères de leurs chambres, sans leur permettre de rien prendre que leurs matelas et couvertures, scellèrent les dictes chambres, serrant tous nos dicts pères et frères dans la chambre proche du réfectoire, où se faict le feu commun.

« Le 30e du même mois, MM. Bauyn, Jabin et Mazurier, conseillers de la cour, vinrent au collége, commis à ce faire par la dicte cour, pour visiter les autres chambres où les sieurs Du Drat et Servin n'étoient allés. Les dicts seigneurs, gens d'honneur, étoient suivis d'un tas de valets qui vuidoient les chambres de tout ce qui leur duisoit. En même temps, quelques uns de Messieurs firent venir nos pensionnaires, et les interrogèrent de plusieurs choses, et, sur telles dispositions, plusieurs de leurs maîtres furent constitués prisonniers et menés du collége à la conciergerie du palais, cinq en nombre, sçavoir : le P. Alexandre Georges recteur, le P. Alexandre Hayus maître de la première classe, le P. Claude Burlot régent de la seconde, le P. Guillaume Curtius ministre au collége des pensionnaires, le P. Jacques Lavius préfect au mesme collége.

« Le 31e et dernier jour du mois de décembre, l'arrêt prononcé contre nous, le 29, nous fut signifié, sur les cinq heures du soir, par l'huissier Doron, convoquant à cette signification tous nos pères et frères qui restoient au collége, les assemblant au réfectoire, où il leur fit commandement d'y obéir, sur les peines y contenues.

« Depuis, la cour s'employa auprès du P. Jean Guignard, et le 7e jour de janvier[1], son arrest lui fut prononcé, portant, en

[1] 1595.

substance, que le dict père était condamné à faire amende honorable, en chemise, nuds pieds et nue tête, devant l'église de Paris, la torche au poing, et à demander pardon à Dieu, au roi et à la justice ; de là être mené en Grève, y estre pendu et estranglé, et son corps réduit en cendres. Suivant le susdict arrest, le P. Jean Guignard fut mené, le soir dudict septième jour de janvier, devant l'église de Nostre-Dame, en l'état porté en son arrest. Là estant, demanda pardon à Dieu, protestant hault et clair n'avoir point offensé le roi ni la justice. Bien leur pardonna-t-il sa mort, et ce pour l'amour de Dieu ; et ne fust jamais possibles, quelles que menaces qu'on lui fist, de tirer de lui autres paroles. On l'arresta en tel état, environ une heure sur le pont Nostre-Dame, cependant qu'on avoit envoyé à M. le premier président, pour savoir de lui ce qu'étoit à faire. Il manda qu'on passât outre. Ainsi le père fut, de ce pas, mené en Grève. En approchant de la potence, il s'écria comme saint André : « *O bona crux!* » Et puis, il adjousta qu'il ne s'étoit passé jour, depuis son entrée en religion, qu'il n'eût demandé à Dieu de pouvoir souffrir pour son honneur, et il fit une remonstrance et déclaration au peuple, que les jésuistes n'avoient prétendu que l'honneur de Dieu et la conservation de la religion catholique. Que ce qu'il avoit enseigné et escrit, étoit conforme à la parole de Dieu, doctrine de l'Église et des saints Pères. Interrogé, là dessus, s'il prioit pour le roi, il protesta l'avoir fait comme de raison ; cela dit, il fut jeté de l'eschelle, puis son corps réduit en cendres.

Le P. Guéret trouvé innocent de l'attentat de Chastel, toutefois pour avoir été son maistre en philosophie, fut nommément banni du royaume à perpétuité, et à lui enjoint de tenir son ban, sous peine de la hart. Pareille sentence donnée contre le P. Alexandre Hayus chargé d'avoir dit en classe certaines paroles inconsidérées contre la sacrée personne du roi. Les autres cinq furent confusément compris et condamnés comme tous les autres. Partant, iceux tirés de prison, le 10ᵉ de janvier, et à eux faict commandement de vuider la ville en vingt et quatre heures. »

Guignard était de Chartres, où sa famille jouissait de la considération qui environne une probité recon-

nue. Il avait assisté au colloque de Poissy et s'était même fait remarquer parmi les théologiens qui entrèrent en lice contre Théodore de Bèze. L'histoire nous a conservé un extrait des libelles qui ont provoqué sa condamnation; en voici les passages les plus saillants :
« La couronne de France peut et doit être transférée à une autre famille que celle des Bourbons. Le Béarnais, ores que converti à la foi catholique, serait traité plus doucement qu'il ne mérite, si on lui donnait la couronne monacale, en quelque couvent bien réformé, pour, illec, faire pénitence de tant de maux qu'il a faits à la France, et remercier Dieu de ce qu'il lui a fait la grâce de le connaître avant sa mort. Que si on ne peut le déposer sans guerre, qu'on guerroye, si on ne peut faire la guerre, la cause morte, qu'on le fasse mourir. »

« C'était, dit le continuateur de Fleury, un papier écrit de sa main, à l'époque de l'assassinat de Henry III, un de ces libelles enfantés par les troubles, et qu'une curiosité indiscrète fesait garder. » On invoquait pour le prévenu le bénéfice de l'amnistie, mais le souvenir de la ligue fit voir plus qu'une simple négligence dans l'existence de ce papier.

La maison de Châtel qui faisait un des coins de la rue de la Draperie, en face de la grande porte du palais, fut détruite. Sur ses ruines fut érigée une pyramide sur laquelle on grava l'arrêt du parlement.

CHAPITRE VIII.

Henri IV réconcilié avec l'Eglise. — La réforme de l'Université ordonnée par le roi. — Il est question du rappel des jésuites en France. — Edmond Richer.

La condamnation des jésuites en France retentit dans toute l'Europe, et surtout à Rome ; Clément VIII en conçut un vif chagrin. « Est-il juste, disait-il à d'Ossat qui négociait alors l'absolution d'Henri IV, est-il juste de punir tout un corps pour le crime d'un particulier ? Les grands services que les jésuites ont rendus à l'Eglise et dans toutes les parties du monde sont bien mal récompensés. Je vois par là, quoi que vous puissiez dire, Monsieur le cardinal, que les calvinistes sont encore bien puissants en France ! »

[1] Le pape consentit néanmoins à réconcilier le roi avec l'Église, mais ces réflexions, qui n'étaient pas sans

[1] 1595.

vérité, ne pouvaient tarder à frapper cet esprit de justice et de droiture qui animait le grand Henri IV. Ce prince prêta l'oreille aux sollicitations qui lui demandaient le rappel des jésuites. Parmi les motifs qui plaidaient pour ces religieux, il en est un qui avait tout pouvoir sur une âme comme la sienne, la reconnaissance. Il n'ignorait pas que, malgré les difficultés opposées d'abord par la cour de Rome, Clément VIII avait toujours été porté d'inclination pour sa personne; il avait à cœur de le contenter, et, cependant, il méditait l'édit de Nantes qui ne pouvait manquer de lui déplaire. Villeroi eut donc ordre de recommander à Sillery ambassadeur à Rome, d'assurer Sa Sainteté, que le roi ferait, en sa considération, tout ce qui dépendrait de lui, pour le rétablissement, en France, des colléges de la compagnie de Jésus.

L'état où se trouvait l'Université fut aussi une cause déterminante qui hâta la résolution du roi peu satisfait du corps enseignant dont il espérait, comme ses prédécesseurs, réveiller le zèle, par la présence d'une compagnie rivale. Pour rétablir l'ordre dans le royaume, il fallait s'occuper d'abord de l'éducation de la jeunesse; la réforme des écoles et des colléges fut décidée. On nomma, pour travailler à ce grand ouvrage, les hommes les plus considérables par leur crédit, leur savoir et leur expérience : Renaud de Beaune archevêque de Bourges, grand-aumônier de France, Achille de Harlay premier président au parlement, Jacques-Auguste de Thou président à mortier, Lazare Coquelin et Edouard Molé conseillers de la grande chambre, Jacques de la Grelle procureur général, et Louis Servin avocat général, auxquels on joignit, depuis, Séguier lieutenant de police, et Faucon De Ris premier président au parlement de Bretagne.

Les commissaires voulurent d'abord visiter le collége; ils ne trouvèrent partout que des objets d'horreur ou de pitié. On ne rencontrait, de tous côtés, que les tristes restes de la désolation qu'y avait laissés le fléau de la guerre civile. Les classes et les salles destinées aux exercices publics n'étaient plus que des écuries et des étables abandonnées qui regorgeaient encore du fumier des chevaux et des troupeaux qu'on y avait retirés. Les appartements que le feu et la brutalité des soldats avaient épargnés, étaient occupés par des étrangers qui y entretenaient leurs femmes et leurs ménages.

La vue d'un spectacle si affreux engagea les commissaires à de fréquentes réunions avec les recteurs, les procureurs des quatre nations, les principaux des colléges et les doyens des facultés supérieures, pour agir de concert avec eux, dans l'intention de porter au mal un remède prompt et efficace. On trouvait l'Université dans le même état qu'après l'expulsion des Anglais, sous Charles VII. On remit en vigueur les règlements du cardinal d'Estouteville pour le rétablissement de la discipline. On fit de nouvelles constitutions qui furent adoptées dans un conseil tenu[1], aux Mathurins, par les soins du président de Thou. On procédait enfin sérieusement à la réforme de l'Université, et ceux qui étaient chargés de cette œuvre importante, justifiaient pleinement la confiance du roi.

Ces règlements furent d'abord accueillis avec joie par les facultés qui rendirent publiquement des actions de grâce au roi et au parlement, par la bouche du recteur

[1] 1600.

Mac-Gigaut. Toutes les mesures furent prises pour en commencer l'exécution avec le nouveau siècle qui s'ouvrait par l'année 1600 ; mais, comme il était impossible d'établir la discipline prescrite par les statuts, avant l'épuration de l'Université, c'est-à-dire avant d'avoir exclu de cette compagnie les sujets indignes qui la déshonoraient, on nomma des hommes recommandables par leur vertu et leur capacité, pour faire une enquête sur la vie et les mœurs de chaque fonctionnaire. Parmi les membres de cette commission, tous choisis dans les facultés, et qui devaient agir sous l'autorité du parlement, nous placerons en tête Edmond Richer qui figure entre les adversaires les plus redoutables des jésuites.

Il était né à Chaource, en Champagne. Ses parents, pour me servir d'une expression touchante qui trouvait souvent son application dans ce temps-là, étaient pauvres et craignant Dieu. Dès sa plus tendre jeunesse, Edmond Richer se sentit appelé à l'état ecclésiastique, et privé des moyens de remplir sa vocation ; mais déjà se montrait en lui cet esprit résolu qui devait se roidir contre les obstacles. Il vint à Paris et entra, sans délibérer, dans un collége. Il manquait d'argent pour payer sa pension, il sut se rendre utile, et on consentit à le garder. La rapidité de ses progrès répondit à l'opiniâtreté de ses efforts ; en moins de quatre ans, il fut en état de professer les humanités. Il entreprit ensuite d'enseigner la parole de Dieu, et s'acquit une grande réputation dans la chaire, par la puissance de sa dialectique et la vigueur de sa parole.

Cette énergie de caractère dans le jeune âge promettait les plus beaux fruits ; malheureusement ses premières années, qu'il passa dans le besoin et dans les humiliations de la pauvreté, eurent une influence fatale sur sa vie politique. Son cœur né fier conçut une haine vindicative pour la puissance souveraine qui consacre les distinctions de la fortune et de la naissance. Voilà comment s'expliquent ses attaques réitérées contre la royauté et sa lutte opiniâtre contre le Saint-Siége.

Il avait conservé, de son éducation, une grande sévérité de mœurs qui le rendait non moins dur pour les autres que pour lui-même. S'agissait-il d'un devoir à remplir, il ne connaissait pas d'obstacle insurmontable. Combattre le mal, sous quelque forme qu'il se présentât, était pour lui un besoin. Et il ne s'arrêtait pas dans le cercle de ses attributions : étant principal au collége du cardinal Lemoine, dont il sut réduire les boursiers qui, depuis bien des années, refusaient de reconnaître l'autorité du recteur, il détruisit, en le détournant dans la Seine, un cloaque affreux qui infectait le voisinage. Une chose incroyable, c'est que, pour des travaux aussi dispendieux, il n'avait point recours au trésor public ; il trouvait des ressources suffisantes dans son économie.

Edmond Richer était l'homme de la réforme. Aussi le parlement comptait-il sur lui pour l'exécution des statuts. Il ne fallait pas moins qu'un courage aussi déterminé que le sien pour une pareille entreprise. Dès que les censeurs voulurent agir, ils soulevèrent contre eux à la fois les principaux, les régents et les écoliers. Ils se laissaient intimider ; seul Edmond Richer demeurait intrépide. On le huait, on le couvrait de boue, quand il passait dans les rues ; peu s'en fallut, un jour, qu'il ne fût lapidé : c'étaient des malades qu'il laissait crier et, s'agiter, pendant qu'il portait impitoyablement le fer dans la plaie.

CHAPITRE IX.

Edmond Richer poursuit l'œuvre de la réforme de l'Université. — Il se déclare contre les jésuites. — Rappel des jésuites. — Remontrances du parlement par l'organe de son président Achille de Harlay. — Réponse du roi.

Cependant le spectacle que présentait l'Université excitait une indignation générale. Le nom des jésuites était souvent prononcé. On se rappelait que le collége de Clermont était le seul dont les classes n'avaient pas été fermées pendant les désordres de la ligue, on trouvait en même temps des excuses pour les jésuites et des griefs contre l'Université : « Pourquoi, disait-on, pour« quoi tant reprocher aux jésuites leur Commolet, « leur Varade, leur Guignard? L'Université n'a-t-elle « pas les plus fougueux prédicateurs de la ligue, Hamil-« ton, Aubry, nommés, l'un à la cure de Saint-Côme,

« l'autre à celle de Saint-André-des-Arts, Rose dont elle
« avoit fait son conservateur apostolique? N'a-t-elle
« pas ses recteurs Cueilli et Antoine de Vinci? Il suffit
« de jeter les yeux sur la liste des ligueurs chassés de
« Paris, pour voir comment l'Université s'est montrée
« dans nos troubles. N'a-t-elle pas porté ses hommages
« au cardinal Cajetan, au cardinal de Plaisance? Faut-il
« rappeler les délibérations de la faculté de théologie,
« ses complaisances pour la maison de Guise, ses dé-
« clarations contre le roi, son dévouement à l'Espagne?
« Barrière, dit-on, a été excité par Varade; mais Bar-
« rière dénonce aussi le curé de Saint-André-des-Arts;
« Aubry étoit-il jésuite? Quant à Châtel, il avoit suivi
« les classes de l'Université, avant de faire sa philoso-
« phie au collége de Clermont, et il étudioit le droit
« depuis six mois dans l'Université, quand il leva son
« couteau sur le roi. »

Edmond Richer profita des bruits qui couraient sur
le rétablissement des jésuites, pour vaincre les obstacles qu'on opposoit à ses efforts. Il se rendit chez les
principaux des colléges et chez les régents. « Que gâ-
« gnerez-vous, leur dit-il, par votre opiniâtreté? Pensez-
« vous être plus forts que le parlement? Ne craignez-
« vous pas de lasser enfin la bonté du roi qui n'a pas eu
« à se louer de l'empressement de l'Université à le re-
« connoître? » Puis, après avoir représenté, sans
ostentation, mais avec vérité, les bons offices rendus
par lui en cette occasion au corps enseignant qu'il avait
fait rentrer en grâce avec le souverain légitime:
« Ouvrez les yeux, ajoutait-il, voyez vos colléges dé-
« peuplés. Vous avez perdu la confiance des familles.
« Les uns font élever les enfants dans la maison pater-

« nelle, les autres attendent la rentrée des jésuites,
« car on parle de rappeler les jésuites ! Attendez-vous,
« pour vous soumettre, l'ouverture du collége de Cler-
« mont ? C'est pour les jésuites que vous travaillez, car
« vous les faites regretter chaque jour. En acceptant
« la réforme, vous rendez le retour des jésuites inutile
« et probablement impossible, vous assurez votre sort
« et celui de l'Université ; en persistant dans la révolte,
« vous vous faites un ennemi du parlement qui a tou-
« jours été votre protecteur, vous perdez l'Université,
« vous vous perdez-vous-même : choisissez. »

Ces paroles étaient appuyées par des promesses qui valaient presque des effets dans la bouche d'Edmond Richer. Il s'engageait à employer tous ses efforts et tout son crédit pour empêcher le rappel des jésuites. L'Université ne résista pas plus longtemps ; la réforme fut exécutée dans tous les colléges.

[1] Les censeurs, voyant leur mandat accompli, allèrent remettre leurs pouvoirs entre les mains des commissaires du roi. Messieurs du parlement firent à Edmond Richer l'accueil le plus honorable. Leurs éloges montraient bien qu'ils lui donnaient tout le mérite de l'heureuse issue de cette affaire. Les prévenances, dont il se voyait l'objet, l'encouragèrent à parler des jésuites. Il représenta qu'il en est des établissemeuts publics comme des individus qui vivent sur leur réputation. « Aux yeux
« de la plupart des familles, l'Université, bien que re-
« nouvelée par la réforme, est encore aujourd'hui ce
« qu'elle étoit auparavant. Les régents ont à peine de
« quoi subsister avec la modique rétribution qu'ils
« reçoivent de leurs élèves ; que sera-ce donc, à la

[1] 1603.

« rentrée des jésuites se présentant comme victimes
« d'une persécution injuste, environnés de tout l'inté-
« rêt qui s'attache à l'innocence reconnue ! Les classes
« deviendront désertes, les écoliers se précipiteront
« en foule au collége de Clermont ! le retour des
« jésuites, c'est la condamnation, c'est la mort de
« l'Université ! »

Les présidents Achille de Harlay et Auguste de Thou, les conseillers Gillot et Molé, l'avocat général Servin, qu'il savait animés des mêmes sentiments que lui, étaient ceux auxquels il s'adressait particulièrement. Ces magistrats, en approuvant ses réflexions, lui répondirent que le parlement qui avait tant fait pour l'Unisité, ne l'abandonnerait pas au moment où elle se montrait digne de tout son interêt. Mais eux-mêmes n'étaient pas sans crainte du retour des jésuites ; les nouvelles arrivées de Picardie étaient loin de les rassurer.

Pendant son voyage en Picardie, où il s'était rendu pour prévenir les troubles dont cette province était menacée par les démêlés du duc d'Epernon et des frères Sobole, le roi avait reçu une députation des jésuites et promis de s'occuper de leur rétablissement. Mais son conseil et Rosny surtout n'étaient pas aussi bien disposés. Ce dernier croyait apercevoir des dangers pour le roi, dans leur retour. Henri pensait tout le contraire. « Ventre-saint-gris, disait-il à ceux qui parlaient contre les jésuites, me répondez-vous de ma personne ? » Et il rappelait les attentats dirigés contre sa vie, depuis l'arrêt de proscription, par Pierre Ouin chartreux, par un vicaire de Saint-Nicolas-des-Champs, et, tout récemment encore, par un tapissier. Tous ces crimes avaient échoué par une protection spéciale de la Providence qui n'avait pas voulu ravir sitôt un aussi bon père à ses enfants. Le jour de l'infâme Ravaillac n'était pas encore venu.

Les lettres patentes qui rappellent les jésuites sont datées de Rouen, l'an 1603, au mois de septembre. Le parlement présenta au roi ses remontrances par l'organe de son président, Achille de Harlay : « [1]Sire, votre cour
« de parlement, ayant délibéré sur vos lettres patentes
« du rétablissement des prestres et escoliers du collége
« de Clermont, en aucuns lieux de son ressort, pre-
« nant le nom de jésuites, a ordonné que très-humbles
« remontrances seroient faites à votre Majesté, et
« nous a chargés de vous représenter quelques points
« que nous avons jugés importer au bien de vos affaires
« et au salut public qui dépend de votre conservation,
« lesquels nous ont retenu de procéder à la vérification;
« et, avant que les particulariser, vous rendre grâces
« très-humbles de l'honneur qu'il vous a plu nous faire
« d'avoir agréable que ces remontrances vous soient
« faites de vive voix; faisant paroitre votre indulgence
« et bénignité envers nous, d'autant plus digne de
« louanges, qu'elle est éloignée de l'austérité des pre-
« miers empereurs romains qui ne donnoient point
« d'accès à leurs sujets vers eux, mais vouloient que
« toutes demandes et supplications leur fussent don-
« nées par écrit. L'établissement de ceux de cet ordre,
« soi-disant jésuites, en ce royaume, fut jugé si perni-
« cieux à cet État, que tous les ordres ecclésiastiques
« s'opposèrent à leur réception, et le décret de la Sor-
« bonne fut, que cette société étoit introduite pour des-
« truction, et non pour édification; et depuis, en l'as-
« semblée du clergé[2], où étoient les archevêques et

[1] 1604. [2] En septembre 1561.

« évêques, et y présidoit M. le cardinal de Tournon,
« elle fut approuvée, mais avec tant de clauses et res-
« trictions, que, s'ils eussent été pressés de les observer,
« il est vraisemblable qu'ils eussent bientôt changé de
« demeure.

« Et comme le nom et le vœu de leur société est
« universel, aussi les propositions en leur doctrine
« sont uniformes qu'ils ne reconnoissent pour supé-
« rieur que notre Saint-Père le Pape auquel ils font
« serment de fidélité et d'obéissance en toute chose,
« et tiennent pour maxime indubitable qu'il a la puis-
« sance d'excommunier les rois, et qu'un roi excom-
« munié n'est qu'un tyran, que son peuple se peut
« élever contre lui.

« Votre Majesté n'approuvera pas ces maximes; elles
« sont trop fausses et trop erronées. Il faut donc que
« ceux qui les tiennent et veulent demeurer en votre
« royaume les abjurent publiquement en leurs col-
« léges. S'ils ne le font, permettrez-vous qu'ils y
« demeurent? Ils veulent subvertir les fondements de
« votre puissance et autorité royale; s'ils le font, croi-
« rez-vous qu'ils puissent avoir une doctrine faisant
« part de leur religion, bonne pour Rome et pour
« l'Espagne, et toute autre pour la France, qui rejette
« ce que les autres reçoivent, et que, allant et retour-
« nant d'un lieu à un autre, ils le puissent déposer et
« reprendre? S'ils disent le pouvoir faire par quelque
« dispense secrète, quelle assurance prendrez-vous en
« des âmes nourries en une profession qui, par la
« diversité et changement de lieu, se rend bonne et
« mauvaise?

« Nous avons été si malheureux, de nos jours, d'avoir

« vu les détestables effets de leurs instructions en
« votre personne sacrée. Barrière, Sire (je tremble
« en prononçant ce mot), avoit été instruit par Varade,
« et confessa avoir reçu la communion sur le serment
« fait entre ses mains de vous assassiner. Ayant failli
« son entreprise, d'autres élevèrent le courage au petit
« serpent qui acheva en partie ce qu'il avoit conjuré.
« Guignard avoit fait les livres écrits de sa main, sou-
« tenant le parricide du feu roi, justement commis, et
« confirmant la proposition condamnée au concile de
« Constance.

« Que n'avons-nous pas à craindre de ces méchants
« et déloyaux actes qui se peuvent facilement renou-
« veler ? S'il nous faut passer nos jours dans une crainte
« perpétuelle de voir votre vie en hazard, quel repos
« trouverons-nous aux vôtres ?

« Seroit-ce pas impiété, prévoir le danger et le mal, et
« l'approcher si près de vous ! Seroit-ce pas se plonger
« en une profonde misère, que désirer survivre la ruine
« de cet État, lequel, comme nous l'avons autrefois
« dit, n'en est éloigné que de la longueur de votre vie ?

« Louange à Dieu, Sire, de la mutuelle bienveillance
« entre vous et notre Saint-Père ! Dieu vous maintienne
« longuement en votre couronne, et lui au Saint-Siége !
« Mais si l'âge ou l'indisposition retranchoit ses jours,
« et si son successeur, mal animé, déployoit son glaive
« spirituel sur vous, comme ses prédécesseurs sur les
« autres rois de France et de Navarre, quel regret à
« vos sujets de voir entre nous tant d'ennemis de cet
« État, et de conjurations contre votre Majesté !

« Nous ne pouvons omettre d'avoir compassion de
« l'Université ; les rois vos prédécesseurs ont eu soin
« de laisser cet ornement à votre bonne ville de Paris,

« dont cette partie, dans peu de jours, déserte, il ne se
« pourra faire que ne ressentions de la douleur de voir
« cette quatrième partie de la ville inhabitée de tant de
« familles de libraires et d'autres qui vivent avec les
« écoliers, réduites à l'aumône pour gratifier un petit
« nombre de nouveaux docteurs qui devroient étudier,
« lire, enseigner et servir au public avec les autres,
« sans faire un corps particulier composé d'un ordre
« et religion nouvelle.

« Nous savons qu'elle a besoin d'être réformée;
« mais la réformation ne sera point par sa ruine qui
« sera inévitable, non par l'absence de ceux de la
« société, mais par la multitude de colléges que vous
« permettez en diverses provinces, lesquelles ayant la
« commodité près d'eux, n'envoyeront plus leurs en-
« fants en cette ville; ce que vous jugerez de consé-
« quence, considérant que ceux qui y sont nourris,
« s'accoutument en leur jeunesse à voir et reconnoître
« le roi et les marques de souveraineté. Ceux qui sont
« élevés ez petites villes ne recevront cette instruc-
« tion et n'auront le ressentiment semblable; et, en
« ce fesant, l'Université autrefois si florissante, sera du
« tout ruinée par l'établissement de dix ou douze col-
« léges de ceux dont la société sera toujours suspecte à
« l'instruction de la jeunesse, et très-dangereuse. Ce
« sont là les très-humbles remontrances et raisons som-
« maires qui nous ont retenus de faire publier les let-
« tres, craignant qu'il ne nous fût justement re-
« proché d'avoir trop facilement procédé à la vérifi-
« cation.

« Sire, vous êtes roi et grand roi, qui jugez mieux
« ce qui est juste que tous vos sujets ensemble; votre
« parole est la justice même; mais, Sire, nous estimons

« vous pouvoir supplier nous permettre vous remon-
« trer, en toute humilité, que vos prédécesseurs ont fait
« toujours cet honneur aux parlements, comme les
« empereurs au sénat, de régler les affaires de la jus-
« tice par leur conseil ; et, combien qu'ils puissent user
« de puissance absolue, toutefois ils l'ont toujours dé-
« pouillée, pour ce regard, et réduit leur volonté à la
« civilité des loix.

« Continuez, Sire, cette grâce, et conservez l'auto-
« rité que les rois vos prédécesseurs ont donnée à votre
« cour de Parlement, qui en effet n'est point la sienne,
« mais la vôtre, parce qu'elle ne dépend que de vous, et
« quand elle l'aura perdue, pardonnez-nous, Sire, disant
« que la perte ne retombera pas sur elle, mais sur
« vous.

« Nous prions Dieu, de cœur et d'affections, accroître
« vos jours en tout heur et félicité, vous conserver la
« reine et M. le dauphin, et pour vous et pour vos sujets ;
« et nous faire la grâce de pouvoir, par la fidélité de
« notre très-humble service, vous faire paroître que ne
« désirons plus grand heur, ne contentement plus hono-
« rable, que d'être tenus de vous, tels que nous sommes,
« vos très-humbles et très-obéissants et très-fidèles su-
« jets et serviteurs. »

Le roi répondit :

« Je vous sçay bon gré du soing que vous prenez de
« ma personne et de mon Estat. J'ai toutes vos concep-
« tions en la mienne, mais vous n'avez pas la mienne en
« la vôtre. Vous m'avez proposé des difficultés qui vous
« semblent grandes et considérables, et n'avez cette
« considération, que tout ce qu'avez dit, a été pesé par
« moi, il y a huit ou neuf ans. Vous faites les entendus

« en matière d'Etat, et vous n'y entendez non plus que
« moi à rapporter un procès.

« Je veux donc que vous sachiez, touchant Poissy,
« que si vous eussiez aussi bien fait qu'un ou deux
« jésuites qui s'y trouvèrent à propos, les choses y fus-
« sent mieux allées pour les catholiques. On reconnut
« dès-lors, non leur ambition, mais leur suffisance, et
« m'étonne sur quoi vous fondez l'opinion d'ambition
« en des personnes qui refusent les dignités et préla-
« tures quand elles leur sont offertes, et qui font vœu
« à Dieu de n'y aspirer jamais, et qui ne prétendent
« autre chose, en ce monde, que servir, sans récom-
« pense, tous ceux qui veulent tirer service d'eux. Que
« si ce mot de jésuite vous déplaît, pourquoi ne repre-
« nez-vous ceux qui se disent religieux de la Trinité?
« La Sorbonne les a condamnés, mais ç'a été, comme
« vous, devant que les connoître, et si l'ancienne
« Sorbonne n'a point voulu, par jalousie, les recon-
« noître, la nouvelle en fait des estimes et s'en loue.
« S'ils n'ont été en France jusqu'à présent, Dieu me
« réserve cette gloire que je tiens à grâce de les y éta-
« blir, et s'ils n'y étoient pas par provision, ils y seroient
« désormais par édit et par arrêt. La volonté de mes
« prédécesseurs les retenoit, ma volonté est de les
« établir.

« L'Université les a contre-pointés, mais ç'a été, ou
« pour ce qu'ils faisoient mieux que les autres, témoin
« l'affluence des écoliers qu'ils avoient en leurs colléges,
« ou pour ce qu'ils n'étoient incorporés à l'Université,
« dont ils ne feront maintenant refus quand je leur
« commanderai, et quand, pour les remettre, vous serez
« contraints de me les demander.

« Le vœu d'obéissance qu'ils font au pape ne les oblige
« pas davantage à suivre son vouloir, que le serment de
« fidélité qu'ils me feroient de n'entreprendre rien
« contre le prince naturel. Mais ce vœu n'est pas pour
« toutes choses, ainsi ne le font que d'obéir au pape
« quand je voudrai les envoyer à la conversion des infi-
« dèles ; et, de fait, c'est par eux que Dieu a converti
« les Indes, et c'est ce que je dis souvent : si l'Espagne
« s'en est servie, pourquoi ne s'en servira la France?
« Notre condition est-elle pire que les autres? L'Espagne
« est-elle plus aimable que la France? Si elle l'est aux
« siens, pourquoi ne le sera la France aux miens?

« Touchant l'opinion qu'ils ont du pape, je sais qu'il
« les estime fort, et aussi fais-je, moi, mais vous ne dites
« pas que, ces jours derniers, les jésuites ont soutenu
« que le pape ne pouvoit errer, mais que Clément
« pouvoit faillir; en tout cas, je m'assure qu'ils ne
« disent rien davantage que les autres de l'autorité du
« pape, et crois que, quand on en voudroit faire le
« procès aux opinions, il le faudroit faire à celles de
« l'Eglise catholique. Quant à la doctrine d'émanciper
« les ecclésiastiques de mon obéissance, ou d'enseigner
« à tuer les rois, il faut voir, d'une part, ce qu'ils
« disent, et informer s'il est vrai qu'ils le montrent à
« la jeunesse. Une chose me fait croire qu'il n'en est
« rien, c'est que, depuis trente ans qu'ils enseignent
« la jeunesse en France, plus de cinquante mille éco-
« liers de toute sorte de condition sont sortis de leurs
« colléges et qui ont conversé et vécu avec eux, et que
« l'on ne trouve un seul d'un si grand nombre qui sou-
« tienne de leur avoir ouï tenir un tel langage ni autre
« approchant de ce qu'on leur impute. Quant à Bar-
« rière, tant s'en faut qu'un jésuite l'ait confessé,

« comme vous dites, que je fus averti de son entreprise
« par un jésuite ; et un autre lui dit qu'il seroit damné
« s'il l'osoit entreprendre. Quant à Châtel, les tour-
« ments ne purent lui arracher aucune accusation à
« l'encontre de Varade ou autres jésuites, et si aucun
« étoit coupable, pourquoi l'auriez-vous épargné? car
« celui qui fut arrêté, fut arrêté sur un autre sujet que
« l'on dit s'être trouvé dans ses écrits. Et quant ainsi
« seroit, qu'un jésuite auroit fait le coup, faut-il que
« tous les apôtres pâtissent pour Judas, ou que je ré-
« ponde de tous les larcins et de toutes les fautes qu'ont
« faites ou que feront, à l'avenir, ceux qui auront été
« de mes soldats? Dieu m'a voulu alors humilier et
« sauver, je lui rends grâces ; et m'enseigne de par-
« donner les offenses, et l'ai fait pour son amour vo-
« lontiers.

« Sur la dispense nécessaire au mariage de ma sœur,
« Sa Sainteté l'a enfin accordée, et sçay que les pères
« jésuites nous y ont esté favorables. Que si un Espa-
» gnol jésuite et cardinal m'a aydé à obtenir la béné-
« diction du Saint-Père, quand je me fis catholique,
« pourquoi me voulez mettre en ombrage les Français
« mes naturels subjects. Je sçauray d'eux ce que je ju-
« geray, et ne leur communiqueray que ce que je vou-
« dray. Laissez-moi le maniement et la conduite de cette
« compagnie. J'en ai manié et gouverné de bien plus
« difficiles et mal aisées à conduire. Obéissez seulement
« à ma volonté. »

Le premier président avait insisté sur une objection familière aux ennemis des jésuites, mais qui ne pouvait être agréable au roi. Ce bon prince qui aurait donné vingt fois sa vie pour son peuple, n'entendait pas sans déplaisir les raisonnements qui prétendaient intéresser

la sûreté de sa personne dans ces démêlés. Il n'aimait pas davantage les allusions au passé dont il avait publié l'amnistie. Lui-même avait oublié la ligue, par bonté d'âme plus encore que par politique. Il aurait voulu que chacun eût fait de même. « Ne reprochons plus la ligue
« aux jésuites, disait-il souvent; ils ont été égarés
« comme bien d'autres par de fausses idées. Ils sont
« nés en France, et je ne veux pas entrer en ombrage
« contre mes sujets naturels. »

Ce même jour, l'édit du roi fut enregistré au parlement[1]. Il autorise le rétablissement des jésuites à Toulouse, Auch, Agen, Rhodez, Bordeaux, Périgueux, Limoges, Tournon, le Puy, Aubenas et Beziers. « En
« outre, ajoute le roi, par considération pour le Saint-
« Père, et en témoignage de la singulière affection que
« nous lui portons, nous avons accordé et permis aux-
« dits jésuites de se remettre et établir en nos villes de
« Lyon, Dijon, et particulièrement de se loger en
« notre maison de la Flèche, en Anjou, pour y conti-
« nuer et établir leurs colléges et résidences. »

Il leur est enjoint expressément de ne rien entreprendre au préjudice des Universités et des évêques, tant au spirituel qu'au temporel, et de se conformer au droit commun. Il est dit encore qu'un prédicateur de l'ordre serait attaché à la cour, à fin d'y répondre de la conduite de tous. Cette dernière clause, dont l'intention n'était que préventive, tournait réellement au profit des jésuites, en plaçant auprès du roi un homme dévoué à leurs intérêts.

Les jésuites de Paris, quoique non compris dans l'édit

[1] 2 janvier 1604.

de septembre, revinrent néanmoins dans cette ville, sur la parole du prince, et y furent maintenus par d'autres lettres patentes, mais l'enseignement public leur fut interdit. L'Université ne voyait qu'un gage inutile de la protection ou plutôt du bon vouloir du parlement dans cette défense dont rien ne garantissait la durée. Elle lisait l'avenir dans les dernières lettres patentes : « Non-
« seulement les jésuites avaient repris toutes leurs posi-
« tions en France, mais on en leur accordait même de
« nouvelles. Ils avaient obtenu d'emblée leur rentrée
« à Paris et au collége de Clermont; où devaient s'ar-
« rêter leurs prétentions et la facilité des chefs de
« l'État ? »

Tels étaient les discours du monde universitaire. On voyait déjà les jésuites maîtres de l'éducation publique, car le coup qui devait les abattre les relevait plus forts que jamais. Le recteur épiait le moment favorable pour les attaquer et reprendre avantage; l'occasion se présenta d'elle-même.

CHAPITRE X.

Affaire de la puissance ecclésiastique et séculière. — L'Université somme les jésuites de s'expliquer.

[1] La Sorbonne était sérieusement divisée, au sujet de la puissance ecclésiastique et séculière. Cette question entretenait dans toutes les classes de la société un levain de discordes, triste reste des troubles précédents que le gouvernement paternel de Henri IV n'était point parvenu à détruire. Les débats, que l'esprit de parti envenimait, chaque jour, acquirent une nouvelle gravité des événements extérieurs. [2] C'est dans ce même temps qu'éclata le célèbre différend entre le pape Paul V et la république de Venise. L'interdit, que le souverain pontife jeta sur Venise, encouragea le trop fameux Fra-Paolo à publier, en Italie, deux traités de Gerson sur les excommunications. D'un autre côté, dans le but

[1] 1605. [2] 1606.

d'exploiter le scandale, les libraires de Paris avaient imprimé les mêmes ouvrages, sous les auspices d'Edmond Richer dont le nom seul était dès-lors le signal de la résistance au Saint-Siége. Le cardinal Bellarmin répondit en langue vulgaire, et n'épargna pas la mémoire de Gerson. Il s'ensuivit une polémique très-vive entre les parties intéressées. La doctrine des jésuites, concernant les pouvoirs temporels du pape, n'avait jamais été bien claire; l'Université les somma de s'expliquer. Le moment était bien choisi, car on venait d'abattre la pyramide sur laquelle était gravé l'arrêt du parlement, en sorte que ces Pères semblaient réduits à l'alternative de se déclarer contre le pape le premier et le plus zélé protecteur de leur société, ou contre le roi dont la bonté avait effacé jusqu'aux derniers vestiges de leur condamnation. De manière ou d'autre, il leur était difficile d'échapper au reproche d'ingratitude.

Edmond Richer surtout les pressait vivement. Voyons, disait-il, s'ils trouveront moyen d'être à la fois pour le roi et pour le pape? — Pourquoi non? répondaient les jésuites, puisque nous y sommes autorisés par nos constitutions. Étudiez-les sérieusement, ces constitutions, et, au lieu de nous calomnier, vous nous rendrez justice. Saint Ignace, en fondant la société de Jésus, ne songeait pas aux Espagnols seulement, il avait en vue tous les peuples de l'univers. En traçant son code immortel, il a eu soin de le coordonner avec les différentes législations qui gouvernent le monde. Ce code est assez étendu dans ses divisions pour s'allier à tous les gouvernements. — Fort bien, vous serez ultramontains à Madrid, gallicans à Paris, et mahométans à Constantinople. — Nous serons partout catholiques, apostoliques et romains; mais, dans tout ce qui ne porte pas atteinte à la religion, nous saurons nous conformer aux usages des nations qui voudront bien nous recevoir. — Parlez plus clairement et dites que vous serez toujours les sujets du pape. — Le pape est notre chef et non pas notre roi. Notre saint fondateur qui embrassait dans sa pensée tous les gouvernements de la terre ne pouvait voir d'autre chef que le pape dont la juridiction embrasse le monde. C'était une conception ordonnée par la nature même de ses institutions, puisqu'elles tendent à répandre le christianisme, ainsi que les arts et les sciences qui marchent à sa suite, avec les belles idées morales. Dans son plan, le pape, tout puissant pour le bien, a les mains liées pour le mal. — Ces constitutions si belles, si inviolables vous savez les modifier au besoin; il suffit pour cela d'une parole du pape, dont vous reconnaissez alors la puissance souveraine. Votre fondateur n'admettait que les novices dans vos colléges; vous vouliez ouvrir vos écoles au public, qu'avez-vous fait? Vous avez demandé l'autorisation préalable à la cour de Rome, qui s'est empressée de vous la donner; le tout pour votre bien sans doute, mais non pour celui de l'Université que vous battez en ruine. Quant aux doctrines que puise la jeunesse dans vos écoles, on en jugera par les discours de certains de vos confrères qui attribuent au pape la double puissance spirituelle et temporelle, avec la faculté de déposer les rois. — Quelque admirables que soient nos constitutions, elles ont leurs imperfections comme toutes les choses humaines; il appartient au Saint-Père d'y remédier. Pour les doctrines dont vous parlez, nous les désavouons avec toute l'énergie dont nous sommes capables. Nous avons nos fanatiques; n'avez-vous pas les vôtres? Faut-il vous les nommer?

Après cette profession de foi, les jésuites résolurent de se tenir, autant que possible, hors du combat, et laissèrent Edmond Richer s'engager dans une lutte dangereuse avec le nonce Robert Ubaldin, évêque de Monte-Pulciano. Ils étaient en instance pour obtenir qu'il leur fût permis d'enseigner dans leur collége de Paris, et ils tremblaient qu'on ne parvînt à les perdre dans l'esprit du roi, au moment où ils avaient le plus grand besoin de sa bienveillance.

Henri avait bien pu réconcilier le pape et la république de Venise, mais non pas terminer les disputes de la Sorbonne. Ces débats venaient le troubler jusque dans son palais où il cherchait en vain le repos, après les fatigues du gouvernement. Ce n'était pas assez des emportements jaloux de Marie de Médicis; les huguenots et les catholiques, d'une part, les ultramontains et les gallicans, de l'autre, obsédaient ses oreilles de leurs réclamations. On cherchait à lui rendre suspects ses confidents les plus intimes, et, en particulier, le jésuite Coton, son confesseur, qui appuyait la demande de ses confrères pour l'ouverture du collége de Clermont. On lui fit entendre que ce Père adoptait la doctrine du tyrannicide. « Révéleriez-vous la confession d'un homme qui voudrait m'assassiner? lui dit Henri. — Non, mais j'irais placer mon corps entre vous et lui, » reprit le jésuite.

C'est ce même Père qui, après la mort de Henri IV, se retira de la cour où il était chargé de la direction spirituelle de Louis XIII, pour pleurer dans la solitude le bon prince qui avait laissé dans son cœur d'inconsolables regrets.

CHAPITRE XI.

Assassinat de Henri IV par Ravaillac. — Les jésuites accusés de nouveau. — Panégyrique de saint Ignace condamné par la Sorbonne. — Filesac s'emploie pour les jésuites.

Henri ne songeait qu'à désarmer les partis par ses bienfaits. Il avait publié l'édit de Nantes pour les huguenots; il voulut donner aux catholiques un nouveau gage de la sincérité de sa conversion, en accordant aux jésuites l'enseignement public, après avoir prouvé sa bienveillance à l'Université par la fondation de deux chaires dans la faculté de théologie. Les jésuites instruits par le passé avaient préparé les voies, longtemps d'avance, à l'exécution des lettres patentes. Ils croyaient être assurés des principaux docteurs qu'ils avaient visités séparément ; mais Edmond Richer, l'inexorable

1609.

Edmond Richer, syndic de la Sorbonne, depuis l'année précédente, avait parlé le dernier, et, au lieu d'un consentement facile, ils rencontrèrent une opposition si forte, que jugeant prudemment qu'il n'était pas à propos d'insister, ils prirent le parti de temporiser, dans l'espoir d'obtenir plus tard, par la médiation du roi, ce qu'on refusait à leurs sollicitations personnelles. Mais la mort à jamais déplorable de Henri IV leur enleva cette dernière ressource.

[1] C'était le 14 mai ; le roi avait annoncé la volonté d'aller voir Sully à l'Arsenal. Les seigneurs qui devaient l'accompagner étaient rendus au Louvre, et l'attendaient. Au moment de monter en carrosse, une irrésolution pénible l'arrêta. Il se promenait à grands pas, d'un air agité, sans pouvoir se décider. Enfin, semblant se faire violence, il partit .... pour aller se présenter au poignard de l'exécrable Ravaillac ! Tout le monde sait que ce monstre profita d'un embarras de voitures dans la rue de la Ferronnerie pour lui porter le coup mortel. Arrêté par les ordres du duc d'Epernon, il affirma au milieu des tortures n'avoir point de complices.

Quelques voix s'élevèrent contre les jésuites ; le régicide, à les entendre, n'était que l'application de leurs maximes qui autorisaient le meurtre des tyrans : mais les jésuites perdaient tout en perdant Henri IV. Comment pouvaient-ils espérer un roi plus clément, un protecteur plus zélé, un bienfaiteur plus généreux? Tout absurde qu'elle était néanmoins, cette calomnie fit impression sur ces religieux. Cette énergie de résistance, qui les avait soutenus jusqu'à ce jour, faillit,

[1] 1610.

un moment, les abandonner. Frappés dans leur affection la plus chère, leur esprit s'ouvrait aux idées sombres et désolantes. Ils songeaient avec douleur que les plus dangereux ennemis de la compagnie étaient sortis de ses rangs. Le plus irréconciliable de tous, Edmond Richer, avait commencé par militer sous ses drapeaux. D'autres compromettaient l'institut par leurs discours, et l'exposaient à des imputations qui, pour être calomnieuses, n'en étaient pas moins terribles, puisqu'en pareille matière, le soupçon est un opprobre. « Aquaviva, disaient-ils, vient d'envoyer de Rome
« le décret qui excommunie quiconque oseroit soutenir
« qu'il est permis, dans certains cas, de tuer les rois;
« mais quand des fils indignes de Loyola osent prêcher
« le crime, comment se feront-ils scrupule de fouler
« aux pieds la sainte obéissance? Quelle ne doit pas
« être l'indignation des peuples et de ceux qui les gou-
« vernent! »

[1] Ces réflexions étaient justes, et néanmoins, avec l'aveuglement de l'esprit de corps qui égare les hommes les plus sensés, les jésuites laissaient un Père Sollier travailler à la version des trois fameux panégyriques de saint Ignace, qui soulevèrent, l'année suivante, une si grande tempête à Paris. Ils avaient été composés par des religieux espagnols, Valderame de l'ordre de Saint-Augustin, Deza et Rebullo de l'ordre de Saint-Dominique.

La traduction fut imprimée à Poitiers, avec ce titre : « Trois excellentes prédications, dédiées à Madame Françoise de Foix abbesse de Notre-Dame de Saintes. » L'éloge de la compagnie n'y était pas oublié: « Cet ordre est déjà divisé en trente-trois grandes et belles

[1] 1611.

provinces, habite trois cent cinquante-six, que maisons, que colléges, et compte, jusqu'à présent, en iceux, plus de dix mille cinq cent et quatre-vingts religieux, si prudents au gouvernement, qu'il se trouve, parmi leurs frères lais, des personnes qui pourraient faire la leçon aux chanceliers de Grenade et Valladolid, voire au conseil d'état de notre roi. » Mais tout cela était bien pâle auprès de ce qu'on y disait du fondateur : « Ignace, avec son nom écrit sur un billet, avoit fait plus de miracles que Moyse n'en avoit fait, au nom de Dieu, avec sa baguette. La sainteté d'Ignace étoit si relevée, même à l'égard des Bienheureux et des Intelligence célestes, qu'il n'y avoit que les papes comme saint Pierre, que les impératrices comme la mère de Dieu, que quelques monarques comme Dieu le père et son fils qui eussent le bien de le voir. Les autres fondateurs des ordres religieux avoient sans doute été envoyés en faveur de l'Eglise, mais Dieu nous a parlé, dans les derniers temps, par son fils Ignace qu'il a établi héritier de toutes choses. Ignace affectionne particulièrement le pape qu'il regarde comme le légitime successeur de Jésus-Christ, et son vicaire sur la terre. »

Ces discours ne seraient que ridicules aujourd'hui ; il n'en était pas de même alors. Ils avaient été prononcés à Séville, à Valence, à Barcelone, à Madrid, pour la béatification d'Ignace de Loyola, traduits par un prêtre de la société de Jésus, et publiés à une époque où les esprits, exaltés par des questions religieuses auxquelles se rattachaient des affections politiques, saisissaient avec empressement tout ce qui présentait un aliment à l'ardeur qui les dévorait.

Les quatre articles que nous venons de citer causèrent un grand scandale aux amis de la religion. Ils furent dénoncés à la Sorbonne par Filesac curé de Saint-Jean en Grève. Le nonce prit fait et cause pour les jésuites. « Il étoit le premier, disait-il, à censurer « les propositions telles que les présentoit une analyse « plus que sévère ; mais, dans les panégyriques es- « pagnols, les passages incriminés étoient de ces hy- « perboles familières à l'éloquence, dont il ne faut pas « faire un crime à l'orateur qui se croit tout permis « pour élever son héros. » La faculté en jugea autrement. Elle condamna les trois sermons par une censure du même jour, comme *renfermant des propositions scandaleuses, erronées, manifestement hérétiques, ressentant de purs blasphèmes et impiétés.*

Quelques temps après parut, sous le nom du Père Sollier, une violente satire contre cette censure. Nouvelle dénonciation de l'Université, par le recteur Pierre d'Hardivilliers. Heureusement pour les jésuites, la Sorbonne se trouvait préoccupée d'une affaire bien autrement importante. Effrayé plus que jamais des doctrines téméraires de Fra-Paolo, le nonce avait voulu tenter un coup décisif en ôtant à Edmond Richer le syndicat. Un seul homme pouvait balancer en Sorbonne l'autorité de ce docteur, c'était Filesac, le même qui avait fait condamner les panégyriques de saint Ignace. Filesac poursuivait l'erreur sans faire acception des personnes. A ses yeux, la rhétorique des prédicateurs espagnols était bien moins dangereuse que la doctrine d'Edmond Richer, qui battait en ruine le trône et l'autel. Il laissa donc, pour le moment, le père Sollier, et promit de s'employer pour la déposition du syndic. Mais comment tromper l'œil vigilant d'Edmond Richer ? Ce n'était pas chose facile.

CHAPITRE XII.

Projet de lettres patentes pour incorporer les jésuites à l'Université. — Mouvements d'Edmond Richer pour en prévenir l'exécution. — Nouveau procès devant le parlement

Le bruit se répandit que le roi Louis XIII voulait donner des lettres aux jésuites pour les incorporer à l'Université de Paris, dans le but d'assoupir les divisions qui régnaient depuis si longtemps entre eux et la Sorbonne. Filesac en prit occasion pour traiter plus sûrement l'affaire du syndicat; il se réunit en comité secret avec cinq théologiens, sur lesquels il pouvait compter, chez Gamache docteur en Sorbonne. C'était un dimanche; Edmond Richer avait coutume de venir voir, ce jour-là, Gamache, pour causer avec lui de la faculté; il ne fut pas peu surpris de rencontrer compagnie chez son ami. Filesac, qui ne s'attendait pas à une telle visite, n'eut pas le loisir de trouver une défaite, et l'ayant pris à l'écart, il lui dit que c'était une assemblée ordonnée par le chancelier qui avait défendu qu'on y appelât le syndic, parce qu'il paraissait trop animé contre les jésuites. Edmond Richer voulait se retirer, mais Filesac, pour ne pas lui être suspect, le pressa de rester, sous prétexte que tous les assistants lui étaient connus, et ne seraient pas fâchés de l'entendre. Il ajouta d'un ton confidentiel que Rome et la cour insistaient pour un accord entre l'Université et les jésuites, comme l'unique moyen de prévenir un schisme qui était inévitable, si on ne réconciliait ces deux grands corps. « Que si, disait-il en finissant, le chancelier veut faire recevoir les jésuites dans l'Université, par un édit du roi, comme le bruit en court, je veux, moi, quitter le chaperon, et le jeter à la porte de la Sorbonne. Je connois plus de trente docteurs qui en feront autant. » L'essentiel était de lui cacher l'objet véritable de la réunion, l'élection d'un nouveau syndic. Filesac se tirait, aussi adroitement que possible, d'un mauvais pas.

Edmond Richer s'émut à ces paroles qui ne lui apprenaient qu'une partie de la vérité. Il songea de suite qu'il avait des amis au parlement, et courut les instruire de ce qui se passait. Mais il apprit de Messieurs que les choses étaient plus avancées qu'il ne croyait, que les lettres patentes venaient de paraître, et que les jésuites en poursuivaient l'entérinement. Sans perdre de temps, il fit déclarer opposition par le recteur, et supplia le premier président de Verdun d'appeler les parties à comparaître dans le plus court délai possible. Ses instances étaient si pressantes que le premier président ne crut pas pouvoir trop faire diligence, et fixa l'audience au 6 septembre suivant, très-peu de jours après la visite de Richer.

C'était servir à souhait les jésuites, au moment où le nonce et le chancelier qui avaient pris leurs intérêts en main, étaient préparés à les défendre avec chaleur; mais c'était en même temps jeter dans un grand embarras l'Université qui se trouvait prise au dépourvu par une assignation qui lui donnait à peine le temps de se reconnaître. Il avait été impossible au recteur Granger de réunir les suffrages de toutes les facultés. La faculté de théologie était la seule qui eût donné son consentement. Celles de médecine et de droit étaient encore incertaines. Dans celles des arts, la nation d'Allemagne refusait son adhésion.

Le 6 septembre, les jésuites se présentèrent assistés de Montholon. Le recteur jugea à propos de ne pas paraître. Servin, avocat de l'Université, étant absent et hors de Paris, Daccole, procureur, au nom de l'Université, supplia la cour de remettre l'audience après la Saint-Martin. Montholon demandait défaut à son profit, attendu que l'opposition n'était faite que par une seule des quatre facultés. Lebret, pour le procureur général du roi, dit que la cour ayant fait au recteur l'honneur de lui communiquer les lettres, et, depuis, reçu son opposition, ce magistrat devait venir en personne, et non pas proposer des excuses par un fondé de pouvoirs. En conséquence, il requit défaut contre les défendeurs; et, en cas de non-comparution au lendemain, il demanda que le procès fût jugé sur-le-champ.

Le lendemain, la cause fut plaidée à huis clos, devant la grand'chambre assemblée. La cour ordonna que les parties auraient audience, au premier jour après la Saint-Martin, sur la requête et opposition du recteur de l'Université à l'entérinement des lettres obtenues par les prêtres et écoliers du collége de Clermont, et donna pour conseil à l'Université Mᵉ Pierre de la Martellière.

Dans cette séance du parlement, les paroles de Lebret sont dignes de remarque. Il insiste d'abord sur ce que le recteur en ne se présentant pas avait manqué à la cour. « Après la communication des lettres, continue-t-il, on lui avoit préfix un temps pour en venir, et préparer un avocat ; mais reculant et délayant, on voit que c'est pour éluder et empêcher l'effet de la volonté du roi ; et la rigueur veut qu'à faute de plaider et déduire par lui ses moyens d'opposition, il soit donné défaut ; et, attendu les remises et les avis des facultés de l'Université, le profit se peut juger sur-le-champ. Tout le monde attendoit qu'à cette Saint-Remi, les jésuites ouvriroient leur collége qui est fort désiré ; il y a crainte, si on ne leur accorde, de quelques troubles, comme on en parle partout. »

Ces réflexions consignées dans l'arrêt du parlement donnent une grande idée de la réputation dont jouissaient dès-lors les jésuites pour l'enseignement de la jeunesse. Sur le bruit de l'ouverture des classes au collége de Clermont, plusieurs pères de famille étaient venus présenter leurs enfants. Les jésuites ne s'étaient point fait scrupule de les recevoir. Le recteur sut bientôt qu'ils avaient déjà plus de quatre-vingts élèves ; il ne manqua pas d'en instruire MM. du parlement, en faisant valoir tout ce qu'il y avait d'illégal dans une pareille conduite, et combien était injurieuse à leurs droits une présomption assez hardie pour s'arroger d'avance gain de cause dans un procès encore pendant à la cour. Les jésuites reconnurent leur imprudence ; il n'était plus temps, la fortune tournait du côté de leurs ennemis.

Malgré ses efforts, le recteur n'avait pu réunir les voix de la faculté de droit, mais il était parvenu à déterminer la faculté de médecine à se prononcer pour l'opposition. Surtout le but essentiel qu'il se proposait était atteint : il voulait, en traînant le temps en longueur, attendre le retour de Servin, et Servin était arrivé à Paris. Dès ce moment, l'Université changea de rôle avec les jésuites, et montra pour plaider autant d'ardeur qu'elle avait témoigné peu d'empressement. Alors ce fut le tour des jésuites de solliciter délais sur délais; mais il fallait en finir, et l'audience demeura fixée irrévocablement à la Saint-Martin.

CHAPITRE XIII.

Débats contradictoires. — La Martellière. — Montholon. — Hardivilliers. — Servin.

Pour épargner une mystification nouvelle au lecteur qui pourrait se croire arrivé au terme de ce long démêlé, je me hâte de dire que ce procès eut le sort des précédents, et que les parties furent appointées au conseil.

On attendait un autre dénoûment de la solennité de l'audience.[1] Jamais le palais n'avait présenté un appareil plus imposant. La grand'chambre, les chambres de la tournelle et de l'édit étaient assemblées. Le prince de Condé, premier prince du sang, était venu prendre séance en qualité de pair. Au parquet, près du procureur général, siégeait l'avocat général Servin, orateur

[1] 1611.

disert, citoyen vertueux et dévoué au pays, le même qui expira aux pieds de Louis XIII séant en son lit de justice, comme il faisait de fortes remontrances au sujet des édits bursaux que ce prince avait apportés au parlement pour les faire enregistrer. La barre était occupée, d'un côté, par la Martellière imitateur de Servin, mais qui avait plus de fougue que de véritable éloquence. Il était assisté du conseil de l'Université, Bouteiller connu par d'éclatants succès, Loysel, l'ami du chancelier de Lhospital et du président de Thou, Omer Talon fils, frère, et père d'avocats illustres, Omer Talon appelé plus tard au ministère public, et qui se place au nombre de nos plus grands magistrats. Le recteur se montrait ensuite au milieu de ses facultés des arts, de théologie et de médecine. D'autre part, c'était Montholon qui se présentait pour les jésuites. Seul, il osait entrer en lice contre ces redoutables adversaires, et on ne pouvait pas dire qu'il eût trop présumé de ses forces; il n'avait auprès de lui que le procureur de la société, et cependant pas un banc n'était vide autour de Montholon. L'imagination plaçait à ses côtés tous ceux qui étaient connus par leur dévouement à la cause des jésuites; elle voyait avec le nonce et le chancelier deux grandes puissances, le pape et le roi qui, bien qu'absents, n'en étaient pas moins présents à tous les yeux.

La Martellière parla le premier. Son discours, qui fut comparé dans ce temps là aux philippiques de Démosthènes, n'est qu'un amas de toutes les figures de rhétorique rassemblées sans beaucoup de choix, avec tous les traits d'histoire ancienne et moderne que sa mémoire put lui fournir. Il appelle les jésuites corrupteurs de la morale, perturbateurs de la république de

Venise, de l'Angleterre, de la Suisse, de la Hongrie, de la Transylvanie, de la Pologne, de l'univers entier. Il les peint tous comme des Châtel et des Barrière, depuis trente ans, portant le flambeau de la discorde dans la France, et y allumant un feu qui ne doit jamais s'éteindre.

Cette déclamation satirique dura deux jours, et fut souvent interrompue par l'auditoire qui battait des mains, et criait qu'il fallait encore une fois chasser la société.

Montholon aborde hardiment la défense : tantôt il élude les coups de son adversaire, tantôt il le combat corps à corps, il le terrasse, il le désarme, il le reçoit à merci. Il débute par féliciter ses clients d'avoir pour juges les conseillers de la cour du parlement, cette sauvegarde de l'innocence et du bon droit; puis, se tournant du côté de la Martellière :

— « *Les religieux et les jésuites ne doivent enseigner, dites-vous, d'autant qu'ils s'efforceront plutôt de faire des religieux que de bons citoyens.* A ce compte, on chassera de nos écoles le clergé, l'Université et les laïques, car ces derniers ne formeront que des hommes du monde ; ceux qui sont dans les ordres ne feront que des prêtres ; les gradués, des maîtres ès arts et des docteurs.

— *Mais le vœu d'obéissance? ne fait-il pas, de ceux qu'il engage, des brutes, des esclaves, des machines?* Appelez donc brutes, esclaves, machines, et saint Basile, et saint Benoît, et saint Bernard encore qui disait : Suppléez, par la vertu de l'obéissance, à la sagesse qui vous manque.

— *A l'exemple d'Hunneric, le général de l'ordre expédie ses commandements sous cachet, et on doit*

en jurer l'exécution sans les connaître. » Merveille que vous ne fassiez pas les jésuites pires que les Vandales, Goths et Ostrogoths, plus perfides que les ariens et les donatistes! Détestable ruse, stratagême infernal de Satan! Il sait, l'ennemi commun de Dieu et des hommes, que les religieux sont une des plus nobles parties de l'héritage de J.-C.; et voilà le langage qu'il emploie pour les rendre suspects aux princes! et la malice diabolique porte les choses si avant que, du temps de la persécution des empereurs, pour être reconnu infâme, c'était assez d'être censé chrétien. De même, aujourd'hui, si on ajoute foi à maître Pierre de la Martellière et à ceux qui martellent les jésuites, être religieux, et, particulièrement, être jésuite, c'est être atteint du crime de lèse-majesté divine et humaine!

— *Et le pouvoir attribué au pape sur le temporel des rois ?* Non, cette doctrine n'appartient pas aux jésuites, non, mille fois non. Vous la trouvez dans Augustinus Triumphus, dans Alvares Pelagius, dans Hortiensis Panormitanus, Sylvester et autres; mais qui l'a réfutée, victorieusement réfutée? un jésuite, le plus jésuite de tous, le cardinal Bellarmin. Lisez son livre *de Pontifice romano.* Ne dites pas que je cite des passages mendiés, tronqués, détournés de leur sens; voici le titre et le texte même des chapitres : Chap. 2°. *Papam non esse Dominum totius mundi.* Chap. 3°. *Papam non esse Dominum totius mundi christiani.* Chap. 4°. *Papam non habere ullam merè temporalem jurisdictionem.* Finalement, au chap. 5°, il répond aux arguments de ceux qui donnent au pape la puissance absolue, et, singulièrement, à saint Thomas qui semble l'appuyer.

Comme ainsi soit, que l'enseignement de la jeunesse

est une des principales attributions de l'institut, les jésuites ont parcouru toutes les Universités, ils ont consulté les hommes les plus capables pour composer leur plan d'études. (Ici l'analyse du *ratio studiorum*.) *L'orateur continue :* Est-ce là jeter la confusion dans l'éducation en France? la cour en jugera. Si, depuis le départ des jésuites, l'Université est devenue florissante, si les écoliers de Clermont, contraints de suivre les colléges de l'Université, ne regrettent pas, ne demandent pas, n'attendent pas, n'appellent pas de tous leurs vœux leurs anciens maîtres; nous le déclarons hautement, les jésuites n'ont en vue que leur intérêt personnel, en voulant être incorporés à l'Université.

— *Les jésuites,* dit-on, *méprisent les anciens auteurs, et ne lisent plus, aux colléges où ils se sont établis, que les livres composés par ceux de la société!* Afin qu'en ce dernier point, comme en tous les autres, maître Pierre de la Martellière soit convaincu de faux, voici la règle expresse des jésuites, c'est la 27e des commandements aux professeurs des classes d'humanités : « *In prælectionibus, veteres tantum auctores, nullo modo, recentiores explicentur.* »

Conformément à cette règle, tous les catalogues qui s'impriment, chaque année, en leurs colléges, à l'ouverture des classes, non seulement en Italie, en Savoie, mais en France, Espagne, Allemagne, Portugal et jusqu'aux Indes, font foi que les anciens auteurs sont admis seuls dans leurs classes. Peut-on mieux faire? que l'avocat le démontre, on lui obéira. Mais qu'il prenne garde, s'il lui plaît, de retomber dans les contradictions, faussetés, injures et impertinences dont il a parsemé l'accusation. Il nous oblige de les signaler; nous protestons néanmoins contre la malveillance qui nous prêterait l'intention de l'offenser lui et qui que ce soit.

Après Montholon, le recteur Pierre d'Hardivilliers, par manière de réplique, harangua la grand'chambre en latin, avec beaucoup de faconde et de grâce, disent les chroniques du temps. Sa péroraison fit grand effet : *Quod si ità vobis visum, si Academiæ Parisiensis vita jesuitarum libidini permittenda ; priùs, priùs, judices, explicate purpuras vestras, et labantem vestris ulnis Academiam excipite, ultimos morientis vestræ parentis haurite spiritus, ut, quidquid hunc Academiæ casum et interitum sequatur, non per nos tantùm, non modò per æterna litterarum monimenta, sed per vos ipsos, posteri videant, populi intelligant, orbe toto diffusæ gentes agnoscant, nos non reipublicæ, sed rempublicam nobis defuisse* [1].

La parole fut donnée ensuite à Servin. L'orateur avait voulu ménager une réconciliation entre les parties, il les avait exhortées à la concorde avec les paroles de saint Jean ; mais voyant qu'un rapprochement était impossible, il s'était adressé particulièrement aux demandeurs, et les avait adjurés, puisqu'ils étaient résolus à persister dans leurs nouvelles poursuites, à reconnaître publiquement :

[1] « Si cependant vous l'avez décidé, Messieurs, si l'Université doit être abandonnée à la merci des jésuites, commencez donc par déployer vos robes de pourpre, recevez dans vos bras l'Académie défaillante, recueillez les derniers soupirs de votre mère qui se meurt. Du moins, à la vue des tristes résultats qui doivent suivre la chûte et la ruine de l'Université, nos neveux, les peuples de l'univers, les nations qui couvrent la surface du globe, pourront reconnaître et se convaincre non-seulement par nous et par les monuments éternels des lettres, mais par vous aussi, que ce n'est pas nous qui avons manqué à l'État, mais que c'est l'État qui nous a manqué. »

1° Que le concile est au-dessus du pape.

2° Qu'entre les puissances souveraines ordonnées de Dieu, le roi très-chrétien ne doit hommage, pour le temporel, qu'à Dieu seul dont il tient la couronne.

3° Que tous les sujets du roi, ecclésiastiques et séculiers, lui doivent l'obéissance que notre Seigneur Jésus-Christ vivant et mourant a rendue aux empereurs et aux magistrats; obéissance qu'il a consacrée encore par cette réponse : « rendez à César ce qui est à César, et à Dieu ce qui est à Dieu. »

4° Que la personne du roi est inviolable et sacrée; que les confesseurs doivent révéler aux magistrats les conjurations contre la vie du roi et la sûreté du royaume. Dans plusieurs rencontres, et quelques-uns de ceux qui l'écoutent peuvent rendre ce témoignage, il avait voulu obtenir des RR. PP. une déclaration touchant ces quatre points, mais toujours inutilement, comme cette fois-ci.

Il passe ensuite à la fondation de l'ordre, à ses constitutions, à l'esprit qui le dirige, aux priviléges qui lui ont été accordés. Il rappelle le jugement porté par Eustache du Bellay évêque de Paris, en 1554, suivi des déclarations et conclusions de la faculté de théologie assemblée en Sorbonne, les conférences de Poissy, l'opposition constante de l'Université, les plaidoyers de 1564, notamment celui de Baptiste Dumenil, et l'arrêt d'appointé au conseil. Il examine la conduite des jésuites chez les différents peuples qui les ont reçus; il apprécie leur doctrine par les écrits de Bellarmin, de Vasquez, de Molina, de Ribadaneira; il attribue aux effets de cette doctrine les attentats qui ont tant de fois consterné la France. Quant à l'Université, il ne dissimule pas les reproches qu'on est en droit de faire à certains régents, « lesquels font *ce qu'ils ne doivent pas, et ne font pas ce qu'ils doivent.* » Il termine en disant que, si la négligence de ces fonctionnaires et leurs contraventions aux statuts et réglements sanctionnés par la cour, a excité de justes plaintes, il plaise à la cour d'aviser aux moyens de les faire cesser, mais en employant d'autres personnes que les demandeurs en lettres, « contre lesquels on peut dire, par les termes des constitutions de saint Basile et des autres Pères touchant les exercices des religieux réguliers, que iceulx demandeurs entreprennent chose qui n'est pas séante et ne peut être profitable à leur profession non plus qu'au public, n'étant fondés ni en raison, ni en bon exemple, ni en la saine doctrine tenue par l'école de Paris, soit pour la théologie que l'on appelle scholastique, soit pour la positive, morale et politique, mêmement *pour les quatre points à eux proposés,* ni aussi pour la littérature, pour laquelle ils ne peuvent fournir que peu d'hommes suffisants. »

Les débats étant terminés, le premier président, de Verdun, demanda aux jésuites s'ils voulaient souscrire la doctrine de la Sorbonne concernant les quatre points dont il avait été parlé dans le plaidoyer de Servin, et s'ils s'engageaient à faire souscrire cette même déclaration par leur général. Le Père provincial répondit qu'ils avaient un statut qui les obligeait à suivre les lois des pays où ils demeuraient, et il fit lecture de ce passage dans un livre qu'il tenait à la main; mais ils ne pouvaient promettre que le général signât ce qu'on lui demandait; ils lui en écriraient néanmoins et feraient leur possible pour avoir son adhésion. Montholon se hâta d'ajouter qu'ils s'obligeraient à l'observation des doctrines de la Sorbonne et des lois du royaume, qu'ils en répondraient sur leur tête.

Le recteur descendait le perron du palais, en tête de

son bruyant cortége, quand Armand, principal du collége de Clermont, qui cherchait à se frayer un passage dans la foule, se trouva devant lui, et fut arrêté par les massiers. Le recteur, l'avisant avec un œil plein de colère, lui dit d'une voix qui dominait le tumulte, malgré ses efforts pour la modérer : « Quel besoin avons-nous de vos serments? il ne s'agit pas des individus, mais de l'ordre entier et de ses constitutions. Vos serments n'obligent que vous qui parlez, ou plutôt ne vous obligent pas, puisque vous ne vous appartenez pas, et que vous dépendez de votre général qui est à Rome. C'est donc la signature de votre général qu'il nous faut, et non pas la vôtre. — Eh quoi! n'avez-vous pas vu la lettre de notre général, reprit Armand. — Il n'y est pas dit un mot des libertés de l'Eglise gallicane.— Faut-il vous répéter encore que nos constitutions nous obligent à nous soumettre aux lois des pays où nous vivons. Si nous ne savons pas nous conformer aux lois du royaume, qu'on nous exile, nous n'avons plus le droit de nous plaindre; quant au Père général, vous savez fort bien qu'il ne peut point donner sa signature, car, s'il est le chef des jésuites qui sont en France, il ne l'est pas moins de ceux qui sont en Italie, à Venise, dans les Indes, et ailleurs. — Et la confession? reprit le recteur, agitant avec violence son chaperon qu'il tenait à la main. — Ouvrir la voie à la révélation, c'est fermer la bouche au pénitent, et, conséquemment, ôter au prêtre le moyen le plus efficace de servir le prince, en inspirant au coupable l'horreur du crime qu'il médite. Vous parlez de trahir le secret des consciences; mais, le sceau de la confession une fois brisé, le sacrement de pénitence est détruit, et vous tombez dans l'hérésie des huguenots! »

A peine ces paroles avaient été prononcées, qu'un cri de haro s'éleva de toutes parts contre Armand qui trouva prudent de s'esquiver au plus vite. « L'entendez-vous? s'écria le recteur, et voilà les raisons dont il prétend nous payer! Il n'a point attendu ma réponse, car avec deux mots j'allais le pulvériser! Il fuit. le renard! Ah! nous saurons bien l'enfumer dans sa tanière, nous lui ferons bonne chasse! »

Mais on se tenait sur ses gardes au collége de Clermont. L'Université eut beau explorer les avenues, tendre ses lacs aux alentours, battre la campagne, il fallut attendre quatorze ans et le livre de Santarel, pour trouver les jésuites en défaut.

Le 22 février [1], les Pères Balthazar provincial, Jacquinot supérieur de la maison de Saint-Louis, Fronton du Duc, Jacques Sirmond et Faconius allèrent, accompagnés de leur procureur, déposer au greffe du parlement une déclaration par laquelle ils témoignaient se conformer aux doctrines de la Sorbonne, en ce qui concerne la conservation de la personne des rois, le maintien de leur autorité royale et les libertés de l'Eglise gallicane observées de tous temps dans le royaume.

La question si délicate du secret de la confession n'était pas résolue : le cardinal Du Perron au nom des évêques présents à Paris, les plus éminents docteurs au nom de la Sorbonne, affirmèrent que la doctrine des jésuites sur le sceau sacramentel était la doctrine de l'épiscopat français, de la Sorbonne et de l'Eglise catholique.

Telle fut l'issue de cette affaire qui n'avait pas occupé le palais moins de six jours.

[1] 1612.

CHAPITRE XIV.

Convocation des Etats-Généraux. — Le clergé, d'accord avec la noblesse, demande pour les jésuites la permission d'enseigner, et l'obtient. — Affaire de Santarel.

Edmond Richer avait déposé le syndicat ; il laissait les jésuites en repos, pour se tourner contre l'ordre des oratoriens nouvellement fondé par Pierre de Berulle, et qui annonçait des prétentions hostiles à l'Université. Il était d'ailleurs fort occupé par la défense de la puissance ecclésiastique et politique [2]. Le nonce Ubaldin, François de Harlay coadjuteur du cardinal de Joyeuse archevêque de Rouen, les cardinaux Du Perron et de La Rochefoucauld lui donnaient beaucoup à faire. Les choses en étaient venues à ce point, que le duc d'Epernon l'avait fait saisir dans son collége du cardinal Le-

[1] 1612. [2] 1613.

moine, pour le jeter dans la prison Saint-Victor, et il ne fallut pas moins que l'autorité du parlement pour l'en faire sortir.

Au milieu de ces tribulations, Edmond Richer avait encore le chagrin de voir le désordre s'introduire de nouveau dans l'Université dont les premiers fonctionnaires étaient désunis et ne songeaient qu'à se disputer le pouvoir. A la fin du dernier trimestre, on n'avait pu s'accorder pour nommer un recteur. Les nations de France et d'Allemagne votaient impérieusement pour Joly grand maître du collége de Navarre; celles de Picardie et de Normandie voulaient que Saulmont fût continué dans les pouvoirs qu'il déposait. Les voies ordinaires de conciliation étant repoussées de part et d'autre, on alla plaider devant le prévôt de Paris, qui jugea en faveur de Saulmont.

Cette fois, l'Université en avait été quitte pour la honte d'avouer publiquement son impuissance pour arranger ses affaires; il n'en fut pas de même aux États-généraux [1] convoqués par la régente Marie de Médicis. Le recteur, voulant réveiller d'anciennes prétentions, avait présenté requête pour avoir place dans la chambre ecclésiastique. Il obtint une ordonnance qu'il fit signifier aux États; mais le clergé ayant protesté, on arrêta que l'Université s'entendrait pour dresser un cahier où elle exposerait ses plaintes et ses demandes. Si le roi avait eu l'intention d'éliminer l'Université, il n'aurait pu mieux réussir. Après d'inutiles efforts pour réunir les voix de son conseil, le recteur eut la mortification de voir rejeter ses cahiers, parce qu'ils n'avaient pas été rédigés, de concert, par les quatre facultés.

[1] 1614.

Le clergé fut impitoyable. Il profita du scandale donné par l'Université pour la blesser au cœur. Assuré du concours de la noblesse, il demanda la réforme de toutes les écoles, et la permission pour les jésuites d'enseigner publiquement à Paris. Le roi accorda volontiers aux deux premiers corps de l'État une satisfaction qu'il se donnait à lui-même, car il aimait la compagnie de Jésus. Ce prix de tant de combats où ils avaient opposé la patience et la persévérance à la colère et aux rudes attaques des recteurs, les RR. PP. l'obtinrent alors presque sans coup férir; tant il est vrai que les corps politiques ont leur égoïsme comme les individus, et ne sont pas inaccessibles aux petites passions, à la vanité, au plaisir de la vengeance!

L'Université conservait le privilége d'examiner les candidats aux titres de maître ès arts; on prétendait maintenir ainsi l'unité des pouvoirs pour la collation des grades. On affectait encore de vouloir lui complaire en ne l'obligeant pas à recevoir les jésuites qu'elle avait constamment repoussés; mais c'était là une faveur insidieuse, une dérision amère, puisqu'en les débarrassant de la juridiction des recteurs, on donnait aux jésuites toute liberté pour se constituer en rivalité avec leur ancienne ennemie. C'est précisément là ce que voulait le gouvernement du roi, ce que l'Université comprit bien, et les jésuites encore mieux.

En conséquence de cet arrêt, MM. Amelot et Fouquet, conseillers d'État délégués, se transportèrent au collége de Clermont et en firent ouvrir les classes solennellement. Afin de paralyser l'effet de l'ordonnance du roi, les facultés de théologie et des arts s'empressèrent

---

[1] 1618.

de porter un décret qui excluait de toute prétention aux grades et aux lettres de scholarité les candidats qui auraient suivi d'autres cours que ceux reconnus par l'académie de Paris, ou les autres académies du royaume qui faisaient cause commune avec elle. Les jésuites eurent de nouveau recours au conseil. Ils en obtinrent un arrêt qui cassait le décret des deux facultés, et prononçait que les lettres patentes seraient pleinement et entièrement executées, selon leur forme et teneur. Ils firent afficher cet arrêt dans tous les carrefours de Paris, mais ils n'osèrent le faire signifier à l'Université qui était partie essentielle dans cette affaire, et qui en a toujours prétendu cause d'ignorance.

[1] Le collége de Clermont jouissait d'une sécurité profonde, lorsque Santarel publia son traité de l'hérésie et du pouvoir du pape. Il enseignait que le pape a le droit de punir, même des peines temporelles, les princes hérétiques; de les priver du trône, de relever leurs sujets du serment de fidélité. Le libraire Cramoisy avait reçu de Rome six exemplaires de cet ouvrage qui se répandit bientôt dans tout Paris. Pour justifier son accusation contre la société entière, l'Université eut soin de rapprocher ces propositions de celles de Guignard et Mariana, déjà flétries par plusieurs condamnations. Le parlement ordonna que le livre de Santarel fût brûlé, en place de Grève, par la main du bourreau. L'indignation était si grande qu'on délibéra si on ne ferait pas exécuter l'arrêt dans la basse cour de la maison professe, et si on ne bannirait pas les jésuites du royaume. Les RR. PP. s'empressèrent de présenter une déclaration signée par les plus notables d'entre eux,

[1] 1625. [2] 1626.

parmi lesquels Cotton provincial, et Pétau professeur au collége de Clermont, si fameux par l'étendue et la variété de son savoir, qui témoignèrent désavouer, détester la coupable doctrine contenue dans le livre de Santarel, et souscrire à la censure qui pourrait en être faite par le clergé et la Sorbonne. Cette censure ne se fit pas attendre, car, le même jour, 16 mars, où parut la déclaration de ces Pères, la Sorbonne nommait une commission pour examiner les propositions incriminées qu'elle condamna. Le recteur présenta requête au parlement pour y faire homologuer le décret de la Sorbonne contre Santarel; mais intervint une lettre du roi qui défendait de poursuivre cette affaire. Richelieu voyait déjà la guerre se rallumer entre l'Université et les jésuites, et il trouvait plus important de s'occuper du siége de la Rochelle.

Le principal de Clermont avait été obligé, par sentence du parlement, à exiger des prêtres et des écoliers de sa maison une protestation par écrit contre les principes de Santarel. Il s'estima trop heureux d'en être quitte à ce prix, et ne pensa plus qu'à faire fleurir les études et la discipline dans son collége.

Nous avons vu plus haut les écoliers accourir, à la nouvelle incertaine de l'ouverture des classes au collége de Clermont; ce fut bien autre chose quand on publia le décret qui permettait à la compagnie de Jésus de partager avec l'Université l'enseignement public. Les RR. PP. sentirent plus que jamais le besoin de s'agrandir. C'est ici le lieu de parler des accroissements successifs du collége des jésuites, à Paris.

CHAPITRE XV.

Agrandissement du collége de Clermont. — Tentatives pour acquérir le collége du Mans. — Reconstruction du collége de Clermont. — Achat d'une maison de campagne à Gentilly. — Mort d'Edmond Richer.

La cour de Langres, qui avait son entrée sur la rue Saint-Jacques, s'étendait en profondeur jusqu'à la petite rue Sainte-Barbe ; elle était resserrée, à gauche par le collége des Cholets, aujourd'hui l'infirmerie de Louis-le-Grand, à droite par le collége de Marmoutiers, où logent actuellement les professeurs, et celui du Mans, en face de la rue de Reims. Un carré long, fort étroit et rétréci encore à ses extrêmités, voilà, dans le principe, la représentation fidèle du collége de Clermont. Pressés ainsi de toutes parts, les jésuites étouffaient. On le comprendra sans peine en réfléchissant à l'ambition naturelle aux institutions naissantes qui tendent toujours à s'agrandir, ambition justifiée ici par le nombre des élèves qui ne trouvaient plus où se loger. Les jésuites voulurent acquérir les maisons particulières qui étaient à leur convenance. Il y en avait huit le long de la rue Saint-Jacques, au milieu desquelles se trouvait leur façade; quatre, en montant, qui masquaient les Cholets; quatre, en descendant, adossées à Clermont et à Marmoutiers. Ces maisons, qui appartenaient à des marchands, avaient chacune leur enseigne. C'étaient, plus haut, Saint-Pierre de Luxembourg, Saint-Jacques, Saint-Jean et le Fer-à-Cheval; plus bas, Saint-Martin, l'Écu-de-Bourgogne, la Mal-Assise et l'Annonciation. Le contrat de vente le plus ancien, celui de Saint-Martin et de la Mal-Assise, est du 26 mars 1578; le dernier, celui du Fer-à-Cheval, est du 9 août 1647. Les jésuites portèrent ensuite leurs vues sur le collége du Mans. Cet établissement devait son origine au cardinal Philippe de Luxembourg, évêque du Mans, qui avait institué douze bourses pour un nombre égal d'écoliers pauvres de son diocèse. Son successeur immédiat, Louis, cardinal de Bourbon, dans l'intention de compléter l'œuvre du fondateur, abandonna, pour loger les boursiers, l'ancien hôtel des évêques du Mans, situé dans la rue de Reims, sur la montagne Sainte-Geneviève, et qui menaçait ruine.

Ce fut sur l'emplacement de ce palais épiscopal que fut bâtie une maison qui contenait une chapelle et trente-six chambres pour loger les boursiers, les régents et les pensionnaires. Les revenus de ce collége étaient tellement diminués en 1626, que Charles de Beaumanoir, évêque du Mans, consentit à la suspension des exercices publics, et permit au principal de louer les chambres, au profit de l'établissement. Les jésuites ne furent pas des derniers à connaître la détresse de leurs voisins. Ils écrivirent en toute hâte à l'évêque de Mans, et se présentèrent pour acquéreurs. Mais l'Université avait pris les devants, et avait arrenté les bâtiments qui devaient être loués.

Le prélat venait de terminer avec le recteur, quand il reçut les lettres des RR. PP. Leurs propositions paraissaient avantageuses; il s'empressa de les accepter, ne doutant pas que l'Université ne consentît volontiers à résilier, moyennant un dédommagement convenable. Mais quel dédommagement pouvait, aux yeux de l'Université, entrer en compensation avec l'intérêt qu'elle avait à empêcher Clermont de s'agrandir? Le recteur répondit qu'il s'en tenait au contrat qu'il avait entre les mains, et que rien au monde ne le déciderait à s'en dessaisir; puis, il courut au collége du Mans. Comme il entrait, arrivaient des maçons que les jésuites, dans l'impatience de prendre possession, envoyaient pour réparer les édifices. Il trouva le principal avec le procureur et les boursiers, le visage abattu, tenant à la main les dépêches qu'il venait de recevoir. On lui remit, sans mot dire, les lettres de l'évêque. » Eh bien! que ferez-vous? dit le recteur après avoir lu. — Nous vous demandons conseil, reprirent-ils tristement. — Mais, répondit le recteur, il ne vous reste plus qu'à porter humblement vos clefs aux RR. PP. — Vous savez, reprirent-ils, après un moment de silence, vous savez la volonté de Monseigneur. — Que parlez-vous de Monseigneur? s'écria avec feu le chef de l'Université, qui ne pouvait plus contenir sa colère; ai-je besoin de vous apprendre que l'évêque du Mans est votre tuteur et non votre maître? Souffrirez-vous qu'il dispose de votre maison, de vous-mêmes, sans plus de façon que s'il s'agissait de ses fermes et de ses troupeaux? Balancez-vous encore?

Or bien, sachez que vous n'avez pas un mois, une semaine, un jour, pour vous décider ; il faut, prendre parti sur l'heure ; il faut, ou déclarer opposition, ou vider les lieux, et faire place aux nouveaux maîtres de céans qui envoient préparer leur logis. »

En disant ces mots, il les conduisit à la fenêtre, et leur montra les maçons avec leurs marteaux, qui se demandaient où ils devaient commencer. A cette vue, le principal, le procureur, les boursiers, tous, d'une commune voix, s'écrient qu'ils resteront, qu'on ne les arrachera de leurs foyers que par la force. « Ayez bon courage, dit le recteur, nous vous soutiendrons. Ce sont là tours de vieille guerre. Nous avons de quoi répondre, continua-t-il, en frappant de la main son portefeuille ; nous avons un contrat en bonne forme. N'oublions pas, cependant, que nous avons affaire à des gens qui vont vite en besogne, et allons, de ce pas, former opposition en parlement. »

Le succès qu'ils obtinrent fut complet. Défenses furent faites aux jésuites et à Charles de Beaumanoir d'entreprendre aucune démolition et aucun nouvel ouvrage au collége du Mans, à peine de tous dépens, dommages et intérêts. L'arrêt porte la date du 15 octobre 1625. ¹Dès le 11 novembre suivant, les jésuites et le prélat résilièrent le contrat de vente, et firent signifier leur désistement.

Tandis que le collège de Clermont cherchait à s'étendre, ses bâtiments s'écroulaient de vétusté. Depuis longtemps les jésuites désiraient reconstruire la cour d'entrée, mais ils voulaient que la ville consacrât cette restauration par un acte solennel, et jusque-là ils

[1] 1625.

n'avaient pu obtenir cette faveur. [1] Le 1er. août 1628, cédant à leur prière, et aussi par déférence pour Sa Majesté qui déclarait l'avoir pour agréable, le prévôt des marchands et les échevins se rendirent en corps au collége de Clermont, afin de poser la première pierre. La cour, avec les deux campaniles qui sont en face l'un de l'autre fut rebâtie sur les plans d'Augustin Guillain architecte de la ville.

Cette démarche de la bourgeoisie de Paris semblait indiquer le retour de l'opinion en faveur des jésuites. L'évêque du Mans crut les circonstances opportunes pour renouer avec ces Pères. [2] C'était en 1631, l'Université, depuis six ans, avait eu le temps d'oublier les tentatives qu'elle avait fait échouer. Le prélat entra donc de nouveau en négociation avec les jésuites ; au lieu de 40,000 livres qu'il exigeait d'abord, il se contentait de 33,000 livres. L'acte de vente fut renouvelé par-devant notaire, et le désistement déclaré nul. On obtint du roi des lettres pour l'exécution du contrat. Toute cette affaire avait été conduite avec tant de secret que l'Université ne se doutait de rien.

Muni des ordres du roi, M. Mangot seigneur de Villarceaux, maître des requêtes, se présenta au collége du Mans avec trois sergents et escorte, pour prendre possession des lieux, au nom de la compagnie de Jésus, et sommer le principal, ainsi que le procureur et les boursiers de se retirer. Le recteur accourut aussitôt pour mettre opposition. Il s'adressa directement au conseil. « Ce n'est pas pour l'Université, que nous réclamons, dit-il, c'est pour le faible opprimé. Comment

[1] 1628. [2] 1631.

qualifier un prélat qui ne rougit pas de dépouiller le pauvre, pour se bâtir un hôtel à Paris, en dehors de son diocèse ? Ce n'est pas d'aujourd'hui que les jésuites renouvellent l'histoire de la vigne de Naboth; où en seraient les Cholets sans M. le chancelier de Sillery, qui a déjoué toutes leurs manœuvres ? Déjà, ils avaient marqué dans cette maison des logements pour quelques-uns de leurs écoliers, et, en particulier, pour M. le comte de Moret. Ils se préparaient à faire une porte de communication entre les deux colléges! Ils songent, dit-on, maintenant, à s'emparer de Marmoutiers, car ils ont résolu d'entreprendre les colléges voisins, l'un après l'autre. Nous verrons bien ! »

On répliquait pour le prélat : « Il ne s'agit pas de la vigne de Naboth, mais du collége du Mans, qui est obéré, et dont les dettes ne se payeront pas avec des phrases. Monseigneur avait consenti à ce que les classes fussent mises en loyer ; néanmoins l'argent manque pour les réparations les plus urgentes, et le mal empire de façon, que la propriété, dont on offrait 40,000 livres, il y a six ans, trouve à peine 33,000 livres, aujourd'hui. Le cardinal de Bourbon voulait-il faire une auberge, de l'hôtel du Mans ? Très-certainement, non. Il n'a pas prétendu davantage aliéner le droit de résidence dont jouit le titulaire du diocèse; il n'en avait pas le pouvoir. Que veut Charles de Beaumanoir en ce jour ? Vendre l'hôtel qui tombe en ruine, et, des deniers de la vente, acheter une maison habitable pour les boursiers que l'on peut compter encore, et pour l'évêque du Mans, quand il descend à Paris. Que l'Université oublie, un moment, sa vieille haine contre les jésuites, et il n'y a plus de procès; ses intérêts sont les nôtres. »

Mais la plupart des colléges se trouvaient dans la même situation que celui du Mans, et la crainte de jeter la perturbation dans l'Université décida le conseil à révoquer l'autorisation dont s'appuyait le prélat, pour confirmer l'arrêt qui avait donné précédemment gain de cause au recteur.

Les jésuites se consolèrent de ce double échec par l'acquisition d'une maison de campagne à Gentilly, un des trois villages où les écoliers allaient se promener autrefois, ce qu'on appelait *ire ad campos*. Ils lui donnèrent, en l'achetant, la même destination. Dans cette propriété qui contenait les deux tiers du village, se trouvaient plusieurs corps d'hôtels avec terrasses, de vastes servitudes, un jardin avec des allées couvertes et d'élégants parterres, des vergers, des potagers, de hautes futaies, des glacières et des canaux qui recevaient l'eau de Bicêtre. Elle était renfermée dans un long circuit de murailles coupées, de distance en distance, par des pavillons. Le collége de Clermont y trouvait une abondante provision de légumes et de fruits.

De toutes les campagnes voisines de Paris il n'y en avait pas une qui joignît, à un plus haut degré, l'utile à l'agréable; mais les jésuites n'en étaient pas moins à l'étroit dans leur maison de Paris. Ils traitaient donc, dans le même temps, pour l'acquisition de collége de Marmoutiers, et ils rencontraient bien des obstacles.

A côté de Saint-Martin, Geoffroy du Plessis, notaire du pape Jean XXII, et secrétaire de Philippe-le-Long, possédait un bâtiment considérable, derrière lequel était une vaste étendue de terrain couverte de jardins, de vignes et de vergers. En 1322, il abandonna une partie de cette propriété à l'établissement d'un collége qui fut appelé, de son nom, *du Plessis*, et, six ans plus tard, ayant embrassé l'ordre de Cluny, à Marmoutiers, il fonda, avec la portion qui restait, un autre collége qui devait recevoir à Paris les étudiants de l'abbaye où il avait fait profession. C'est le collége de Marmoutiers. Comme ceux des bernardins, des prémontrés et des autres réguliers, où les leçons n'étaient pas publiques, il ne reconnaissait la juridiction de l'Université que pour la collation des grades, et ne dépendait point du recteur. Les négociations n'étaient pas encore terminées avec les propriétaires des maisons voisines, lorsque la réforme de Saint-Maur fut introduite dans l'abbaye de Marmoutiers. C'était un événement pour les jésuites qui voyaient la possibilité d'acquérir le collége devenu dès-lors sans destination, parce que les religieux ne devaient plus y envoyer d'étudiants. Ce côté des anciens domaines de Geoffroy du Plessis accommodait d'autant mieux les RR. PP., qu'il s'étendait à gauche sur le flanc du collége de Clermont. Malheureusement, les bénédictins, qui n'étaient pas portés de bonne volonté pour les jésuites, se faisaient un malin plaisir de traîner les choses en longueur. Tantôt ils refusaient de vendre, tantôt ils réglaient leurs prétentions sur l'envie des acheteurs, et ceux-ci, bien qu'impatients de posséder, n'étaient pas hommes à s'engager dans un marché onéreux. Qu'on juge après cela, si cette affaire pouvait se conclure promptement! Elle se conclut cependant, mais après quatre ans de pourparlers entre les parties contractantes, et de débats entre l'abbé de Cluny et ses religieux. Cet abbé n'était autre que le cardinal de Richelieu lui-même, qui était consentant, et dont la volonté combattue par des moines dut se soumettre au jugement du conseil: Deux arrêts intervinrent enfin, qui déboutèrent ces derniers de leur opposition, et le collége de Marmoutiers fut cédé aux jésuites, moyennant la somme de 90,000 livres, le 26 août 1641. Les RR. PP. y placèrent une imprimerie. Le recteur de l'Université avait défendu aux libraires qui étaient sous la juridiction, de leur vendre les livres classiques.

Ce n'est pas le seul témoignage d'intérêt donné par Richelieu à la compagnie de Jésus. Il se plaisait à parler d'un vieux jésuite dont il avait appris le latin, homme sévère et dur qui n'avait jamais connu l'indulgence que de nom. Ce souvenir d'enfance, qui devait naturellement le prévenir contre les religieux de cet ordre, avait opéré un effet tout contraire sur un esprit comme le sien. Les constitutions de Loyola étaient à ses yeux un chef-d'œuvre, il ne trouvait rien au-dessus de ce général dont le pouvoir était illimité et les décisions sans appel. Un décret de Vitelleschi successeur d'Aquaviva après Borgia, défendait de traiter désormais de l'autorité des papes et des rois, afin de couper racine à toutes les plaintes et à tous les scandales. Une mesure de ce genre était bien dans le goût du ministre de Louis XIII ; aussi n'en choisit-il pas d'autres pour fermer la bouche à la Sorbonne et à l'Université.

Cet ordre absolu de la volonté impérieuse qui gouvernait la France, fut reçu avec non moins de surprise que de terreur. Les esprits étaient loin d'y être préparés. Jusque-là, en effet, Richelieu avait semblé attacher peu d'importance aux graves questions qui s'agitaient. Il se contentait de dire, qu'en cette matière, on ne devait croire ni ceux qui, par l'excès d'un zèle indiscret, se font partisans de Rome, ni les gens de palais qui mesurent, d'ordinaire, la puissance du roi par la forme de sa couronne qui étant ronde, n'a pas de fin. Mais cette indifférence n'était qu'apparente. Tandis qu'il frappait ces grands coups qui élevèrent si haut sa puissance, il n'était pas fâché de voir l'attention du public occupée par la controverse. C'est dans cette vue qu'il permettait qu'un simple prêtre, que Richer osât lutter contre l'autorité du Saint-Siége. En 1629, Alphonse-Louis du Plessis, son frère, ayant été nommé archevêque de Lyon et cardinal, Richelieu, jaloux de témoigner sa gratitude au Saint-Père, promit la soumission d'Edmond Richer. Etonné de rencontrer une volonté inflexible autant que la sienne, il donna ses instructions au Père Joseph son confident, pour obtenir de gré ou de force la rétractation qu'il exigeait.

Le Père Joseph pria Edmond Richer de venir dîner chez lui, pour conférer ensemble sur quelques points importants de controverse, touchant lesquels le cardinal désirait avoir son avis. Le repas fini, il fit entrer son convive dans son cabinet. Après avoir mis une plume entre ses mains : « C'est aujourd'hui qu'il faut mourir ou rétracter votre livre, lui dit-il » d'une voix terrible, et, en même temps, sortirent de l'antichambre deux hommes masqués, armés chacun d'un poignard qu'ils tenaient suspendus sur sa tête, tandis que le père Joseph, lui présentant une rétractation dressée d'avance, lui fit signer ce qu'il voulut, sans lui donner le temps de se reconnaître. Le vieillard ne survécut que sept mois à cette scène tragique. Il mourut âgé de soixante et onze ans : sa constitution vigoureuse lui promettait une plus longue carrière.

Ainsi finit Edmond Richer, le Gracchus des libertés gallicanes, fougueux champion de l'Université dont il a compromis, plus d'une fois, les intérêts par l'imprudence de son zèle. Son extérieur répondait à son caractère : il avait la taille haute, l'œil vif, le front large et sans rides, la voix si forte que ses ennemis lui donnaient le nom de Stentor. [1] Jusqu'à sa mort, l'histoire du collége de Clermont avait été, pour ainsi dire, l'histoire de la compagnie de Jésus, en France; mais, depuis, les jésuites n'étant plus arrêtés par aucun obstacle, le collége de Clermont perdit l'importance que lui donnaient la politique et la grande question qui se rattachait à son existence. Il se renferma, dès-lors, dans sa vocation et ne songea plus qu'à se montrer digne de soutenir la concurrence avec l'Université qui devait se présenter avec Hersan, Rollin, Coffin et tous ces maîtres illustres l'honneur de l'enseignement.

[1] 1631.

CHAPITRE XVI.

Classes des Jésuites. — Académies. — On jouait la comédie au collége de Clermont — Représentation de Susanne.

Au milieu des troubles d'une minorité orageuse, la France saluait avec espoir le soleil de Louis XIV, qui se levait sur l'horizon. Les esprits se tournaient avec amour vers les sciences et les arts.[1] C'était le beau temps des études classiques : Bouhours entrait au collége de Clermont où Molière avait traduit Plaute et Térence qu'il devait laisser bien loin derrière lui. La Fontaine sortait de l'Oratoire pour écrire ses fables. Racine méditait Euripide, à Port-Royal où Pascal devait écrire ses *Provinciales*. On ne songeait pas alors à déprécier les anciens. On avait un culte religieux pour ces conserva-

[1] 1643—1653.

teurs du vrai et du beau : et lorsque, plus tard, la Motte osa, dans un discours, attenter à la gloire d'Homère, l'indignation générale se vengea par le ridicule; une femme se chargea de montrer au nouveau Zoïle que le bel esprit est impuissant pour comprendre le génie. La langue latine qui servait de communication aux savants dans le monde connu, n'était pas exclusivement enseignée aux hommes; elle entrait aussi dans l'éducation des femmes les plus distinguées par la fortune et la naissance. Mesdames de Sévigné et de Lafayette avaient appris de Ménage et de Segrais à connaître les beautés de Virgile : la grande-dauphine, la marquise de la Sablière, madame de Fontevrault avaient étudié la langue de Cicéron. Dans les plus beaux jours du règne de Louis-le-Grand, au milieu de la cour la plus brillante et la plus polie de l'Europe, on pouvait citer un vers latin sans pédantisme. Quand François de Harlay fut nommé archevêque de Paris, les dames de la cour, ayant à leur tête la duchesse de Bouillon, vinrent le complimenter. « *Formosi pecoris custos!* » dit le prélat en les recevant. « *Formosior ipse*, Monseigneur, » répliqua la duchesse, avec un merveilleux à propos. — On sait que François de Harlay était très-beau de sa personne.

Entre tous les colléges de Paris, le collége de Clermont était renommé pour l'excellence des études. L'instruction, comme nous vu dans l'analyse du *Ratio studiorum*, reposait sur la connaissance des langues anciennes: elle était répartie dans six classes auxquelles se rattachaient les objets d'enseignement qui entraient dans le plan d'Aquaviva, l'histoire et la géographie.

Après l'analyse grammaticale et littéraire, le professeur s'occupait plus particulièrement des leçons de morale qui pouvaient ressortir de l'auteur expliqué;

car il ne perdait jamais de vue l'objet essentiel de sa mission qui était de former le cœur de ses élèves.

En sortant de rhétorique, les élèves passaient dans les classes de mathématiques, de physique, de chimie et de philosophie. Aristote régna longtemps dans la chaire de philosophie, au collége de Clermont, mais il céda la place à Descartes qui fut détrôné, dans la suite, par Newton; l'enseignement suivait les progrès de la science. La théologie, qui donne la connaissance de Dieu et des choses divines, terminait le cours d'études.

Aux yeux des jésuites qui voyaient dans l'enfance l'avenir de l'homme, l'éducation, qui forme le cœur et l'esprit, était véritablement un second sacerdoce. Tout avait été prévu pour garantir le collége des mauvais maîtres comme du fléau le plus désastreux. Quand on croyait avoir découvert de l'aptitude dans un sujet de la compagnie, on le plaçait auprès d'un maître d'étude ou d'un régent, pour apprendre l'art difficile d'élever la jeunesse. Ceux-ci le quittaient rarement d'abord, puis ils se retiraient plus souvent, et finissaient par le laisser seul avec les élèves. Après avoir reconnu en lui l'amour du juste et de l'honnête, la sagacité qui distingue dans l'enfant les bonnes et les mauvaises inclinations, la volonté éclairée, patiente qui cultive les unes et réprime les autres, la dignité du langage et des manières qui inspire non pas la crainte servile, mais le respect fondé sur l'estime; on lui confiait une étude ou une classe. Son temps d'épreuves n'était pas fini néanmoins; il demeurait toujours sous la surveillance des RR. PP. dans cette vie de famille entre les maîtres et les disciples qui retrouvaient, au collége, la maison paternelle.

Auger et Maldonat avaient des successeurs dignes d'eux. C'étaient, dans la classe de philosophie, Garnier,

Cellot, Vavasseur; dans celle de mathématique, Bourdin, d'Harrouis, Pardics, Challes, de Fontaney, Gouye ; dans la classe de rhétorique, Briet, Jourdan, Cossart, Lucas, de la Rue, Jouvency, le Jay. A part tous ces professeurs et tous ces maîtres chargés de l'enseignement et de la surveillance, il y avait encore un certain nombre de jésuites connus par l'étendue et la variété de leur savoir, qui avaient leur demeure au collége. Ils composaient le conseil des études. Mais leur mission ne se bornait pas là ; ils se partageaient entre eux la tutelle du pensionnat. Voici comment : Chaque élève choisissait un de ces Pères pour lui donner sa confiance ; c'était un mentor qui l'encourageait dans le bien, qui le réconciliait avec ses maîtres, qui venait à son secours dans les accès de dégoût et d'abattement, dans ces moments critiques où le jeune homme n'a pas de plus dangereux ennemi que lui-même. Pour donner une idée du mérite de ces hommes qui se faisaient les amis des écoliers pour leur faire aimer ce qui est bon, utile et honorable, il suffit de nommer Fronton du Duc, Salien, Vigier, Sirmond, Caussin, Bagot, Labbe, Rapin, Bouhours, Commire, Houdry, Tarteron, Lallemand. Quand ils paraissaient dans les cours, ils étaient aussitôt environnés de leurs pupilles qui laissaient le jeu pour venir au devant d'eux.

Ils allaient ensemble dans le jardin pour analyser les fleurs, ou bien ils montaient à la bibliothèque. Là, chacun courait où son goût le portait de préférence. Celui-ci voulait déchiffrer les vieux manuscrits, celui-là examinait les estampes et les médailles, un troisième s'arrêtait au cabinet d'histoire naturelle, d'autres étudiaient les mouvements de la sphère céleste, et suivaient sur le globe terrestre le progrès des missions. Ils considéraient avec avidité les objets curieux que les RR. PP. avaient envoyés des Indes et de la Chine. Ils pouvaient consulter les missionnaires nouvellement arrivés de l'Asie; ils rencontraient, suivant l'époque où ils se trouvaient au collége, Hardouin, Buffier, Germon célèbre par sa polémique avec les bénédictins, Ménétrier auteur d'ouvrages estimés sur la numismatique, Sanadon, Souciet, Tournemine critique érudit, écrivain facile qui réussissait également en prose et en vers, Porée, le docte et spirituel Bougeant, Brumoy traducteur du théâtre grec, et les autres savants de la compagnie qui se donnaient rendez-vous à la bibliothèque.

Le collége des jésuites, à Paris, renfermait huit cents personnes dont le pensionnat ne comprenait guère que la moitié. On comptait une centaine de domestiques; il y avait donc trois cents fonctionnaires tant maîtres que professeurs. Un exercice aussi nombreux n'occasionnait aucun frais à l'établissement, car tous, depuis le premier jusqu'au dernier, devaient se contenter de la vie commune. Si l'excellence de l'éducation est en raison directe d'une surveillance active, consciencieuse, intelligente, il faut convenir que le collége des jésuites avait de justes droits à la confiance des familles, avec cette imposante réunion de maîtres habiles choisis parmi les sujets les plus distingués de l'institut. Et ces hommes, qui avaient fait abnégation de toute pensée terrestre, croyaient gagner le ciel en formant le cœur de la jeunesse à la vertu. Qu'on juge, par cette simple réflexion, de l'ardeur et du désintéressement de leur zèle !

Pour rendre ses élèves attentifs, et les encourager au travail, le professeur se servait avec avantage de l'émulation. Les moyens qu'il employait pour l'entretenir dans sa classe étaient nombreux et variés. C'étaient les exemptions, les jetons qui donnaient droit à un prix, le portefeuille des lauréats qui recevait les devoirs les mieux faits, la distribution des places d'après le mérite des copies. Un système d'émulation, seulement applicable aux élèves les plus forts, eût manqué le but essentiel; avec la ressource du défi, les plus faibles se relevaient à leurs propres yeux et aux yeux de leurs condisciples; ils sortaient des derniers rangs pour se mettre en évidence, et mériter les éloges, à leur tour. Celui qui avait été malheureux au combat, jetait le gant à un des vainqueurs; il s'agissait d'une question de géographie ou d'histoire, d'une version difficile. Les juges de la lutte étaient choisis dans la classe, et l'agresseur, pour prix de la victoire, changeait de place avec le vaincu. C'était encore à titre de récompense, que six élèves étaient choisis pour présider à la distribution de la desserte aux pauvres du quartier, et que, certains jours de la semaine, vingt jeunes gens désignés par le recteur, sortaient accompagnés, deux par deux, d'un profès de la maison de Saint-Antoine, pour aller porter en ville les aumônes de la société. Souvent les écoliers faisaient à l'indigence l'abandon de leurs menus plaisirs: que de fois leurs mains se sont rencontrées dans celles de la veuve et de l'orphelin! Les élèves des classes de physique et de philosophie étaient conduits, tour à tour, à l'hospice des incurables pour y servir les malades; on voulait leur apprendre à compatir aux douleurs de l'humanité souffrante. Trop souvent l'opulence ferme le cœur à la pitié!

On appelait académie des réunions qui avaient lieu, aux jours de congé, sous la surveillance d'un régent ou d'un profès de l'ordre. Chacune de ces académies avait son président, son secrétaire et ses conseillers que les élèves choisissaient entre eux. Le but était d'exercer les jeunes gens à parler en public. On donnait un sujet à traiter ; c'était une fable, une pièce de vers, une narration, un discours, ou bien une thèse imprimée par Cramoisy, ornée par le burin de Drevet, de Poilly, ou d'Edelinck, dédiée au roi, et affichée dans la grande cour du collége. La haute société de Paris accourait pour assister à ces exercices qui avaient pour juges les membres les plus distingués du barreau, qui ne dédaignaient pas de venir encourager les talents naissants appelés à leur succéder plus tard.

C'était aussi pour se former à la déclamation que les élèves jouaient des pièces de théâtre. On distinguait la petite et la grande comédie. La petite comédie, écrite en français, était représentée dans la cour du Mans neuf. Le bâtiment de Harlay, abattu aujourd'hui, s'arrêtait à quarante pas environ de celui qui sépare, du Plessis, la cour du bassin. On élevait un mur de toile entre ce vide et le théâtre qui se trouvait ainsi renfermé dans une partie du Mans neuf, le Mans vieux et la bibliothèque, en face de laquelle s'ouvrait le scène. Les pièces étaient composées par les RR. PP. Celles du Père Ducerceau sont justement estimées. Tout le monde a lu les *Incommodités de la grandeur*, en vers français, représentée par les élèves des jésuites, d'abord devant le roi d'Angleterre, puis, devant la duchesse d'Orléans, au collège de Louis-le-Grand ; et, en présence du roi Louis XV, au château des Tuileries, dans la galerie des Ambassadeurs.

Ces détails ne donneraient qu'une idée imparfaite de la grande comédie, la tragédie latine. La scène adossée à la classe de rhétorique, dans la cour d'entrée, s'avançait jusqu'aux grilles du bâtiment de la chapelle, et de celui des réfectoires qui sont en face l'un de l'autre. Une tente immense couvrait les spectateurs qui remplissaient trois amphithéâtres et toutes les croisées qui donnent sur la cour. Rien ne manquait, ni la richesse des décorations et des draperies, ni le choix des devises et des emblêmes, ni l'intelligence des acteurs, ni le talent des compositeurs.

Ces pièces étaient souvent remarquables par la versification et quelquefois aussi par le drame ; mais les jésuites entendaient trop bien l'éducation pour ne pas reconnaître les inconvénients attachés aux représentations théâtrales. Il ne faut pas avoir une grande connaissance de l'intérieur des colléges, pour comprendre combien le travail et la discipline devaient souffrir des exercices préparatoires et des distractions qui en étaient la suite nécessaire. De plus, l'obligation imposée au professeur de rhétorique, de composer, chaque année, une tragédie nouvelle pour la distribution des prix, consumait un temps précieux qui pouvait être employé d'une manière plus utile à l'enseignement. Ces motifs déterminèrent le Père le Jay à remplacer la tragédie latine par un discours d'apparat sur un sujet tiré des circonstances. Son premier essai qui avait pour titre *Gloria seculi Gallis vindicata*, fut couvert d'applaudissements, et on avait paru renoncer à la coutume de représenter des pièces de théâtre ; mais on y revint dans la suite. Porée, successeur de le Jay, prétendait que la tragédie était plus propre à former les jeunes gens à la déclamation, contre le sentiment de Quintilien, qui observe, après Cicéron, qu'il y a une grande différence entre la prononciation des comédiens et celle des orateurs, quoique, sous certains rapports, l'une puisse servir à l'autre. Plus tard, le professeur du collége de Louis-le-Grand reconnut son erreur dans un discours latin sur le théâtre. Il conçut alors, avec Lasante, l'heureuse idée des plaidoyers. Les orateurs traitaient contradictoirement un sujet donné. Les Pères Brumoi et du Bandori nous ont laissé des modèles achevés dans ce genre.

C'est à une tragédie que le collége des jésuites à Paris dut le patronage de Louis-le-Grand. [1] Un profès de l'ordre, le Père Jourdain, fit jouer, au collége de Clermont, une tragédie latine de sa composition, *Susanna*. Le sujet n'est pas tiré de la Bible, comme le titre pourrait le faire croire, mais il appartient au martyrologe. Susanne est une princesse de la famille impériale, que Galérius veut épouser. Galérius, nommé César par l'empereur Dioclétien, jure d'exterminer les adorateurs du Christ, sans se douter qu'il prononce la condamnation de celle qu'il aime, car Susanne est chrétienne. Le jour même où les noces doivent se célébrer, Artidius, son rival, découvre ce mystère à l'empereur qui ordonne à Galérius d'annoncer à Susanne qu'elle ait à choisir entre l'apostasie et la mort. Rien ne peut fléchir l'héroïne chrétienne, ni les prières, ni la vue des tortures qui l'attendent. Celui qui est à la fois son juge et son amant ne peut se résoudre à prononcer la sentence. Dioclétien fait conduire Susanne au supplice.

La conduite de la scène présente des intentions dramatiques, mais le dialogue du père Jourdain est froid et hérissé d'antithèses. Au résumé, cette petite pièce ne

[1] En 1650.

mérite pas l'honneur que lui fit Brueys, en l'imitant pour la donner au théâtre sous le nom de *Gabinie*.

Ce n'est pas toujours le mérite qui fait la vogue des ouvrages d'esprit, *Susanna* en est une preuve entre mille. La tragédie du père Jourdain fit tant de bruit à Paris, que Louis XIV, alors âgé de douze ans, fut curieux de la voir et se rendit au collége de Clermont, accompagné de sa mère Anne d'Autriche, de Charles II roi d'Angleterre, et du duc d'York. Le jeune prince admira la pompe du spectacle, et se retira enchanté des acteurs dont plusieurs étaient de son âge. On verra plus tard comment le souvenir qu'il conserva de cette petite fête, ne fut pas inutile aux habitants du collége de Clermont; d'ici là, nous avons à nous occuper d'une ordonnance du roi qui, bien que sans importance apparente pour cette maison, est, en dernier résultat, un événement considérable dans ses annales; c'est la fondation de l'école des Jeunes de langue.

CHAPITRE XVII.

Fondation de l'école des Jeunes de Langue. — Visite de Louis XIV au collége de Clermont. — Le collége de Clermont devient le collége de Louis-le-Grand. — Patronage du monarque.

—

Dans le principe, les relations politiques et commerciales de la France, en Turquie, éprouvaient de grands embarras. Comme les mahométans ne veulent connaître que la langue du pays, nos ambassadeurs et nos négociants étaient obligés de prendre des interprètes parmi les Sciotes et les autres insulaires de l'Archipel qui, passés récemment de la domination de Gênes et de Venise sous celle de la Porte-Ottomane, entendaient également le turc et l'italien. Ces drogmans étaient, dans les échelles du Levant, non seulement les interprètes de la nation française auprès des puissances turques, mais encore ses organes dans toutes les affaires, ses procureurs et ses avocats auprès des tribunaux. Indépendamment des mêmes fonctions qu'ils devaient remplir à Constantinople, ils étaient les traducteurs des offices de l'ambassadeur français à la cour du grand-seigneur, les représentants de ce ministre, chargés d'y traiter, en son nom, les affaires.

Des hommes mercenaires, sans éducation, sans connaissance du droit des gens et de la politique européenne, nés et dégradés sous le despotisme oriental, ne pouvaient avoir cette élévation de cœur et d'esprit nécessaire pour défendre la dignité et les intérêts de la France : Colbert proposa à Louis XIV la création d'une pépinière de drogmans français qui, élevés aux frais de l'Etat, et instruits dans les langues orientales, présenteraient les garanties de l'éducation et du savoir. Le 18 novembre [1], fut fondée l'école des Jeunes de langue, ainsi appelée de deux mots turcs.

Le roi ordonnait que, pendant trois ans, il serait envoyé, de douze mois en douze mois, six jeunes garçons nés Français, au couvent des Pères capucins, à Constantinople et à Smyrne, afin d'y acquérir les connaissances indispensables pour remplir les fonctions de drogmans dans le Levant et la Barbarie. L'année suivante, un arrêt du conseil décida que les six jeunes gens destinés à l'étude des langues orientales ne seraient plus envoyés dans les Échelles, que de trois ans en trois ans. Cette seconde ordonnance a été suivie jusqu'en 1718, où le nombre des élèves fut fixé à douze, et le prix de la pension qui devait être payée aux Pères capucins, pour chacun d'eux, à 470 livres.

Nous verrons l'école des Jeunes de langue devenir

---

[1] 1669.

annexe du collége des jésuites à Paris. Le temps, qui règle tout en silence, disposait les choses en faveur de ces religieux. Mais les RR. PP. ne s'endormaient pas dans la bonne fortune : une visite de Louis-le-Grand au collége de Clermont comblait leur vœu le plus cher; la proposition en fut faite au prince qui l'accepta gracieusement.

[1] Tout était préparé d'avance pour la réception d'un hôte si vivement désiré. C'était encore une tragédie qui devait en faire les frais : on avait élevé un théâtre dans la cour d'entrée. Dès le matin, le provincial, avec bon nombre de ses religieux, était en observation sur la plate-forme du bâtiment neuf, d'où se prolonge un horizon à perte de vue. Enfin, avec l'aide des lunettes, les yeux découvrent un grand mouvement du côté du Carrousel; le roi sortait des Tuileries! Les RR. PP. descendent précipitamment pour le recevoir. Bientôt, précédés de cavaliers écumants de sueur, les gardes-du-corps se rangent en haie, sur le haut pavé de la rue, et, incontinent après, arrivent les carrosses du roi, escortés d'un essaim de pages et de jeunes seigneurs. Le roi salua avec cette majesté radieuse qui révélait dans sa personne le premier monarque du monde; puis, il fut conduit sous un dais magnifique, en face de la scène. Au lever du rideau, un élève de rhétorique, avec le costume patricien, récita un prologue où le poète n'oubliait pas de comparer Louis-le-Grand au soleil; mais les cœurs électrisés par la présence du prince, les visages qui s'épanouissaient de bonheur, faisaient, de cet éloge banal, un véritable à-propos. Dans les entr'actes, les élèves exécutèrent des ballets avec leurs

[1] 1674.

maîtres de danse. En lisant que ces intermèdes étaient applaudis, on a besoin de se rappeler que le roi lui-même avait dansé sur un théâtre, en présence de sa cour, et que, plus tard, les pensionnaires de Saint-Cyr jouaient la tragédie et chantaient les chœurs de Racine, devant le monarque et devant Madame de Maintenon. Pour bien juger les hommes dans l'histoire, il faut se reporter à l'époque où ils vivaient ; nous sommes plus sévères aujourd'hui, et nous n'avons pas tort.

La satisfaction du roi était visible. Il causait familièrement avec les personnes de sa suite, et se plaisait à nommer les acteurs dont la plupart avaient leur père auprès de lui ; il comparait ce qu'il voyait avec la fête qui lui avait été donnée, vingt-quatre ans auparavant. Dans un moment où l'attention était générale, on entendit cette exclamation : « En vérité, tout ici est admirable! « Je le crois bien, reprit le roi, c'est mon collége. » Les jésuites interprétèrent ces paroles en donnant à leur collége le nom de Louis-le-Grand. Ce n'est pas ainsi que leurs devanciers entendaient la reconnaissance, quand, pour désigner leur collége de Paris, ils joignaient le nom de son fondateur à celui de la société. Après avoir reconduit le prince à sa voiture, on fit venir des ouvriers qui employèrent la nuit à graver, sur une table de marbre noir, ces mots :

Collegium Ludovici Magni,

et la nouvelle inscription parut, avec le jour, au-dessus de la grande porte. Une main qu'on chercha vainement à reconnaître, écrivit, au-dessous, ce distique latin :

Sustulit hinc Jesum, posuitque insignia regis
Impia gens, alium non colit illa Deum.

Les jésuites avaient-ils trop présumé des intentions

du monarque? Dans les douze années qui suivirent, la réponse à cette question ne serait pas facile. Toutefois, l'inscription demeurait, et le silence de la cour pouvait être un consentement implicite. Mais en 1682, Louis-le-Grand, par lettres patentes de novembre, se déclare le fondateur du collége des jésuites à Paris, et le décore du titre de collége royal, avec l'autorisation de porter ses armes. Il confirme les droits et les bénéfices antérieurement acquis à cette maison, et dont plusieurs n'avaient pas été régularisés : le franc salé, 400 livres par an sur la recette générale de la ville de Paris, pour la distribution des prix, la jouissance de trente-six lignes d'eau des fontaines de Rongis (aqueduc d'Arcueil), toutes les unions précédemment faites, tant celle de Marmoutiers, que des maisons adjacentes, l'exemption des droits d'entrée de trois cents muids de vin, des exemptions de droits sur les ports, etc. On profita aussi de cette occasion pour donner à ce collége le droit *de committimus* et d'autres priviléges.

Les Cholets possédaient, derrière les quatre maisons, à gauche en remontant, un bâtiment avec allée sur la rue Saint-Jacques, entre l'image Saint-Jacques et l'image Saint-Jean; les jésuites qui en avaient fait l'acquisition [1], s'étaient encore agrandis d'une portion de terrain sur la même ligne, tenant à la rue Sainte-Barbe; ces transactions furent comprises dans ces mêmes lettres patentes.

Le roi voulut aussi terminer l'affaire des jésuites avec le collége du Mans. Le marquis de Seignelay eut ordre de conclure avec l'évêque et son chapitre. Dès le 15 avril précédent, l'Université avait donné son consentement; le contrat fût passé le 6 juin [2]. Par cet acte, les jésuites

[1] En 1656. [2] 1682.

sont mis en possession « des places, bâtiments, appartenances et dépendances du collége du Mans, sans en rien réserver, pour en jouir par eux et leurs successeurs à l'avenir, en tous droits de propriété, comme de choses à eux appartenant. » Le marquis de Seignelay promet de remettre une ordonnance de cinquante-trois mille cent cinquante-six livres sur le Trésor royal. Cette somme, bien supérieure à celle de quarante mille livres, prix de l'estimation faite en 1643, fut employée à l'achat d'une maison située à l'entrée de la rue d'Enfer, et à la fondation de dix bourses, à la nomination de l'évêque du Mans, qui devait choisir aussi le principal et le procureur chapelain. Voilà comment la munificence royale aplanit tous les obstacles ; le collége du Mans était trop bien traité pour se plaindre.

Louis XIV couronna tant de bienfaits par l'envoi de son buste en marbre, ouvrage du célèbre Coysevox. Les Jésuites le placèrent sur le mur de séparation entre les classes du collége et le jardin des Pères, qui était couvert de plantes médicinales. On avait gravé, sur le socle, ce distique du père Commire :

> En Lodoix, scholas inter plantasque salubres,
> Quam benè stat, populi vita salusque sui !

CHAPITRE XVIII.

Prospérité du collége Louis-le-Grand. — Rollin.

Cependant la faveur du monarque avait appelé au collége de Louis-le-Grand la première noblesse du royaume; les Conti, les Bouillon, les Rohan, les Soubise, les Luxembourg, les Villars, les Montmorency, les Duras, les Brancas, les Grammont, les Boufflers, les Richelieu, les Nivernais, les Mortemart, les Broglie, les Créqui, les d'Estrées, envoyaient leurs fils assister aux leçons de Cossart, de Larue, de le Jay, de Porée. Ces gentilshommes avaient chacun leur précepteur avec un domestique. Le collége de Louis-le-Grand renfermait cinq cents élèves, dont les salles d'études ne recevaient guère que la moitié; les autres étaient distribués en chambres particulières sous la surveillance des préfets. Voilà l'explication du grand nombre de cellules qu'on voyait autrefois, et qui ont été converties, de nos jours, en magnifiques dortoirs. Cette organisation, qui était celle des colléges de l'Université, n'empêchait pas le maintien de l'ordre ; car si les détails étaient plus compliqués, la surveillance se multipliait avec ce grand nombre de maîtres qui parcouraient la maison dans tous les sens, et qui étaient continuellement au milieu des élèves dont ils partageaient les récréations comme les travaux.

C'est ainsi que tout concourait à la prospérité du collége de Louis-le-Grand. On ne songeait plus alors à contester aux jésuites le droit de s'établir dans le royaume. En vain, quelques esprits soucieux parlaient des clauses de Poissy; on objectait le vœu des États-généraux, on montrait les cahiers de la noblesse et du clergé qui avaient demandé pour la compagnie de Jésus la liberté d'enseigner, on citait les lettres patentes de Louis XIII. D'ailleurs, le parlement n'avait-il pas sanctionné l'établissement de la société en France, lorsqu'il enregistrait tous les priviléges qui lui avaient été accordés, ceux qu'elle devait au roi, ceux qu'elle tenait de ses prédécesseurs ? et puis, les élèves de ses écoles occupaient les places les plus importantes de la magistrature. A la cour, les jésuites avaient la direction des consciences. Le confesseur du roi était le père Lachaise qui tenait la feuille des bénéfices. Madame la duchesse de Bourgogne avait permission de choisir le sien qui devait être un jésuite. Nous les verrons triompher dans les débats religieux qui portèrent le trouble dans l'Église; S'ils n'eussent été qu'orthodoxes on leur eût pardonné, mais ils avaient l'appui du monarque, et c'est une recommandation dangereuse pour les partis, en France, que celle de pouvoir.

Il y avait alors, à Paris[1], un de ces hommes selon l'Évangile, qui font abnégation d'eux-mêmes pour se dévouer à l'humanité. Celui-ci s'était consacré, de bonne heure, à l'éducation de la jeunesse. Il lui apprenait à aimer Dieu et il persuadait toujours; son langage était si doux, sa piété si fervente, si tendre! Esprit érudit, mais judicieux, naturel, abondant, facile, né pour le vrai et pour le beau, qui concevait, qui analysait sans effort Ésope et Homère. La science, à ses yeux, était le flambeau destiné à éclairer le cœur de l'homme, en l'instruisant de ses devoirs envers Dieu et la société. Généreux, modeste, irréprochable dans ses mœurs; d'une égalité d'âme inaltérable, il était l'image vivante des vertus qu'il enseignait. Sa fortune était médiocre, mais il se croyait riche tant qu'il pouvait faire du bien. « Ne craignez pas de m'appauvrir en donnant trop, écrivait-il à son domestique, c'est placer mon argent à gros intérêts. » Ce domestique était un honnête homme, il le nommait son ami. Les plus illustres personnages ambitionnèrent son amitié, mais pour l'obtenir il fallait avoir son estime. Cet homme s'appelait Rollin; je me trompe, il s'appelait le bon Rollin, dénomination touchante qu'il avait reçue de ses élèves, et que lui conserve à jamais la reconnaissance de la jeunesse.

Rollin succéda à Richer dans la lutte entre l'Université et le collége des jésuites à Paris. Il ne sera pas hors de propos de comparer ici ces deux hommes si différents l'un de l'autre, avec des qualités supérieures.

On peut dire de tous les deux ce que le roi d'Epire disait de Fabricius; il eût été plus facile de détourner le soleil de son cours, que Rollin et Richer du sentier de

[1] 1683.

la vertu. Mais le premier devait plus à la nature, le second à la force de sa volonté. Celui-ci avait dans son extérieur et dans ses formes une expression sévère et dure, le sentiment qu'il inspirait approchait plus de la crainte que du respect ; celui-là se faisait aimer, au premier abord, par la douceur de sa physionomie et la noble simplicité de ses manières. Richer combattait le mal à outrance partout où il croyait le voir ; sa voix, en face du désordre, retentissait comme l'airain sous le marteau qui le frappe ; Rollin ne savait pas non plus transiger avec le vice, mais il voulait éviter le scandale, car il rougissait pour les coupables. Tous deux ont eu le malheur de s'égarer dans leurs opinions religieuses qui appelèrent sur eux les rigueurs de l'autorité ; mais, en résistant, chacun demeura fidèle à son caractère. Richer remplit l'Europe du bruit de ses démêlés avec Rome, et se roidit contre les menaces du pouvoir ; Rollin écrit au ministre une lettre respectueuse, mais ferme et pleine de dignité, puis, il sort du collége de Beauvais, après avoir pris toutes les mesures pour prévenir les désordres que pouvait occasionner sa retraite. Il porte la générosité, disons mieux, la sollicitude, jusqu'à se faire intrigant pour déterminer le choix de l'autorité en faveur du seul homme qui peut le remplacer dignement, Coffin, qui héritera de son affection paternelle pour ses élèves. Le syndic de la Sorbonne embrasse avec ardeur la cause de l'Université que son audace entreprenante engage dans un pas difficile dont elle a peine à se tirer, il remue ciel et terre pour trouver des ennemis au collége de Clermont ; Le recteur de l'Université était pour les jésuites un adversaire plus redoutable : ses armes c'étaient ses vertus, ses talents qui jetaient d'autant plus d'éclat que sa modestie voulait les cacher, c'étaient les élèves sortis de ses mains, qui faisaient l'ornement de la ville et de la cour.

[1] Le collége de Louis-le-Grand montrait avec orgueil le plan d'études d'Aquaviva, mais l'enseignement pratique se perfectionnait, au Plessis, dans la chaire de seconde occupée par l'élève bien aimé d'Hersan, celui que cet habile professeur appelait le Divin, qu'il avait désigné pour lui succéder. Rollin, qui pouvait passer pour érudit, à un âge où l'on n'a d'ordinaire qu'une teinture des lettres, qui parlait avec une égale facilité la langue grecque et la langue latine, n'entrait jamais au collége, sans avoir préparé sa leçon. Les élèves quittaient sans regret les jeux de la cour pour se réunir autour de leur professeur, car c'était encore une récréation qui les attendait dans la classe. Rollin traitait chacun selon son caractère et sa capacité. Ceux qui se distinguaient par leur aptitude, il leur apprenait à rapporter à Dieu les dons qu'ils en avaient reçus, et à faire un bon usage de leurs talents. Ceux qui n'avaient pas été favorisés de la nature, il leur faisait entendre qu'il est un trésor préférable à la science, et que si tous les hommes ne peuvent pas devenir savants, tous sont nés pour être vertueux. Il n'y avait pas un de ses élèves, depuis le premier jusqu'au dernier, qui ne se crut l'objet de son attention particulière. Loin de rebuter les plus faibles en froissant leur amour-propre par le mépris, ou bien en paralysant leur intelligence par une exigence brutale, il se plaisait à les encourager en présentant les questions de manière à leur inspirer la réponse, en comparant le présent avec le point de départ, et en tenant compte du

[1] 1685.

moindre progrès. Vous demanderez peut-être comment il n'avait presque jamais recours aux punitions ; Ses élèves l'aimaient, ils avaient la confiance d'en être aimés. Comment son jeune auditoire était toujours attentif à sa parole ; Il savait toujours l'intéresser. Voulait-il expliquer les mystères de la science ? Il était sûr d'être compris, parce qu'il ne passait jamais que du connu à l'inconnu. Parcourait-il les fastes de l'histoire ? C'était pour montrer les perfections du christianisme ; l'homme déjà si grand dans Épaminondas, Socrate et Scipion, plus grand encore dans du Guesclin, Bayard, saint Louis, Sully et tant d'autres qu'il n'était pas besoin de chercher dans l'antiquité ; car, dans ce temps-là, les jeunes gens enviaient à leurs pères le bonheur d'avoir vu saint Vincent de Paul ; Turenne aurait pu vivre encore, et Fénelon faisait aimer la vertu dans son diocèse de Cambray.

Il y avait très-peu d'années que Rollin était régent de seconde au Plessis, quand il fut appelé à la chaire de rhétorique ; mais il ne tarda pas à en faire l'abandon, parce que le roi le nomma professeur d'éloquence au collége royal. C'était en vain qu'il fuyait les honneurs, les honneurs venaient le chercher ; en 1694[1], l'Université le choisit pour son représentant.

La défiance ombrageuse qui avait présidé aux constitutions, tout en prodiguant les honneurs au chef suprême de l'Université, ne lui abandonnait qu'un pouvoir précaire, en le plaçant sous la tutelle d'un conseil composé de sections presque toujours divisées d'intérêts. Ce serait mal à propos que l'on voudrait comparer le recteur d'autrefois au grand-maître de nos jours. Dans les

[1] En 1694.

conditions du gouvernement représentatif, le grand-maître, parce qu'il est en même temps ministre, est révocable ; c'est donc une institution éminemment sage que celle d'un conseil inamovible, dépositaire des traditions, qni connaît à fond les hommes et les choses de l'Université, et dont l'expérience vient éclairer le ministre. Mais de quelle utilité pouvait être au recteur, lui-même éligible, un conseil qui se renouvelait chaque année? Le rectorat était donc une charge d'autant plus épineuse, qu'elle imposait de grandes obligations, avec des difficultés non moins grandes pour les remplir.

Il est une sagesse dans les affaires qui n'est pas le fruit tardif du temps, mais l'heureux privilége du bon sens joint à la probité : c'est elle qui fit de Rollin, à son début, un administrateur consommé. D'abord le nouveau recteur envisagea avec effroi sa responsabilité devant Dieu, et aussitôt il comprit l'importance de ne placer à la tête des colléges que des hommes habiles, et, surtout, d'une vertu éprouvée, qui devaient, à leur tour, s'environner de maîtres animés, comme eux, du désir de faire le bien. Malheureusement le recteur n'avait pas même le droit de choisir les principaux ; ils étaient à la nomination du parlement et de certains dignitaires de l'Église. Rollin profita habilement de la considération dont il jouissait dans la haute société, pour écarter les sujets indignes de la confiance des familles. Il remit en vigueur les statuts tombés en désuétude, et, particulièrement, l'article LXX qui oblige le chef de l'Université à faire la visite des colléges. Il fit un règlement qui enjoignait aux professeurs d'humanités et de philosophie de commencer leurs leçons par le développement d'un passage de l'Ecriture-Sainte. Nous avons vu, sous l'Empire, le grand-maître, M. de Fontanes, étendre cette obligation à toutes les classes. Enfin il releva l'étude du grec, qui était depuis longtemps négligée dans les colléges. Les mandements qu'il publia dans ces différentes occasions, étaient écrits en latin, conformément à l'usage consacré dans l'Université. On y voyait toujours l'homme bon, éclairé, dont les paroles comme les actions n'avaient pour but que le bonheur des familles et le bien de la société.

Parmi les pièces de ce genre que nous avons entre les mains, nous remarquons encore celle où Rollin réprime les désordres qui s'étaient introduits dans les colléges, à la suite des représentations théâtrales. On comprend qu'il aurait voulu supprimer la comédie dans l'Université, mais qu'il ne se sentait pas assez fort. Toujours il avait manifesté de la répugnance pour ces sortes de jeux. Il était encore écolier, quand le président Lepeletier qui le faisait étudier avec ses fils, ayant voulu faire représenter chez lui une tragédie latine, ne put jamais le décider à se charger d'aucun rôle.

Il s'élevait avec force contre les travestissements qui, pour me servir des termes de l'Ecriture, sont abominables devant Dieu; et il citait le repentir amer d'un professeur du Plessis, fort habile et encore plus homme de bien, qui témoigna, en mourant, une peine extrême d'avoir toléré cet abus qui avait été pour quelques écoliers une occasion de déréglement. « C'est là, ajoutait Rollin, le temps et la situation où il faut se placer, pour juger sainement de ce qui est à suivre ou à éviter! »

CHAPITRE XIX.

Le pape Innocent XII envoie le corps de saint Maxime au collége de Louis-le-Grand. — Rollin principal du collége de Dormans-Beauvais. — Rivalité de cette maison et du collége de Louis-le-Grand

[1] L'année précédente, au mois de janvier, une lettre était partie de Rome, qui apportait une grande nouvelle au collége des jésuites à Paris. Elle était adressée au recteur de cette maison, le père Guillaume Ayrauld ; en voici la teneur :

« Mon révérend Père,

« Sa Sainteté a fait aux élèves de votre maison le plus beau présent qu'ils puissent recevoir de la munificence pontificale ; c'est le corps de saint Maxime mort, le

[1] 1693.

13 septembre, à l'âge de 15 ans, 3 mois et 5 jours, ainsi que porte son épitaphe :

> Maximo bene merenti. Q.
> Vixit annos XV. menses III.
> Et dies V.
> Depositum III idus sept.
> Parentes fec.

« Le Saint-Père voulait donner à ses fils bien-aimés de France un gage de sa tendresse paternelle; il s'est félicité de l'heureuse convenance de ce choix qui les place sous le patronage d'un enfant soldat de la foi, qui a confessé Jésus-Christ, à l'âge où nos élèves étudient les éléments de la science, dans les murs paisibles de nos colléges. Son éminence Mgr le cardinal d'Estrées prit cette occasion de faire, en présence de tous les cardinaux du Saint-Office, un bel éloge de votre maison. Il dit à Sa Sainteté, que le lieu où reposeraient ces restes précieux était l'école de la vertu, où la jeunesse du royaume et de tous les pays de l'Europe venait apprendre les devoirs de la piété; que c'était la plus florissante, la plus nombreuse, la mieux réglée de toutes les académies du monde. Ce témoignage donna une nouvelle joie au pape. Il me dit, lorsque j'eus l'honneur de le remercier, qu'il croyait avoir été inspiré de Dieu en cette occasion. Il m'ordonna en même temps d'informer nos écoliers qu'il leur donnait sa bénédiction à tous; à tous, reprit-il gracieusement; et, sur ce que je le priai d'y joindre l'indulgence, il ajouta : c'est ce que nous avons voulu dire, et nous voulons, de plus, leur envoyer un bref sur tout cela. »

Cette lettre était du Père Doucin; la lecture, qui en fut faite au prône, causa une émotion que la sainteté du lieu eut peine à comprimer, et qui se manifesta, au sortir de la chapelle, par les conversations animées des maîtres, et par la joie bruyante des élèves répétant avec une sorte d'orgueil les paroles du Saint-Père qui, dans l'effusion de sa tendresse paternelle, leur donnait sa bénédiction à tous, à tous sans en excepter un seul. Chaque phrase, chaque mot était commenté. On expliquait l'expression *benè merenti* qui, comme celle d'*innocenti*, s'appliquait exclusivement aux confesseurs de la foi. Le cœur de cette généreuse jeunesse s'exaltait à la pensée d'un enfant martyr : « Sans doute, il avait eu la constance des Machabées ; il avait résisté aux séductions et aux menaces, comme Laurentin d'Arezzo, comme Just, comme le jeune héros dont parle Saint-Jérôme, comme les deux frères de Nantes ! » On rappelait les rudes épreuves des persécutions, et la volonté chrétienne demeurant inébranlable et libre dans la prison, dans les tortures, dans la mort.

Le corps de saint Maxime suivait la lettre qui l'annonçait, mais il avançait à petites journées. On avait envoyé à sa rencontre une députation qui devait l'accompagner jusqu'à Paris. A son entrée au collège de Louis-le-Grand, il fut salué par les trois mille élèves de la maison qui l'attendaient dans la cour. Puis il fut porté, en grande pompe, dans la chapelle, où vinrent le recevoir les plusieurs hauts dignitaires du clergé, qui avaien voulu se joindre au Père provincial et aux prêtres de la compagnie de Jésus, pour ajouter un nouveau lustre à cette solennité. Les restes de saint Maxime étaient revêtus d'une robe tissue d'or, et renfermés dans une châsse précieuse couverte d'un drap de velours pourpre, et retenue par des cordons de soie rouge scellés du sceau de Gaspard de Carpino, cardinal prêtre de la sainte

Église romaine, du titre de sainte Marie d'au delà du Tibre, vicaire général du pape Innocent XII. La châsse et, tout ensemble, les authentiques, ainsi que le vase de cristal contenant le sang du martyr, et la pierre tumulaire extraite du cimetière de saint Pontien, furent déposés sur un magnifique jubé, étincelant d'or et de lumière.

De chaque côté du maître autel dont l'élégant tabernacle reflétait les feux de cinq cents bougies, sous l'azur d'un ample dais de soie semé d'étoiles d'or; dans les deux tribunes de droite et de gauche, se tenaient les élèves qui devaient exécuter les morceaux de musique et les cantates composées pour la circonstance. Ils attachaient un regard d'impatience sur le maître de chapelle qui devait donner le signal; mais celui-ci attendait l'organiste, et l'organiste ne venait point. Un jeune homme se présente pour le remplacer : il s'empare du clavier et en tire des sons qui enlèvent l'auditoire. C'était Marchand, le rival futur du fameux d'Aquin, Marchand, le maître de Rameau, qui devait porter au dernier degré la perfection de son art, et qui préféra constamment aux offres brillantes de la cour, la modeste position d'organiste du collége de Louis-le-Grand. Pendant toute la durée du jour, les chœurs se succédèrent sans discontinuer. La petitesse du local n'avait pas permis de recevoir le public; mais, après la retraite des écoliers, les portes furent ouvertes, et la foule fut admise dans la chapelle, jusqu'à la clôture des offices.

Cependant les trimestres s'écoulaient et Rollin était toujours recteur. L'Université, en le continuant deux ans de suite, malgré les statuts, témoignait qu'elle s'honorait de l'avoir pour chef, et qu'elle aurait voulu le maintenir jusqu'à la fin de ses jours. Mais, après avoir été le modèle des régents et des recteurs, Rollin devait montrer ce qu'est la perfection dans le principal de collége. M. Vittement, appelé à l'éducation des enfants de France, lui résigna ou plutôt lui imposa sa place de coadjuteur, au collége de Dormans-Beauvais. Cette maison qui était devenue une espèce de désert, par suite du relâchement de la discipline, ne tarda pas à se peupler, et finit par être rivale de celle des jésuites.

Ce n'est pas que Louis-le-Grand soit déchu de son ancienne renommée; jamais il n'a été plus nombreux ni plus brillant. Dans l'intérieur du collége, une éducation vigilante et forte confond dans sa sollicitude les boursiers et les pensionnaires, de manière, dit Descartes, qu'on ne saurait distinguer le fils de l'artisan, de celui du grand seigneur. Toute cette jeunesse est tenue en haleine par la variété des exercices et des distractions. Il y a dans le collége comme une atmosphère d'activité et de joie, qui se répand même au dehors. Dans les avenues du collége, c'est un mouvement qui ne se rencontre pas ailleurs, et qui s'anime davantage à mesure qu'on approche de la maison. Les jours de congé, la rue est obstruée, le soir, par les équipages de ces fils de noble famille, qui descendent de voiture, l'épée au côté, suivis et précédés de laquais qui annoncent d'une voix retentissante : M. le comte de Guiche! MM[grs] les princes de Rohan-Chabot, de Rohan-Soubise! Mgr le duc de Montmorency!

Esclave de ses vieilles traditions, l'Université suivait l'ornière de la routine, les arts d'agrément étaient proscrits par elle, comme mondains. Au collége de Louis-le-Grand, au contraire, l'enseignement se conformait aux besoins du siècle et marchait avec la science. Les élèves trouvaient des maîtres pour leur apprendre le dessin, l'histoire naturelle, la chimie, la physique, l'astronomie. Ils se formaient, dans les actes publics, à l'élégance du geste et du langage; les armes, la danse, l'équitation, la musique faisaient le complément de l'éducation, et les jésuites rendaient aux familles satisfaites, des jeunes gens prêts à paraître dans la société, et possédant tous les talents nécessaires pour y paraître avec avantage. La musique de leur chapelle était en réputation dans Paris. Monsieur, frère du roi, venait, avec ses gentilshommes, entendre leurs concerts. On a vu l'empressement des gens de qualité pour assister aux thèses, aux représentations théâtrales; ce contact avec la cour avait donné aux jésuites un goût pour la magnificence, qui se manifeste, non pas dans leurs habitudes personnelles, on remarque dans les individus le même désintéressement qu'autrefois, mais dans le gouvernement du collége. Les fêtes se succèdent à Louis-le-Grand; la naissance d'un enfant de France, le mariage d'une princesse de la famille royale, une victoire, la réception d'un dignitaire de l'église est célébré par des spectacles, des feux d'artifice, des illuminations, des parties de campagne à Gentilly. Néanmoins l'ordre qui règne au collége des jésuites est admirable, et les études y sont excellentes.

A Dormans-Beauvais, la discipline est en vigueur comme à Louis-le-Grand, l'obéissance est également facile et spontanée, l'émulation n'est pas moins vive; il y a tout autant de cette gaieté sémillante, de cet aimable abandon du jeune âge, qui va si bien à l'écolier. Ce n'est pas que les punitions soient inconnues à Beauvais; Rollin, qui est indulgent pour l'étourderie, est inexorable pour le vice : mais c'est la faute qu'il poursuit dans le coupable, son élève lui est toujours cher. Combien de jeunes gens, sur le point de s'oublier, ont été rappelés au devoir par la crainte de lui déplaire! Combien, par un aveu volontaire ont prévenu sa vigilance, ont désarmé sa sévérité par un sincère repentir! Combien qui viennent confier à sa bonté paternelle leurs joies, leurs chagrins, leurs craintes, leurs espérances! Tous ont une place dans son cœur. Ces caractères si divers, il les a tous étudiés, il connaît les inclinations de chacun : est-ce le bien, est-ce le mal qui doit triompher? il l'ignore; une chose est évidente à ses yeux, c'est l'importance de l'éducation sur l'avenir de ses élèves, ce sont les conséquences fatales de la négligence qui n'aura pas réprimé un penchant mauvais, encouragé un mouvement généreux. Parlerai-je de l'économie de la maison? il n'est pas de détail indigne de lui, dès qu'il intéresse la santé et les mœurs ; à l'infirmerie, dans les cuisines, dans les dortoirs, partout reluit la propreté, on voit que l'œil du maître a passé par là. Mais lorsque Rollin parcourt le collége dans tous les sens, il est encore occupé de chacun de ses élèves en particulier. Ce jeune homme ne mange plus avec le même appétit, cet autre a perdu sa gaîté, cet autre recherche la solitude. Ces observations n'ont point d'intérêt pour vous, mais là où vous ne voyez rien, Rollin a découvert les symptômes d'une maladie, ou d'un changement moral.

Ainsi continuait cette vieille rivalité entre les deux compagnies qui se partageaient l'éducation publique en France. Comme nous l'avons dit, Rollin combattait les jésuites, non pas à la manière des recteurs d'autrefois, qui les dénonçaient au parlement pour fermer leur collége ; Il opposait Dormans-Beauvais à Louis-le-Grand, et voulait triompher, en faisant mieux. De leur côté, les jésuites voyaient, sinon sans déplaisir, du moins sans effroi, l'état de plus en plus florissant de Dormans-Beauvais, rassurés qu'ils étaient par l'étendue de leur collége, l'importance de leur pensionnat et leur crédit à la cour. Un point qui les trouvait bien plus sensibles, c'était l'ordonnance qui déclarait leurs étudiants inhabiles à obtenir les grades.[1] Ils firent une tentative pour conquérir ce privilége, et s'adressèrent à la chambre des vacations; mais la vigueur avec laquelle l'Université repoussa cette prétention les força d'y renoncer. Ils n'acceptaient pas avec autant de résignation la concurrence des écoles de Port-Royal.

[1] 1698.

CHAPITRE XX.

Affaire du jansénisme. — Ecoles de Port-Royal. — Racine insulté par un régent du collége de Louis-le-Grand.

Le livre posthume de Jansénius sur la grâce avait soulevé une de ces questions délicates qui ouvrent un champ sans borne à la controverse. La polémique était passionnée, violente, acerbe entre les docteurs. La cour de Rome condamne cinq propositions de l'*Augustinus*, déjà censurées par la Sorbonne. L'évêque d'Ypres ayant, solennellement, et par deux fois, déclaré qu'il soumettait au pape sa personne et son livre, la paix, ce semble, devait être rendue à l'Église ; les jansénistes prétendent que les passages inculpés ne le sont pas, au sens de l'auteur. C'était éluder l'autorité spirituelle du Saint-Père. Sentinelles avancées de la puissance pontificale, les jésuites relèvent ce langage avec toute l'énergie de la plus vive indignation ; mais, emportés par l'ardeur téméraire de leur zèle, eux-mêmes ne tardent pas à prêter le flanc à leurs adversaires. Coret, élève de théologie au collége de Clermont, avance dans sa thèse, que Jésus-Christ a communiqué son infaillibilité à saint Pierre et à ses successeurs, toutes les fois qu'ils parlent *e cathedrâ*; qu'il y a conséquemment dans l'Eglise romaine, même hors le concile général, un juge infaillible dans les questions de droit et de fait; et que, depuis les constitutions d'Innocent X et d'Alexandre VII, on peut croire, de foi divine, que l'*Augustinus* de Jansénius est condamné, au sens de Jansénius. Cette proposition ultramontaine est une de celles qui tombent dans le domaine du libre arbitre, mais elle blessait au vif les libertés de l'Eglise gallicane. On se rappelait qu'au même collége de Clermont, Héreau, successeur de Bauni dans la chaire de théologie, avait osé enseigner qu'il est permis de tuer clandestinement pour venger son honneur. Héreau avait été condamné à garder les arrêts dans sa chambre jusqu'à nouvel ordre du roi; Coret est dénoncé à tous les évêques par un écrit intitulé : *la nouvelle Hérésie;* et les *Lettres provinciales* flétrissent par le ridicule Escobar, Filiutius avec tous ces casuistes trop légèrement approuvés par les provinciaux.

Ces écrits et nombre d'autres sortaient de Port-Royal. Cette abbaye, fondée, en 1204, par un saint évêque de Paris, Eudes de Sully, de la maison des comtes de Champagne, était située à six lieues de la capitale, près de Chevreuse. La piété édifiante du monastère, la solitude de la vallée et le silence de ses bois avaient réuni, dans le voisinage, des hommes d'élite qui préféraient le soin du salut aux brillants avantages du talent et de la fortune. C'étaient, entre autres, l'abbé de Saint-Cyran, MM. Lemaistre, les ducs de Luynes et de Chevreuse, le duc de Liancourt, Bouthillier de Chavigny ministre d'État, le marquis de Sévigné. Du fond de leur retraite, où ils partageaient le temps entre la prière et l'étude, les cénobites de Port-Royal songeaient au monde ; ils y songeaient, non pour le regretter, mais pour lui être utile. Nicolle composait les *Essais de morale*, admirés de Voltaire ; de Sacy traduisait la *Bible* et l'*Imitation de J.-C.* ; Lancelot publiait les *Grammaires italienne et espagnole*, les *nouvelles Méthodes grecque et latine*, Antoine Arnauld, que Boileau appelait le grand Arnauld, écrivait le livre de la *Perpétuité de la Foi*, et faisait paraître un traité de géométrie ; il composait avec Nicolle l'*Art de penser*, et, avec Lancelot, la *Grammaire générale*, ouvrage fondamental, et qui est la clef de toutes les langues.

MM. de Port-Royal s'étaient affranchis de la coutume très-peu judicieuse de présenter en latin les rudiments du latin ; mais une autre nouveauté non moins réelle, c'était la clarté de la méthode, la précision des règles, la simplicité du style qui font, de leurs ouvrages didactiques, des modèles en ce genre. On jugea que des hommes qui parlaient aussi bien le langage de la vertu et de la science devaient être d'excellents maîtres pour élever la jeunesse. Déjà ils s'étaient chargés de quelques orphelins auxquels ils donnaient le bienfait de l'éducation ; des familles chrétiennes demandèrent, pour leurs enfants, la même faveur. Ils ne voulurent point les repousser parce qu'elles étaient nobles et opulentes ; telle est l'origine des écoles de Port-Royal.

Les élèves étaient distribués, cinq par cinq, dans des chambres séparées, chacun sous la surveillance d'un maître qui était, pour eux, ce qu'est le précepteur dans les maisons particulières ; mais ce précepteur était un de

Tourneux, un Lancelot, un De Sacy! Jusqu'à l'âge de douze ans, on les occupait des éléments de l'Histoire sainte, de la géographie et du calcul, sous forme de divertissement, de façon à développer insensiblement leur intelligence, sans la fatiguer. A douze ans, commençait le cours d'études. L'heure des exercices était réglée, mais non pas d'une manière absolue. Si l'étude empiétait quelquefois sur la récréation, la récréation avait son tour; on prenait conseil de l'à-propos. L'hiver, quand le temps le permettait, le maître faisait sa leçon en se promenant avec ses élèves. Ceux-ci le quittaient pour gravir les collines ou courir dans la plaine, puis ils revenaient pour l'entendre. L'été, la classe avait lieu sous l'ombrage touffu des arbres, au bord des ruisseau. On expliquait Virgile et Homère, on commentait Cicéron, Aristote, Platon et les Pères de l'Église. L'exemple de leurs maîtres qu'ils avaient sous les yeux, les entretiens et les instructions familières, tout ce qu'ils voyaient, tout ce qu'ils entendaient, inspirait aux jeunes gens le goût du vrai et du beau, le goût de la piété qui n'est autre que l'amour du devoir envers Dieu, envers soi-même et les hommes. L'air pur de la campagne, l'exercice et le jeu fortifiaient la santé du corps, le plus précieux des biens, après la santé de l'esprit et du cœur.

Dans cette longue lutte des solitaires de Port-Royal et des jésuites, ces derniers furent les plus forts, car ils avaient la sanction du pape qui protégeait en eux les défenseurs des saines doctrines, et la volonté du monarque impatient d'en finir avec ces interminables débats, et de consommer l'œuvre de l'unité de la foi dans son royaume. Cette double circonstance leur assurait la victoire, mais la victoire eut pour eux les conséquences de la défaite, puisqu'elle les bannit de France, et entraîna la ruine de l'ordre tout entier.

Par un sentiment de générosité naturelle, louable de soi, mais qui n'est pas toujours réfléchi, entre deux adversaires, le monde, ordinairement, prend parti pour le plus faible. On ne vit plus que des victimes dans les jansénistes, que des oppresseurs dans les jésuites. On oubliait que les jésuites s'étaient engagés, devant Dieu, à défendre, jusqu'à l'effusion de leur sang, l'intégrité du dogme, et qu'ils ne pouvaient transiger, sans se rendre coupables de parjure et de sacrilège. Il faut tout dire, néanmoins, à côté de ces graves intérêts de la foi venaient se placer les prétentions misérables de l'amour-propre. Le lecteur judicieux me comprendra aujourd'hui, et ne sera pas surpris que, dans une corporation aussi nombreuse, quelques individus aient méconnu leur vocation, au point de confondre, dans leur haine, l'homme avec l'erreur qu'il professait. Jusque là, la compagnie de Jésus avait eu le privilége de donner à la France les livres de dévotion, elle ne voulait rien voir au-dessus de ses colléges; et voici que la ville et la cour ne demandent plus que les ouvrages de Port-Royal, on vante partout les écoles de Port-Royal. Le dépit des jésuites se manifesta par une affectation maladroite à déprécier cette maison. Ils dénoncèrent l'éducation qu'on y donnait à la jeunesse. Un commissaire du roi se transporta même à Chevreuse pour interroger les maîtres et les élèves; le triste accident arrivé au collége de Louis-le-Grand, à cette époque, arrêta l'ardeur de ces poursuites. Les écoliers jouaient à la berne; un neveu du cardinal Mazarin tomba sur le pavé, et mourut sur le coup. L'éclat que fit à la cour cette nouvelle, engagea les RR. PP. à ramener sur leur collége l'attention qu'ils portaient mal à propos au dehors, mais la trève ne fut pas longue, et ils revinrent bientôt à la charge. Dans une procession publique à Mâcon, ils représentèrent Jansénius chargé de fers et traîné en triomphe par un de leurs novices qui figurait la grâce suffisante. A Paris, ils firent jouer par leurs élèves une comédie où ce même Jansénius était emporté par les diables. Enfin parut un ordre du roi qui fermait les écoles de Port-Royal. Ces écoles, néanmoins, avaient eu le temps de former Bignon, de Harlay, de Bagnols, du Fossé, le Nain de Tillemont et l'immortel Racine.

L'auteur d'*Athalie* n'eut pas, dans sa piété et dans son génie, des titres suffisants pour se faire pardonner le crime d'avoir été l'élève de Lancelot et de Lemaistre. Un jeune régent du collége de Louis-le-Grand osa, dans une harangue publique, traiter cette question; *Racinius an christianus, an poeta?* Racine est-il chrétien, est-il poëte? et conclut qu'il n'était ni l'un ni l'autre, *nec christianus, nec poeta*. Partageant l'indignation générale que soulevait tant d'insolence, les supérieurs et les principaux fonctionnaires de Louis-le-Grand désavouèrent hautement cette grossière insulte, et le père Bouhours fut chargé d'en faire des excuses à Racine.

La réponse du grand poëte chrétien est pleine de dignité : « Quand l'offense qu'on a voulu me faire, serait plus grande, dit-il, je l'oublierais, en considération de tant d'autres Pères dont j'honore le mérite. »

CHAPITRE XXI.

Réjouissances au collége de Louis-le-Grand, à l'occasion de la naissance du duc de Breta gne. — Procession de l'Université. — Guerre poétique.

La naissance du duc de Bretagne vint faire diversion à la tristesse que les débats théologiques entretenaient dans Paris. Il y avait un mouvement extraordinaire au collége des jésuites. Les élèves venaient de célébrer la fête de saint Jean, par des feux de joie ; tout se préparait pour une solennité brillante. Les murs de la cour d'entrée se couvraient de riches tapisseries ; on plaçait les tableaux qui représentaient les princes et les princesses de la famille royale ; on entourait de feuillage et de fleurs d'ingénieux emblêmes. Du côté de la grande porte, trois parélies et un soleil lointain, avec cette épigraphe : « *Nil ortum tale* ; » en face, un aiglon regardant fixement le soleil, avec cette légende : « *Ipso non degener ortu* ; » à droite, une perle brillante dans une conque, et ces deux mots : « *Natus diademati;* » à gauche, un phare brillant au milieu des ténèbres avec cet hémistiche : « *Nox ipsa refugit in ortu.* » Dans les salles, où ils étaient retenus, les élèves se pressaient derrières les fenêtres, et on voyait, au travers des vitres, leur figure s'agiter avec les démonstrations d'une curiosité impatiente. Enfin, les cloches retentissent ; elles annoncent le cardinal d'Estrées, les deux nonces du pape, accompagnés de plusieurs évêques, M. le premier avec les conseillers du parlement, et une foule de personnages distingués dans la robe et dans l'épée, suivis du recteur, des régents, et des profès de la maison de Saint-Antoine, et conduits par le R. P. provincial. Ils prennent place sur une estrade magnifique, surmontée d'un dais où l'or étincelle sur le velours. Un orateur s'avance pour prendre les ordres du cardinal ; c'est Le Jay qui parle en ces termes : *Quàm felici gentis nostræ fato, fieri dicam, ut, dùm Europa penè tota funestis bellorum agitatur æstibus, et grave sibi exitium timet, Gallia, perturbatos inter tumultus, miram expeditamque securitatem præferat, et dulcissimis pacis ac tranquillitatis fructibus perfruatur ?* A ce début prononcé d'une voix sonore succède un tableau animé de l'allégresse générale, que le panégyriste de Trajan ne désavouerait pas. Ensuite l'orateur déclare que la naissance du duc de Bretagne est un double bienfait de Dieu qui récompense le roi de son zèle pour la religion, et la France de son dévouement au monarque. La fureur du duel réprimée, l'hérésie détruite, les lois réformées, la procédure ramenée à des formes plus simples et plus expéditives, Jacques II accueilli par la France, cette terre hospitalière des rois ; tels sont les titres de Louis XIV à la protection spéciale de la Providence. Ils ne sont pas oubliés non plus ces enfants qui se font remarquer au milieu de leurs condisciples par le costume oriental. Appelés du fond de l'Arménie au collége de Louis-le-Grand, pour y recevoir une éducation chrétienne, ils sauront, un jour, reconnaître ce bienfait, en défendant auprès des infidèles les intérêts de la France et la cause sacrée de la religion. La gloire de Louis-le-Grand est celle de son peuple; mais la France, toujours prête à sacrifier pour son roi les trésors et la vie de ses enfants, est rassasiée de victoires et de conquêtes. Quel sera donc le prix de son dévouement? L'augmentation de cette famille royale qu'elle adore; le grand dauphin dont une paix glorieuse avait signé l'union avec la princesse de Bavière; le duc d'Anjou que l'Espagne demande pour souverain; le duc de Bourgogne auquel Dieu, pour le bonheur du monde, destinait Adélaïde de Savoie, le duc de Bourgogne cet autre Marcellus dont la terre n'était pas digne. Quels applaudissements ont accueilli les paroles de l'orateur, quand, les yeux tournés vers le portrait de l'élève de Fénelon, sur cette belle et noble figure, il s'est écrié : *Hic princeps tot virtutibus præditus, omnibus absolutus numeris, nostrorum laborum fructus est, merces obsequii, præmium virtutis amplissimum!* Le duc de Bretagne devait continuer ce règne de l'âge d'or que son père promettait à la France : Hélas! quelques mois encore, et cet enfant, l'objet de tant de vœux, n'existait plus. [1]

Les divertissements avaient été réservés pour le soir. On se représenterait difficilement le spectacle qu'offrit alors la grande cour; ces transparents placés dans l'intervalle des fenêtres dont l'encadrement, comme celui

[1] 1705.

des portes extérieures, était illuminé en verres de couleurs ; ces banderoles flottantes qui déployaient les armes du roi et les insignes de la société ; ces feux d'artifice lancés dans les airs, qui retombaient en gerbes étincelantes ou en pluie d'étoiles, et, au milieu de cette nuit enflammée, une nombreuse jeunesse, ivre de joie, qui se montrait aux croisées, aux lucarnes des combles, partout, jusque sur les campanilles. Cette fête, écrit un témoin oculaire, ne dura pas moins de quatre heures.

Le recteur de l'Université ordonna une procession en action de grâces pour l'heureuse délivrance de Madame la duchesse de Bourgogne. Cette cérémonie, à laquelle les jésuites ne purent jamais se faire admettre, était vraiment imposante. La procession partit des Mathurins, où s'étaient assemblées les sept compagnies qui composaient l'Université, savoir : la faculté de théologie, celle *des droits*, celle de médecine, et les quatre nations de France, de Picardie, de Normandie et d'Allemagne qui formaient la faculté des arts. Elle marchait dans l'ordre suivant :

Les quatre censeurs dans le centre, précédés du courrier de l'Université, faisant fonctions de maître des cérémonies ;

En tête, la croix, portée par un religieux Augustin, accompagné de deux acolytes du même ordre, tenant des flambeaux ;

Les Cordeliers, les Augustins, les Carmes, les Jacobins ;

Les maîtres ès arts en robe noire, avec le petit chaperon sans fourrure ;

Six religieux Bénédictins du prieuré royal de Saint-Martin-des-Champs, en aubes et chapes, précédés de plusieurs autres religieux avec l'habit de leur ordre, et de plusieurs ecclésiastiques en surplis ;

Les Billettes, les Blancs-Manteaux, ceux de Sainte-Catherine-du-Val-des-Écoliers ; les Trinitaires, les Prémontrés, ceux de Citeaux, l'ancien ordre de Saint-Benoît, ceux de Cluny, formant le chœur ;

Les bacheliers en médecine, en robe noire, avec le chaperon herminé, précédés du second massier de la faculté ;

Les bacheliers de la faculté des droits, en robe noire et chaperon herminé, précédés du second massier de la faculté ;

Les bacheliers en théologie, en robe noire avec le chaperon doublé de fourrure, précédés du second massier de la faculté ;

Les docteurs régents de la faculté des arts, en robe rouge, avec le chaperon doublé de fourrure ; les quatre procureurs des nations, en robes rouges herminées blanc et gris, comme celle des électeurs de l'Empire, précédés, chacun, de leur second appariteur, avec sa masse ;

Les docteurs régents en médecine, aussi en robe rouge, avec l'épitoge, précédés de leur premier appariteur vêtu d'une robe bleue fourrée de blanc ;

Les docteurs ès droits, en robe rouge, avec chaperon herminé, précédés de leur premier appariteur, avec sa masse, habillé de violet ;

Les docteurs en théologie, en robe noire et violette, avec bonnet de mêmes couleurs, précédés de leur premier appariteur qui avait une robe de drap violet fourré de blanc ;

Le recteur, en robe violette, avec bonnet carré, le

mantelet royal et l'escarcelle de velours violet, garnie de glands et galons d'or, accompagné du doyen de la faculté de théologie, et précédé des quatre premiers appariteurs de la faculté des arts, avec leurs masses ;

Immédiatement après le recteur, le syndic, le greffier et le receveur de l'Université, en robe rouge herminée ;

Les imprimeurs et libraires de l'Université, au nombre de douze, compris deux des anciens syndics ou adjoints, les quatre papetiers jurés, les quatre parcheminiers jurés, les deux enlumineurs, les deux relieurs et les deux écrivains jurés ;

Les grands messagers, précédés de leur héraut, revêtus d'une tunique de velours pourpre brodée de fleurs de lys d'or, tenant aux mains le bâton d'azur, semé de fleurs de lys d'or.

Arrivé à l'église des Grands-Augustins, le corps de l'Université fut reçu par le clergé en chape, la croix, l'eau bénite et l'encens. Le recteur, accompagné par le clergé, alla se placer dans le chœur, au côté droit, dans la stalle haute, en face du maître-autel, ayant, à sa droite et à sa gauche, les appariteurs de la faculté des arts.

Les docteurs en théologie et en médecine se placèrent en suite du recteur. Les bacheliers de ces facultés dans les stalles basses, vis-à-vis de leurs docteurs. Au côté gauche, les docteurs, professeurs de la faculté *des droits*, les procureurs des quatre nations, les grands officiers de l'Université, et les docteurs régents de la faculté des arts. Les maîtres ès arts, en robe noire, dans les basses stalles.

La messe fut célébrée par le curé, docteur en théologie, assisté de deux diacres et de deux sous-diacres, aussi docteurs en théologie.

Les religieux Bénédictins portant chape, avec le bâton cantoral, chantèrent l'office et entonnèrent le *Te Deum*, aidés des chantres séculiers de l'Université. Il y eut sermon par un docteur en théologie, dans l'église des Grands-Augustins, et non, ailleurs, dans les églises de Paris, avant midi.

Après la messe, le recteur, suivi des doyens des facultés, des procureurs des quatre nations, des grands officiers de l'Université, s'approcha de l'autel, du côté de l'Évangile, et remercia le célébrant par un discours latin que prononça le régent de la rhétorique du collége d'Harcourt. Le célébrant répondit aussi par un discours latin. Ensuite, le clergé reconduisit le corps de l'Université jusqu'à la grande porte de l'église. Les régents et les bacheliers désignés accompagnèrent le recteur jusqu'à sa demeure.

Deux jours après, la *Gazette* fit savoir à tout Paris, que M. le recteur, en grande cérémonie, accompagné des doyens des facultés et des nations, avait eu l'honneur de complimenter en latin Mgr le duc de Bourgogne, et que sa harangue avait été fort goûtée de toute la cour.

Les muses apportèrent aussi leur hommage au berceau du duc de Bretagne. Odes, épîtres, églogues, tous les genres de composition, tous les rhythmes furent mis en œuvre pour célébrer l'enfant royal. Ces petits poëmes, écrits dans la langue d'Horace, n'étaient point ensevelis dans l'ombre des classes. Les amateurs de la poésie latine étaient encore nombreux dans la haute société. Les premiers magistrats et les plus illustres capitaines aimaient à se retrouver avec leurs vieux professeurs, et goûtaient un plaisir inexprimable dans les souvenirs du collége. On n'était pas encore éloigné des jours où le grand Condé et le président de Lamoignon recevaient Rapin, Vanière et Commire dans les jardins de Chantilly et de Bâville. Boileau, dont les bonnes grâces du roi avaient fait un grand seigneur, venait dîner sans façon au collége de Beauvais où il avait étudié les humanités. Santeuil enviait le sort d'Hersan et de Rollin qui avaient le bonheur d'être admis aux parties de Fleury et de Villeneuve ; rien de plus délicat et de plus gracieux que ses remontrances au propriétaire de ces belles campagnes, qui semblait le négliger :

> Lugete valles, flete solitudines,
> Turbata vestris questibus silentia!
> Nostris camœnis qui favebat optimus,
> Jam nunc sinister vix meas nugas amat
> Rei minister gallicæ Pelterius !
> Hic, ille, positis dùm vacat negotiis,
> Suique ruris blanda captans otia,
> Legit poetas, me legebat, et meos
> Ad astra versus efferebat approbans,
> Præfectus urbi, litteris quos aureis
> Sculpsit legendos, urbis in magnum decus.
> Mihi indè nomen. Nam latini carminis
> Vim sentit, interdùm scit etiam et scribere.
> Si rusticatur, rusticantur et simul
> Comites camœnæ. Quas amavit vel puer,
> Et juvenis artes, vir, senex non deseret.
> Undè ergò mentis tàm subita mutatio,
> Rolline, gentis ample litterariæ
> Dominator ?

Esprit fin et cultivé, Claude Lepeletier, ministre d'État, était digne de lire ces vers ; je n'en veux pas d'autre preuve qu'une charmante épître à Rollin, commençant par cet hémistiche bien connu : « *Hoc erat in votis*», et qui finit ainsi :

> Hæc tibi dictabam, Rolline, in rure beato,
> Excepto quod non simul esses, cætera lætus !

¹Mais l'événement littéraire de cette année, c'est la guerre poétique qui s'éleva entre Grenan et Coffin, au sujet de la prééminence entre le vin de Bourgogne et le vin de Champagne. Dans une ode fort belle, Grenan avait donné la préférence au premier sur le second. Coffin était Champenois ; l'amour de la patrie réclamait dans son cœur contre cette prétention. Il eût gardé le silence néanmoins, mais Hersan piqua son amour-propre, à table, chez l'abbé de Louvois, en citant, avec une intention maligne, les deux strophes suivantes :

> Nam suum Rhemi licet usquè Bacchum
> Jactitent; æstu petulans jocoso
> Hic quidem fervet cyathis, et aurâ
>   Limpidus acri
>
> Vellicat nares avidas ; venenum
> At latet; multos facies fefellit !
> Hic tamem mensam modico secundam
>   Munere spargat.

La réponse ne se fit pas attendre, on croirait lire dans Horace des vers tels que ceux-ci :

> Cernis micanti concolor ut vitro
> Latex in auras, gemmeus aspici,
> Scintillet exultim ; ut que dulces
>   Naribus illecebras propinet

¹ 1712.

Succi latentis proditur halitus !
Ut spuma motu lactea turbido
Crystallinum, blando repente
    Cum fremitu, reparet liquorem !

. . . .

Non hæc (pocula), malignus quidlibet obstrepat
Livor, nocentes dissimulant dolos
Leni veneno. Vina certant
    Ingenuos retinere gentis

    Campana mores !

Grenan répondit par une requête poétique adressée à Fagon premier médecin ; Coffin répliqua. Plusieurs traits lancés contre le cidre dans la chaleur du combat, pensèrent exciter un troisième antagoniste, le père Sanadon, qui fut successivement professeur de rhétorique et bibliothécaire à Louis-le-Grand; mais sa modestie l'empêcha de rompre une lance pour défendre l'honneur de la Normandie, contre les chevaliers de la Bourgogne et de la Champagne. Coffin avait dédié son ode à la ville de Reims qui accepta cet hommage, et prouva sa reconnaissance en envoyant, chaque année, au poëte, un panier de ses meilleurs vins.

CHAPITRE XXII.

Coffin succède à Rollin au collége de Dormans-Beauvais. — Le Père le Tellier. — Le Père Jouvency régent au collége de Louis-le-Grand fait l'apologie de Guignard. — Dénoncé au parlement. — Intervention du roi. — Bulle Unigenitus.

Ancien élève du Plessis, Coffin s'était fait remarquer de bonne heure par son talent pour la composition. Le coadjuteur de Beauvais, qui avait aperçu en lui un autre mérite que celui de bien faire les vers latins, le demanda à M. Durieux, principal du Plessis, pour lui confier la chaire de seconde. Je ne vous le donne point, avait répondu ce dernier, je vous le prête. Mais Rollin, qui dès ce moment avait des vues sur lui, usant des priviléges de la possession, refusa de le rendre; le temps était venu où ses projets allaient s'accomplir.

Autrefois, on distinguait dans les colléges, l'exercice qui se composait des fonctionnaires chargés de l'instruction, et la communauté qui jouissait de tous les droits utiles et honorifiques de la fondation dans la personne des boursiers et des officiers du collége. Ces derniers, tels que le grand-maître temporel et le chapelain, partageaient avec le principal l'autorité aussi bien que l'administration des revenus et de toutes les affaires de la maison. On se rappelle la résistance qu'opposa la communauté à Edmond Richer, quand il voulut réformer le collége du cardinal Lemoine ; les chapelains du collége de Beauvais prouvèrent qu'ils ne comprenaient pa mieux leur devoir. Après avoir longtemps abusé de la faiblesse du vieux principal, ils ne pouvaient s'accommoder de la probité sévère et de l'active vigilance du coadjuteur. Ils prirent donc la résolution de s'en défaire à tout prix, et publièrent calomnieusement que Rollin négligeait les boursiers, pour donner ses soins exclusivement aux pensionnaires.

La destitution du coadjuteur fut arrêtée ; mais celui qui devait le remplacer était déjà dans la maison, c'était Coffin en qui Rollin, dans l'appréhension de l'avenir, s'était préparé un successeur. Coffin fut présenté au nom du principal M. Bouthiller, car il était important que Rollin ne parût pas, et accepté par le premier président de Mesmes qui se prêta volontiers à cette innocente supercherie, dans une affaire où la religion du roi avait été indignement surprise.

Rollin avait tout prévu, tout disposé pour prévenir les troubles que son départ pouvait occasionner dans le collége. Rien n'avait transpiré encore, tant le secret avait été bien gardé, mais on ne pouvait tarder plus longtemps pour annoncer cette triste nouvelle. C'était l'heure de la récréation ; dès que l'on sut avec certitude qu'il était sorti du collége pour ne plus y rentrer,[1] ce ne furent que pleurs et sanglots. Au lieu de jouer, les élèves se promenèrent tristement dans la cour, puis ils se retirèrent dans leurs chambres pour se livrer plus librement à leur douleur. Les boursiers surtout étaient inconsolables. Ils signèrent une protestation, ils écrivirent à celui qui avait été pour eux un excellent père, en termes pleins de regrets et de reconnaissance. On voit dans cette lettre, que plusieurs était nourris et entretenus aux frais de Rollin. Ces deux pièces furent trouvées dans ses papiers après sa mort.

Pour notre satisfaction et celle du lecteur aussi, sans doute, nous devons ajouter que les chapelains ne recueillirent pas le fruit qu'ils attendaient de leurs indignes manœuvres. En cherchant à détruire l'exercice, ils voulaient s'emparer des appartements des régents, et convertir les classes en boutiques, pour se partager les loyers. Mais rien ne fut changé, et M. le premier, qui avait pénétré leurs intentions, châtia leur cupidité par la suppression de certains émoluments qu'ils s'étaient fait attribuer, aux dépens de la manse commune.

Le collége de Louis-le-Grand partageait encore avec celui de Dormans-Beauvais l'attention publique. Un professeur bien connu de cette maison, le même que la muse de Rollin avait agréablement plaisanté, au sujet d'une pièce de vers latins de sa composition, dont il avait fait les honneurs à un de ses élèves, le Père Jouvency venait de publier l'histoire de la société. Il y faisait l'apologie de Guignard qu'il appelait martyr de la vérité, héros chrétien, imitateur de la charité de Jésus-Christ. On pouvait représenter Guignard comme une victime du malheur des temps ; on avait droit de regretter qu'il

[1] 1712.

eût été privé du bénéfice de l'amnistie; mais il y avait plus que de l'audace à faire le panégyrique d'un ancien ligueur. Guignard ne pouvait pas être coupable, parce qu'il était jésuite! Délire étrange, obstination fatale de l'esprit de corps qu'attendaient de si terribles représailles ! Le jour approchait où pas un jésuite ne trouverait grâce devant l'opinion, parce que Guignard était jésuite!

[1] Les gens du roi se présentèrent au parlement, et dirent qu'ils étaient sur le point de porter leurs plaintes, lorsque les jésuites avaient présenté requête pour demander à être entendus. La cour ordonna que les prévenus comparaîtraient, le lendemain, 23 février.

Il n'y avait qu'une puissance, au monde, capable de sauver les jésuites d'une perte certaine, c'était le roi : mais comment l'aborder, lorsque son cœur était déchiré par les coups multipliés que la mort frappait dans sa famille ! Le confesseur eut ce triste courage, et le roi, déjà cruellement fatigué par l'affaire du jansénisme, s'estima heureux de pouvoir prévenir les nouveaux embarras dont il était menacé. Le père le Tellier reçut ordre de signifier à ses confrères du collége de Louis-le-Grand d'être plus circonspects à l'avenir.-MM. de Mesmes, d'Aguesseau et Joly de Fleury furent mandés aussitôt, et le monarque, après avoir déclaré qu'il voulait assoupir le procès, régla les conclusions ainsi que le discours de l'avocat général, dicta l'arrêt, et ordonna que tout se passât, de grand matin, à la petite audience, et à huis-clos.

Les débats avaient été remis au 24 mars. Les jésuites comparurent au parlement, et lurent une déclaration concertée d'avance avec les gens du roi, dans

[1] 1713.

laquelle ils reconnaissaient que la puissance royale n'a que Dieu seul au-dessus d'elle. M. Joly de Fleury ne cacha pas dans son discours quelles étaient les intentions de Sa Majesté, dont il assura que le parquet avait une entière connaissance, et conclut, en disant que, bien que le livre incriminé pût mériter toute la sévérité de son ministère, il se contentait d'en requérir la simple suppression.

On a conservé l'avis de l'abbé Pucelle qui était rapporteur. « La difficulté, dit-il, n'est pas de trouver dans
« le livre du Père Jouvency, des erreurs condamnables ;
« elles se présentent en foule ; la difficulté est dans l'ap-
« plication du châtiment que méritent l'auteur et l'ou-
« vrage. Les ordres du roi nous arrêtent, nous devons
« nous y conformer, et renfermer dans nos cœurs une
« juste douleur de voir que l'on préfère l'indulgence à
« la justice. La sévérité eût été peut-être plus néces-
« saire, en cette occasion qu'en aucune autre, puisqu'on
« peut regarder la doctrine répandue dans ce livre,
« comme le péché originel de la société. Je suis de l'avis
« des conclusions. »

Dans cette protestation, car c'en est une, dans cette protestation énergique contre la volonté d'un prince dont les ordres étaient toujours suivis d'une aveugle obéissance, il était impossible de ne pas voir ce que serait le parlement sous le règne du successeur de Louis XIV. L'arrêt rendu, les jésuites se trouvèrent à l'entrée de la buvette pour remercier les juges et spécialement l'abbé Pucelle qui répliqua en ces termes au jésuite chargé par ses confrères de porter la parole :
« Allez droit à Versailles, mon Père, c'est là que vous
« devez faire vos remerciments. Vous ne m'avez aucune

« obligation, et je serais très-fâché que vous m'en eus-
« siez sur de pareilles matières. »

Que devait-il rencontrer, ce Père, à Versailles ? le deuil et la consternation. Celle qui avait le pouvoir d'éclaircir le front soucieux de grand roi, Adélaïde de Savoie n'était plus; le duc de Bourgogne, en qui reposaient tant d'espérances, avait succombé entre son épouse déjà morte, et un autre duc de Bretagne, son fils, qui se mourait. Le même char funèbre portait aux caveaux de Saint-Denis, le père, la mère et l'enfant! D'une famille si florissante, hier, le roi ne voyait plus auprès de lui, qu'un seul rejeton, roseau frêle et chétif, que le moindre souffle pouvait abattre. Le dernier de ses sujets pleurait en liberté la perte d'un parent, d'un ami; Louis n'avait pas même cette triste consolation! Le bruit des débats religieux venait l'importuner jusque dans sa douleur. [1] Que pouvait la bulle *Unigenitus* sur des hommes aigris, aveuglés par l'esprit de dispute qui finit toujours par devenir l'esprit de parti ? La conduite de certains jésuites prouvait bien qu'ils se réjouissaient moins du triomphe de la vérité, que de l'humiliation d'un ennemi odieux; et l'obstination rebelle des jansénistes dont le dépit se manifestait par de violentes protestations, montrait des gens décidés, d'avance, à n'obéir au Saint-Père, qu'autant qu'il ferait avec eux cause commune.

Au lieu de pacifier l'Église, la bulle *Unigenitus* ne fit donc qu'exalter les passions qui la divisaient. Après la mort de Louis XIV [2], l'Université en appela au futur concile [3], avec huit évêques et vingt-cinq curés de Paris.

Dans une conjoncture aussi difficile, le choix d'un rec-

[1] 1713. [2] 1715. [3] 1718.

teur était chose épineuse et délicate ; il fallait un homme d'un caractère grave, dévoué aux intérêts de l'Université, sans être hostile au pouvoir; jouissant de la considération générale, bien que renfermé dans la vie privée; sachant céder à propos sans encourir le reproche de lâcheté ou de faiblesse; conciliant et ferme à la fois, circonspect, et, néanmoins résolu, et, par dessus tout, d'une prudence consommée ; il fallait que cet homme présentât un mérite littéraire capable d'entrer en lice avec tous ces talents d'élite rassemblés au collége de Louis-le-Grand ; les voix s'accordèrent pour nommer Coffin.' Le nouveau recteur réunissait en effet les conditions commandées par les circonstances. Dans son oraison funèbre du duc de Bourgogne, Coffin parle du duc de Beauvilliers en termes magnifiques, et ne dit pas un mot de Fénelon. L'éloge de Fénelon dans la bouche de celui que l'Université avait choisi pour son organe, attirait sur cette compagnie l'animadversion du roi. Coffin se condamna au silence ; c'était un douloureux sacrifice qu'il imposait à son cœur : Rollin n'y eût jamais consenti. Ce rapprochement suffira pour indiquer la nuance qui distinguait ces deux hommes, en qui tout, d'ailleurs, était semblable, talents, qualités, vertus, et qui sont demeurés étroitement unis jusqu'à la mort.

¹ 1718.

CHAPITRE XXIII.

Enseignement déclaré gratuit en France. — Joie des élèves au collège de Louis-le-Grand, à l'occasion de la convalescence du jeune roi Louis XV.

Une gloire était réservée à Coffin, gloire solide autant que brillante, à laquelle ses prédécesseurs n'avaient point osé prétendre, et dont n'ont pas approché ceux qui sont venus après lui, c'est l'établissement de l'enseignement gratuit [1]. Du temps que la France n'avait pas d'autre Université que celle de Paris, les provinces et même les pays étrangers envoyaient les jeunes gens étudier dans la capitale. Ces écoliers, divisés en sections qui avaient chacune leur conseil particulier, formaient ce qu'on appelait les *quatre nations* de la faculté des arts. L'Université de Paris, pour faciliter la correspondance avec les familles, eut l'heureuse idée d'établir des

[1] 1719.

courriers sur différents points du royaume, c'est à ce service régularisé sur une plus grande échelle, qu'est due l'origine des postes. La ferme de ces messageries rapportait aux quatre nations de la faculté des arts, quarante-sept mille francs environ. Mais cette somme étant, de beaucoup, trop faible pour suffire au traitement des professeurs, on avait été forcé, pour le compléter, d'exiger une rétribution des élèves. Coffin, qui voulait affranchir le corps enseignant de cette position précaire, fit sonder M. le régent. Certain que ce prince serait flatté de consommer un projet déjà conçu par le cardinal de Richelieu, il profita, en homme habile, de la solennité de la Chandeleur, pour l'engager aux yeux du public. En lui présentant le cierge, conformément à l'usage, il dit que l'Université de Paris met au rang de ses plus beaux priviléges l'honneur de paraître devant le dépositaire de l'autorité royale, pour lui rendre ses respectueux hommages ; et, après un éloge délicat de la personne du régent, il passe adroitement au projet de l'instruction gratuite : « Nous savons, Monseigneur, que vous n'avez pas perdu de vue ce grand objet. Vous en avez donné plus d'une fois des assurances à l'Université, et nous ne croyons pas que la difficulté des temps doive nous faire perdre l'espérance d'une faveur qui ne saurait être à charge à l'État, qui peut se tirer par les vues supérieures de Votre Altesse Royale, du fonds même et de de l'ancien patrimoine de l'Université, et que nous obtiendrions aisément de votre justice, si nous n'aimions mieux la devoir tout entière à votre bonté. L'Université, Monseigneur, fondée depuis plus de neuf siècles dans ce royaume, a toujours été plus attentive à servir l'Église et l'État, qu'à s'attirer des grâces et des récompenses.

Ennemie de toute opinion et de toute liaison étrangère, elle n'a jamais cherché d'autre protection que celle de ses légitimes souverains. Ses maximes sur la religion sont aussi anciennes que la religion même, et toute sa politique consiste dans un attachement sincère aux lois du royaume, et dans un respect inviolable pour ceux à qui Dieu en a confié la conduite. C'est aussi, Monseigneur, ce qu'elle s'efforce de graver dans le cœur de tous ses disciples. Elle souhaiterait, et, j'ose le dire, il serait peut-être à souhaiter pour l'État, que le nombre en fût plus grand, et que l'impuissance, où elle est, de faire des leçons gratuites, ne servît pas de prétexte et même de raison véritable à un grand nombre de pères, pour mener leurs enfants à *des sources beaucoup moins anciennes,* et qui, certainement, ne seront jamais plus pures. Les rois, vos aïeux, nous ont accordé, par estime, des distinctions honorables. C'est de leur libéralité que nous tenons ces ornements, et cette pourpre sous laquelle nous paraissons devant vous. Mais il vous était réservé d'y ajouter un nouvel éclat plus solide, et de devenir, au nom du roi, le second fondateur de l'Université. Rendez nos arts, Monseigneur, véritablement libéraux : affranchissez la fille aînée de nos rois, de toute dépendance qui la dégrade ; ne lui laissez que celle qui lui fait honneur, et comptez sur le dévouement entier et sur le souvenir éternel d'un corps qui fait encore moins profession de science et de littérature, que de la plus parfaite reconnaissance. »

Ce n'est pas une grâce que le recteur implore, c'est une dette qu'il réclame ! Le duc d'Orléans se trouvait circonvenu de tous côtés ; il lui était impossible d'échapper. Aussi promit-il tout ce qu'on lui demandait.

Mais, quand on aborda l'exécution du projet, de graves difficultés se présentèrent : c'étaient de nouvelles charges qu'on imposait au trésor, et le trésor était obéré. Heureusement, le roi était entouré de serviteurs fidèles qui savaient aplanir les obstacles, lorsqu'il s'agissait des véritables intérêts du pays. Cette importante affaire fut terminée à l'avantage de l'Université, et à la gloire du jeune monarque, par M. d'Argenson garde des sceaux, et M. Fagon conseiller d'État. Un arrêt du conseil, rendu le 14 avril, accorde à l'Université le vingt-huitième effectif du bail général des postes et messageries, et un autre du 15 mars[1], liquidant ce vingt-huitième, le fixe à la somme de 120,528 livres. Ce second arrêt qui confirmait le bienfait, en a déterminé invariablement l'étendue.

Dès le 8 avril de l'année précédente, M. Fagon avait envoyé au recteur les lettres patentes toutes scellées. Le parlement les enregistra, sur la réquisition de M. Joly de Fleury, procureur général, qui dit qu'il apportait à la cour des lettres *très-glorieuses au jeune roi, et très-avantageuses au royaume*. Elles furent aussi enregistrées à la chambre des comptes.

Le mandement qu'on va lire, apprit à la France entière cet heureux événement :

« Nous, CHARLES COFFIN, recteur de l'Université de
« Paris, à tous ceux qui ces présentes lettres verront,
« salut :

« . . . . Grâce à Dieu, par un effet de l'au-
« guste protection que le grand prince qui gouverne
« la France, accorde si généreusement aux sciences et

[1] 1720.

« aux savants, le roi qui devient déjà le père des lettres
« en même temps qu'il en est le plus digne élève, con-
« sultant également la bonté de son cœur et la justice
« de nos droits, a voulu que l'ancien patrimoine de
« l'Université fût augmenté, en sorte que la fille aînée
« de nos rois ne dégénère point de la grandeur de son
« origine..... Nous déclarons donc que tous les
« professeurs de l'Université de Paris n'exigeront plus
« de leurs écoliers autre chose que le travail et la mo-
« destie. Nous invitons toute la jeunesse animée de
« bons sentiments à venir dans nos classes, avec toute
« la joie et tout l'empressement dont elle est capable,
« y prendre de bonne heure l'heureuse habitude de
« jouir des bienfaits d'un roi de leur âge, pour qui on
« les élève et qu'on élève pour eux.

L'Université témoigna sa reconnaissance à Dieu par la plus auguste de ses cérémonies; elle se rendit, le 13 juin, à l'église de Saint-Roch où M. le cardinal de Noailles officia. Depuis longtemps on n'avait vu une procession aussi nombreuse. Ce qui en releva singulièrement l'éclat, c'est que le roi, placé à une fenêtre du pavillon des Tuileries, voulut être du nombre des spectateurs. Enfin l'établissement de l'instruction gratuite fut consacré par un discours latin que Rollin prononça, au nom de l'Université, dans la salle des écoles extérieures de la Sorbonne, en présence du recteur, des procureurs des nations, des officiers du corps enseignant, et d'un grand nombre de personnes de distinction, parmi lesquelles se trouvait le cardinal de Noailles accompagné de plusieurs prélats. Rollin s'exprima avec cette noblesse d'idées et cette chaleur de sentiments que l'on attendait d'un grand orateur et d'un excellent citoyen. Je ne résiste pas au plaisir de donner ici la péroraison de ce discours; c'est Rollin qui va parler, car la traduction est de lui.

« Nous demanderons à Dieu, qu'en qualité de protecteur des pupilles et des orphelins, il daigne prendre sous sa protection notre jeune roi, cette précieuse étincelle qui seule nous reste d'une si nombreuse famille; qu'il le garde comme la prunelle de ses yeux; qu'il le mette à couvert sous l'ombre de ses ailes; qu'il soit lui-même son maître, son gardien, son tuteur, son père; qu'il écarte loin de lui toutes les disgrâces de la vie humaine, tous les dangers des maladies, et bien plus encore ceux de la flatterie et du mensonge, funeste poison qui ne réussit que trop souvent à corrompre l'heureux naturel des meilleurs princes.

« Ce sont là les vœux ardents que nous vous présentons, prosternés en votre présence, divin Jésus, dont nous allons bientôt adorer l'humble naissance dans une pauvre crèche. Pendant que vous étiez sur la terre, vous invitiez, avec une bonté et une tendresse vraiment paternelles, les petits à s'approcher de vous. Répandez maintenant, du haut du ciel, vos plus douces bénédictions sur notre roi encore enfant, vous qui avez bien voulu joindre en votre personne l'enfance à la royauté. Attirez-le vers vous par les doux liens de votre charité. Le cœur des rois est dans votre main comme une eau courante à qui vous donnez tel penchant qui vous plaît. C'est par vous que les princes commandent, et que ceux qui sont puissants rendent la justice. Communiquez-lui cette sagesse qui est assise auprès de vous dans votre sanctuaire, afin qu'elle l'accompagne en tout temps, et qu'elle travaille toujours avec lui. Donnez-lui un cœur docile, un cœur sage et intelligent, un cœur parfait, afin qu'il puisse gouverner dignement votre peuple. Qu'il ait toujours avec lui le saint livre de votre loi, et qu'il le lise, tous les jours de sa vie, pour apprendre à vous craindre et à garder vos saintes ordonnances. Qu'il apprenne, dans ce divin livre, où est la prudence, où est la force, où est l'intelligence, afin qu'il sache, en même temps, où est la stabilité et le bonheur de la vie, la lumière et la paix. Mais, puisque les rois marchent au milieu des piéges, et qu'ils sont toujours comme dans un chemin glissant et dans une nuit obscure, que votre loi et votre vérité lui servent de flambeau, de guide et de conseil. Éloignez de son trône la basse complaisance des faux amis, la noire perfidie des langues médisantes, la dangereuse malignité des séducteurs qui ne s'occupent qu'à tromper, par leurs déguisements et leurs adresses, la crédule simplicité des princes. Faites que son cœur ne s'élève jamais d'orgueil au-dessus de ses frères, que la justice et la miséricorde lui servent de manteau royal et de diadême. Enfin, qu'il soit véritablement le père des pauvres, et qu'il préfère cette honorable qualité à tous ses autres titres de grandeur. »

Jamais le cœur ne s'était exprimé avec autant d'effusion et d'abondance, jamais aussi il n'avait été mieux inspiré. Quoi de plus digne de l'intérêt et de l'amour de tous, qu'un jeune prince, orphelin dès sa plus tendre enfance, doué des inclinations les plus nobles, et préludant à l'exercice de la puissance souveraine, par un acte de munificence vraiment royale, dont il s'appropriait le mérite par la joie naïve qui l'associait à la joie de tout son peuple. Veut-on juger de l'attachement que lui portait la France ? qu'on se figure la désolation de Paris et des provinces, quand il tomba malade, et les transport d'allégresse[1] qui éclatèrent, à la nouvelle de sa convalescence. Ce fut, alors, un véritable délire. Au collége de Louis-le-Grand, les élèves s'habillaient pour la représentation d'une tragédie, quand arriva un officier du château, que, par une attention tout aimable, le jeune roi envoyait lui-même pour faire savoir qu'il était parfaitement rétabli. Un élève, en costume de villageois, s'avança sur le théâtre, et chanta ces couplets improvisés :

> Ma foi, j'avons sujet de rire,
> Louis est en bonne santé ;
> Il vient de nous l'envoyer dire :
> Voyez un peu quelle bonté !
>
> Il n'a pas fait cela sans cause :
> Il sait comme je l'aimons tous !
> Que je l'aimions, c'est peu de chose ;
> Qu'il le sache, c'est tout pour nous.
>
> Il faut lui payer son message
> Par une chanson impromptu ;
> Du cœur parlons-lui le langage :
> L'Amour parle mieux que Phœbu.
>
> Que les ris chassent la tristesse !
> Venez tous chanter avec moi,
> Et disons, dans notre allégresse :
> Notre roi vit ; vive le roi !

Au collége de Louis-le-Grand, les Muses savaient aussi, au besoin, joindre la noblesse au naturel,

[1] 1721.

la facilité à l'élégance, témoin le placet où le jeune de la Trémouille réclame un congé :

15 février 1721.

AU ROI,

SUR LE JOUR DE SA NAISSANCE,

Par le duc de la Trémouille, premier gentilhomme de la chambre, pensionnaire du collége de Louis-le-Grand.

—

Sire, les meilleures coutumes
(Qui n'y tiendrait la main résolument,)
Se perdent insensiblement ;
Tant que, l'an passé, nous en fûmes
Un peu la dupe, et vous dirai comment :
Les deux précédentes années,
Nous avions, par des jeux, Sire, et de très-grand cœur,
Célébré l'heureux jour qui fit notre bonheur
En commençant vos destinées.
Nous crûmes notre droit pour toujours établi,
Et que, de février arrivant le quinzième,
Jour par votre naissance à jamais anobli,
On ne nous parlerait de leçon ni de thème ;
Cela ne devait pas, selon nous, faire un pli.
Mais ne voilà-t-il pas qu'à notre grand scandale,
L'an passé, dans le temps qu'on s'en doutait le moins,
A tel jour, on entend, j'en ai de bons témoins,
La triste cloche qui brimbale,
Et nous appelle, par ses sons,
A nos thèmes, à nos leçons !

Pour beaucoup, j'aurais voulu, Sire,
Que vous eussiez pu voir, dans ce cruel moment,
Notre zèle pour vous; car, je puis vous le dire,
Jamais il ne s'est vu pareil étonnement,
  Ni désolation pareille.
Nous fûmes en classe, oui ; mais en baissant l'oreille :
On entendait chacun tout haut se récrier :
Et qu'est donc devenu notre ancien privilége?
Est-ce là le respect que doit notre collége
  Au quinzième de février ?
Est-il, cet heureux jour, fait pour étudier ?

Aussi, quoi que régents et maîtres pussent faire,
Comptez que, ce jour-là, l'on n'étudia guère.
Ici, quelque censeur, misanthrope chagrin,
  Croyant, sans doute, être bien fin,
Va dire qu'il paraît assez, à ce prélude,
Que nous sommes des gens qui n'aimons pas l'étude.
  Mais, Sire, ne le croyez point.
Ce qu'on en pourrait dire est pure médisance ;
Et comme on sait combien vous prisez la science,
On veut nous décrier près de vous sur ce point.
Quand l'étude, d'ailleurs, n'aurait rien d'agréable,
Votre exemple suffit pour nous la rendre aimable.

  On nous le cite à tout propos :
Vous êtes, sur cela, notre premier héros;
Vous le serez, un jour, Sire, en mainte autre chose;
Heureux qui pourra, lors, vous suivre, un peu, de loin !
Mais de vous imiter dans l'étude avec soin,
C'est ce qu'uniquement, en vers, ainsi qu'en prose,
Chacun de nous, aujourd'hui, se propose.
Oui, depuis que l'étude a des charmes pour vous,
  Étudier est un plaisir pour nous.
Mais il faut que le tout se fasse avec décence,
  Avec choix des temps et des lieux,

Et le jour de votre naissance
Est un jour, selon nous, où, de votre licence,
On pourrait hasarder quelque chose de mieux.
Ce mieux se fait assez entendre ;
Pour le jour de demain, c'est le mieux à tout prendre.
Un petit mot, Sire, à votre loisir ;
Dites que, pour demain, tel est votre plaisir ;
Sur ce point, comme sur tout autre,
Sire, votre plaisir sera toujours le nôtre.

Le paquet où était ce compliment pour Sa Majesté fut adressé au maréchal de Villeroy par le duc de la Trémouille, avec les vers suivants pour le maréchal :

Je joins ici chose importante,
Pour maints jeunes gens très-touchante ;
C'est un placet fondé sur la raison ;
Faites tant, que Louis, à nos désirs propice,
Au bas dudit placet, par grâce ou par justice,
De sa main blanche mette :   BON.

Et le roi, après avoir souligné le dernier mot, signa au-dessous :   LOUIS.

CHAPITRE XXIV.

Ecole des Jeunes de langue. — Exercices littéraires des PP. Porée et la Sante. — Nouvel arrêté de l'Université contre les jésuites. — Révocation de l'appel par la faculté des arts. — Mort de Rollin.

Nous avons vu, plus haut, l'ordonnance qui créait l'école des Jeunes de langue : dans l'intervalle des deux arrêtés du conseil qui en modifient les dispositions, en 1700, le roi Louis XIV, de glorieuse mémoire, avait fondé, au collége des jésuites à Paris, douze bourses pour autant de jeunes Arméniens qui devaient y recevoir une éducation purement religieuse, et retourner, ensuite, dans le Levant, afin d'y seconder le zèle des missionnaires catholiques, et travailler, avec eux, à la propagation de la foi. Mais l'expérience avait prouvé que les Arméniens et les Jeunes de langue ne remplissaient pas les intentions du législateur. Une réforme fut jugée nécessaire. On consulta le marquis de Bonnac ambassadeur de

France à Constantinople, et une ordonnance nouvelle parut, qui réunit les deux écoles.

« [1] Sa Majesté, y est-il dit, étant en son conseil, de l'avis de Mgr le duc d'Orléans régent, a ordonné et ordonne qu'à l'avenir, il sera élevé dans le collége de Louis-le-Grand à Paris, au lieu de douze jeunes Orientaux, dix jeunes enfants français de l'âge de huit ans ou environ, qui seront, par elle, nommés et pris alternativement de familles de ses sujets habitant dans le royaume, et de celles des négociants drogmans ou autres français établis dans les échelles du Levant, lesquels y seront instruits et enseignés dans la langue latine, jusques et y compris la rhétorique, et, en même temps, dans celles turque et arabe, par deux maîtres de ces langues, qui iront les leur montrer dans ledit collége, aux jours et heures indiqués, pour être, ensuite, lesdits enfants de langue, envoyés au collége des capucins à Constantinople, pour se perfectionner dans les langues orientales, et être destinés aux emplois de drogman. Que si, pendant le cours desdites études à Paris, le principal du collége et les maîtres des langues turque et arabe reconnaissent qu'il y en ait quelques-uns qui ne soient pas propres à leur destination, ils en rendent compte au conseil de marine qui prendra les ordres de Sa Majesté pour les faire sortir du collége et pourvoir à leur remplacement. Ordonne que la dépense, tant des pensions des dix enfants de langue aux jésuites, que des appointements qui seront réglés aux deux maîtres des langues orientales, sera payée, par Sa Majesté, des fonds de son trésor royal, de la même manière que l'étaient les pensions des Orientaux audit collége des capucins de Constanti-

[1] 1721.

nople, par la chambre de commerce de Marseille, ainsi qu'il est accoutumé. »

Cette séance fixa en quelque sorte les destinées de l'école des Jeunes de langue, car la plupart des dispositions qui furent arrêtées alors, subsistent encore. Comme ces élèves portaient le costume oriental, et qu'ils étaient entrés en possession de tous les avantages dont jouissaient les Arméniens, au collége de Louis-le-Grand, on s'accoutuma à les désigner par le nom de ceux dont ils avaient hérité, et on les appelait aussi Arméniens.

Cette fusion des deux écoles venait augmenter l'importance du collége de Louis-le-Grand. Les études y étaient alors plus florissantes que jamais. Le *Mercure* s'élève au ton de la saine critique, quand il parle du Père Porée et de ses rhétoriciens. Le Père Porée, jésuite, professeur de rhétorique au collége de Louis-le-Grand, dit-il, dans son numéro d'août[1], a fait réciter, en public, par ses élèves, six poëmes latins qu'ils ont composés. Les sujets de ces poëmes sont pris de six tragédies grecques : l'*Ajax*, l'*OEdipe*, l'*Antigone* et l'*Electre* de Sophocle; les *Troyennes* et l'*Iphigénie en Aulide*, d'Euripide. Plusieurs habiles connaisseurs qui les entendirent, louèrent fort la méthode du célèbre professeur, et le soin qu'il prend de former ses écoliers sur les modèles anciens, et de les conduire par la seule route qui mène au beau, au sublime, au parfait. Ils remarquèrent avec un grand plaisir que chaque poëme représentait fidèlement l'économie de la tragédie dont il était tiré, les situations intéressantes et les sentiments les plus vifs de ces ouvrages admirables. On y distinguait les caractères différents de Sophocle et d'Euripide; les sentiments nobles et élevés que Sophocle

[1] 1726.

donne à ses héros, cette majesté, cette sublimité de style qui répond si juste à la grandeur des objets qu'il fait toujours voir, parce qu'ils ont été naturellement grands. Dans les *Troyennes* et dans l'*Iphigénie*, on voyait ce pathétique d'Euripide, cet art infaillible qu'il possédait d'émouvoir les cœurs par des peintures naturelles, mais animées de toutes les passions de ses personnages. On remarqua encore que Sénèque a traité deux de ces sujets, *OEdipe* et les *Troyennes*; mais le Père Porée et le tragique latin ne se sont point rencontrés; Sénèque avait dédaigné la belle simplicité de Sophocle et d'Euripide; le Père Porée a eu grand soin que ses élèves n'eussent pas plus d'esprit que Sophocle et Euripide.

Au mois de septembre suivant, le Père la Sante, qui professait la rhétorique française, donna aussi une séance littéraire dans la grande salle des actes. La porte qui communique avec le salon s'ouvrit; cinq jeunes gens entrèrent: c'étaient les tenants du tournoi. Ils allèrent se placer sur l'estrade adossée au tableau de Jouvenet, représentant la famille de Darius aux pieds d'Alexandre; puis, ils saluèrent avec aisance et modestie l'assemblée qui les invita à s'asseoir. Le jeune de Morville prit alors la parole. « On sait, dit-il, que, de nos jours, une grande reine voulant faire fleurir les sciences et les arts dans ses États, a proposé de magnifiques récompenses aux savants hommes et aux habiles ouvriers qui viendraient de France, ce royaume qu'elle regarde, à juste de titre, comme le centre des beaux-arts. On suppose que son premier objet a été de procurer à ses sujets l'art le plus utile à leur conservation et à leur santé; que, dans cette vue, elle charge une personne judicieuse et intelligente de lui trouver quelque homme capable d'exécuter ce projet ; elle promet une pension considérable à celui qui aura mérité la préférence. Quatre aspirants se présentent : un botaniste, un chimiste, un médecin, un anatomiste. Tous fondent leurs prétentions, non sur leur habileté personnelle qu'on suppose éminente en chacun d'eux, mais sur l'excellence et l'utilité de leur profession. Un cinquième intervient et prétend l'emporter sur les quatre autres concurrents. Il est bon de remarquer que le seigneur, établi pour juge, n'est pas tellement astreint au choix d'un seul, qu'il ne lui soit libre de l'étendre à plusieurs, s'il le croit nécessaire au but qu'on se propose. »

L'élève Moufle de Grasville se leva, et soutint que la botanique fournit les remèdes les plus efficaces et aussi les plus naturels et les plus innocents ; et, pour élever sa profession, il fait une fastueuse énumération des hommes illustres qui l'ont aimée. Il rapporte ce que nous disent les voyageurs de ces îles fortunées où les habitants comptent plus d'un siècle de vie, sans connaître d'autre médecine que l'usage des simples. Les moyens qu'il emploie sans être chanceux ou violents comme ceux de ses rivaux, sont à la portée de tous, et incapables de nuire ; c'est à ces titres qu'il réclame la préférence.

L'élève le Bourcier, avec un air de confiance assez naturel aux chimistes, avança qu'il avait l'avantage de procurer au malade une guérison prompte et durable. Quant à la violence de ses procédés, elle est plus que justifiée par les miracles qu'il opère. Aux grands maux les grands remèdes, les remèdes héroïques ! Mais qu'on se garde bien de le confondre avec le charlatan que la science renie, comme elle reconnaît dans le chimiste son plus ferme soutien.

Les louanges que se donnent la botanique et la chimie, sonnent agréablement à mes oreilles, dit M. Hucherard, car l'une et l'autre étant filles de la médecine, leur éloge est en quelque sorte l'éloge de leur mère..... Où trouver des pinceaux pour faire le portrait du médecin? Le médecin doit prendre autant de visages différents qu'il a de malades à traiter. Il sera, au besoin, complaisant et impérieux, grave et gai, sérieux et enjoué; il sera politique, dissimulé même, pour ménager la faiblesse d'un esprit frappé, et relever le courage abattu; il se fera divertissant pour distraire le patient, et charmer la souffrance; souple, insinuant pour gagner la confiance; toujours réservé, discret, prudent.... Il me semble voir un habile capitaine attentif à tous les mouvements de l'ennemi, toujours en mesure pour déconcerter ses manœuvres, et lui tenir tête; voilà le médecin quand il lutte contre la maladie, quand il repousse les attaques de la mort.... La prééminence qui m'est disputée par mes rivaux, si toutefois je puis voir des rivaux dans mes élèves, elle m'est accordée par un suffrage dont personne ne contestera l'autorité : « Honorez, dit l'Esprit-Saint, honorez le méde-
« cin que l'auteur de la nature a établi pour la nécessité
« du genre humain. » Est-ce donc l'honorer que de lui ravir la préséance qui lui est due?

« Messieurs, dit, à son tour, le jeune comte de Charost qui plaidait pour l'anatomie, figurez-vous deux horlogers voulant régler une montre qui est dérangée; le premier se contente de regarder le cadran; le second ouvre la boîte, examine attentivement les pièces l'une après l'autre, et les démonte pour mieux saisir la cause du désordre qu'il finit par découvrir. Quel est, à votre avis, celui des deux qui doit réussir? Botanistes, chimistes, médecins, reconnaissez-vous dans le premier; mais, voyez aussi dans le second, l'anatomiste pour qui la nature n'a rien de caché! »

Les débats semblaient terminés, lorsqu'un nouvel antagoniste se présenta. Le jeune Ditverdonig demanda la permission d'offrir un spécifique rare et commun, singulier et universel, sans goût, sans odeur par lui-même, avec la propriété de prendre toutes les odeurs et tous les goûts, spécifique merveilleux, incomparable, véritable panacée qui guérissait autrefois les hommes, de toutes les maladies. Après ce pompeux préambule, on fut agréablement surpris, quand il déclara que c'était l'eau dont il voulait faire l'apologie. Ce discours semé de traits fins et délicats plut beaucoup à l'assemblée.

On était curieux de connaître la sentence du juge; elle ne se fit pas attendre: le jeune de Morville, après un résumé précis des plaidoiries, et une juste appréciation des droits des compétiteurs, se prononça pour la médecine. Il promet le tribut d'une éternelle gratitude à la médecine et aux autres sciences ses auxiliaires, car la France leur doit la conservation du roi et de la reine dont les jours étaient menacés par une cruelle maladie. Chacune a concouru, pour sa part, à cette œuvre méritoire: la chirurgie a prêté sa main, la botanique a fourni les remèdes, la chimie les a préparés, la médecine dirigeait les opérations.

Ce petit mouvement oratoire avait son éloquence; Louis XV était alors le bien-aimé, et méritait de l'être.

Le débit des orateurs n'était point déclamatoire, mais simple et noble à la fois, convenablement accentué; leur geste n'avait rien de théâtral; le père la Sante avait le bon goût de laisser à ses élèves l'action naturelle et particulière à chacun, tout en corrigeant ce qu'il y trouvait à reprendre ; il voulait que chacun demeurât soi, convaincu qui rien n'inspire la défiance comme tout ce qui sent l'art, que rien ne refroidit l'auditeur comme l'air emprunté.

Avant de se retirer, on s'approcha du père la Sante pour le saluer et le complimenter du succès de ses élèves. Plusieurs des assistants se rappelaient la séance précédente qui avait été consacrée à l'explication des énigmes, et dont ce Père avait fait les honneurs. Les énigmes étaient des tableaux dont les écoliers devaient interpréter le sujet, en traduisant le sens moral. La langue et le genre de composition étaient à leur choix. Ils étaient libres de s'exprimer en grec, en latin ou en français ; sous forme de narration, de fable, d'idylle et même de sonnet. Alexandre dans la tente de Darius avait inspiré cette belle sentence : « *Suî victoria indicat regem.* » Il s'agissait, cette fois, d'une fort belle toile d'Annibal Carrache, représentant saint Jean-Baptiste qui caresse un agneau. Le fils du comte de Moras y vit l'emblème de la sympathie et de la douceur, et, après avoir développé sa pensée dans la langue de Virgile, il termina par un badinage qui égaya beaucoup l'auditoire. C'était un dialogue en vers français, entre un grave rhétoricien et un joyeux élève de sixième. Le poëte jouait sur la signification du mot douceur au propre et au figuré. Il voulait divertir, il avait réussi. On n'avait pas le droit d'être sévère, et on pardonna, en faveur de l'intention, ce qui pouvait être forcé dans le rapprochement, ou négligé dans le style.

Le sujet proposé aux élèves de seconde était une

gravure bien connue, *la Vérité dévoilée par le temps, soutenue et présentée par Minerve.* Le fils de M. Méliand en fit l'explication à la *Gazette.*

  . . . . . . Il faut surtout à la *Gazette,*
 Des guerres, des combats, d'héroïques exploits ;
 C'est pour elle que Mars fait sonner sa trompette ;
 C'est pour Mars, à son tour, qu'elle élève la voix.
 Avecque ses guerriers toujours d'intelligence,
 Elle sait leur payer plus qu'elle n'en reçoit ;
 Epuisé de travaux, plus d'un brave lui doit
 Souvent de ses hauts faits l'unique récompense !

La *Gazette* fut sensible à cette galanterie, et témoigna sa reconnaissance par un pompeux éloge du collége de Louis-le-Grand.

Un ballet termina cette petite fête de famille. Dans la première entrée, Apollon forme les jeunes gens à la danse, et leur apprend à composer leurs mouvements. Dans la seconde, les Lacédémoniens voulant inspirer à leurs enfants l'horreur de l'intempérance, font danser, devant eux, des esclaves pris de vin. Dans la troisième, de jeunes Thessaliens s'exercent au métier de la guerre, en dansant la pyrrhique. Enfin dans la quatrième, un seigneur de village préside à une danse champêtre, où les paysans font une espèce d'exercice avec des instruments d'agriculture.

Cependant l'Université n'avait rien perdu de sa susceptibilité ombrageuse. Gaillande docteur en Sorbonne, principal du collége de Sainte-Barbe, avait appelé des jésuites pour prêcher devant ses élèves [1]. Le recteur dénonça cette nouveauté à son conseil. Pourchot alors

[1] 1732.

syndic, représenta qu'il était à la connaissance de tous, que les jésuites, depuis leur entrée dans Paris, s'étaient constamment placés en rivalité avec le corps universitaire ; que les registres de l'Académie témoignaient, à chaque page, des attentats dirigés par eux contre ses droits ; qu'il n'était donc pas étonnant que l'Université eût interdit à ses suppôts tout commerce avec ces Pères, et qu'elle eût apporté tous ses soins pour leur fermer l'entrée de ses colléges ; qu'une loi expresse défendait formellement de les admettre à faire aucun acte public dans le ressort de l'Université, et que les recteurs n'avaient jamais souffert que la moindre atteinte fût portée à cette loi. Entre autres exemples, Pourchot citait un décret récent du 17 mars[1], qui portait défense aux principaux du collége des Lombards de laisser prêcher davantage les jésuites dans la chapelle de leur maison.

La matière mise en délibération, il fut conclu à l'unanimité :

1° Que ce qui s'était passé au collége de Sainte-Barbe, était contre l'esprit et les usages de l'Université, contre les anciens réglements de l'Académie de Paris ;

2° Que, comme le principal de ce collége venait de mourir, l'Université s'abstenait de punir le délit qui avait été commis, de son temps ;

3° Que l'Université ordonnait à tous ses suppôts de se conformer à la loi compétente, loi de tradition, consacrée par un long et perpétuel usage qui interdit aux religieux qui prennent le nom de jésuites, tout acte public dans son ressort, loi qu'elle confirme et renouvelle en tant que besoin serait ; qu'en conséquence elle défend, sous les peines académiques, à tous principaux ou maî-

[1] 1730.

tres, de tolérer que ceux qui se font appeler jésuites, prêchent, enseignent, catéchisent, confessent dans les colléges de plein exercice et autres lieux dépendant de l'Université, sous quelque nom, sous quelque prétexte que ce soit ;

4° Que le présent décret serait notifié partout où besoin serait ;

5° Que tous les suppôts devraient ne pas oublier que, par les lois académiques, il leur était interdit de disputer, en aucune manière, dans les écoles de ladite société.

Si l'Université n'avait pas changé pour les jésuites, elle n'était plus la même pour la constitution *Unigenitus*. Le temps qui amortit les passions, avait éclairé les esprits. Quesnel avait fait sa soumission au pape, avant de mourir. Les consciences effrayées d'une résistance qui, en dernière analyse, était une révolte contre le Père commun des fidèles, se prononçaient pour la rétractation : la faculté des arts signa l'acceptation de la bulle et la révocation de l'appel[1]. Dans les séances où ces deux questions furent agitées, Rollin, Gibert, Coffin et Mézenguy protestèrent avec chaleur. Ils furent exclus des assemblées générales et particulières de l'Université.

Quand on voit ces hommes, l'honneur de l'enseignement, ainsi traités, d'abord on ne peut se défendre d'un mouvement d'indignation ; puis, on se sent humilié, saisi de douleur en réfléchissant qu'avec toute la supériorité de leur vertu et de leur science, ils ont payé leur dette à l'humanité, ils ont failli. En se trompant, ils étaient de bonne foi ; mais, en matière de dogme,

[1] 1730.

l'erreur est toujours de conséquence grave; combien ne devenait-elle pas dangereuse, revêtue de l'autorité de Rollin et de ses amis!

Dans cette occasion, Rollin fut ce qu'il a toujours été dans la disgrâce, calme et résigné. Si on l'empêchait de participer aux délibérations de l'Université, il confiait au papier sa pensée, et léguait à la postérité les fruits précieux de son expérience. C'est aux circonstances qui l'éloignaient des affaires, que nous devons ce livre que les maîtres devraient méditer sans cesse, le *Traité des Études,* où se trouve réalisé le vœu de Quintilien, quand il demande à l'instituteur pour ses élèves le cœur d'un père. Une observation importante, c'est que dans ces écrits consacrés à la jeunesse, on ne découvre pas la moindre trace des erreurs qui lui étaient personnelles en matière de religion.

Rollin avait d'ailleurs un goût naturel pour la retraite; le jardinage était son délassement favori. « Je
« commence à sentir et à aimer plus que jamais la
« douceur de la vie rustique, écrivait-il à M. le Peletier,
« depuis que j'ai un petit jardin qui me tient lieu de
« maison de campagne, et qui est pour moi Fleury et
« Villeneuve. Je n'ai point de longues allées à perte de
« vue, mais deux petites seulement, dont l'une me
« donne de l'ombre sous un berceau assez propre, et
« l'autre, exposée au midi, me fournit du soleil pendant
« une bonne partie de la journée, et me promet beau-
« coup de fruits pour la saison. Un petit espalier, cou-
« vert de cinq abricotiers et de dix pêchers, fait tout
« mon fruitier.... La joie n'est pourtant pas sans inquié-
« tude, et la tendresse que j'ai pour mon petit espalier
« et pour quelques œillets, me fait craindre pour eux
« le froid de la nuit, que je ne sentirais pas sans cela.

« Il ne manquera rien à mon bonheur, si mon jardin et
« ma solitude contribuent à me faire songer plus que
« jamais aux choses du ciel : *Quæ sursum sunt*
« *sapite, non quæ super terram!* »

[1]La mort vint le trouver comme il partageait le temps entre ces occupations innocentes et la bienfaisance. Elle ne le surprit pas ; car, pendant toute sa vie, il s'était préparé à la recevoir. Déjà il avait montré combien peu il la craignait dans une maladie grave où on avait cru devoir lui administrer les sacrements. Tous ceux qui l'entouraient, fondaient en larmes : « Je ne veux pas voir de pleurs, ni de marques d'affliction, avait-il dit, c'est ici un jour de fête. » Il ne démentit pas ce langage, lorsque plein de jours il vit s'approcher la dernière heure. Que pouvait-il regretter ? Les pauvres dont il était le père ? Mais il leur laissait Coffin. Qu'avait-il à redouter de l'avenir ? N'allait-il pas recueillir, dans le ciel, ce qu'il avait semé sur la terre ?

[1] 1741.

CHAPITRE XXV.

Voltaire. — Tentative d'assassinat sur Louis XV par Damiens.

L'esprit de réaction domine en France ; il est dans la cour, dans la ville, il est partout. Aux Valois faibles, indécis, succède Henri IV franc, actif et résolu, prince accompli, auquel on ne peut reprocher que sa passion déréglée pour les femmes. Louis XIII, son fils, étonne l'Europe par l'austérité de ses mœurs ; mais il laisse régner ses ministres. Après lui, paraît Louis XIV, expression vivante de la puissance royale dans toute sa force et sa majesté. Si nous passons de la cour à la ville, nous voyons la ligue déposer Henri III, et prouver par d'exécrables attentats qu'elle a été vaincue, mais non détruite par Henri IV ; puis, le même peuple courber la tête sous le despotisme de Richelieu, pour se jeter ensuite dans la fronde, et demander, à grands cris, le renvoi de Mazarin. L'Université, si longtemps maîtresse de l'éducation, arbitre des différends qui s'élevaient entre les rois et la cour de Rome, avait été forcée de résigner aux jésuites ce double privilége ; les jésuites vont expier, maintenant, une prospérité sans exemple dans les annales des compagnies religieuses.

Par une fatalité remarquable, celui qui devait porter à l'institut les coups les plus terribles, était un ancien élève du collége Louis-le-Grand ; mais la ruine des jésuites n'était qu'accessoire dans un complot infernal qui avait juré la destruction du christianisme. Il y avait trente-deux ans, environ, qu'au collége de Louis-le-Grand, dans une de ces réunions qu'on appelait académies, le Jay s'adressant au jeune Arouet de Voltaire, s'était écrié : « Malheureux ! vous serez un jour le coryphée du déisme ! » La prédiction s'accomplissait. Mais, à Louis-le-Grand, on avait peine à croire que l'auteur de la *Henriade* fût coupable. Porée surtout le défendait avec chaleur. ¹*Mérope* était encore en portefeuille, et Voltaire, qui avait fait hommage de sa première tragédie à son ancien professeur de rhétorique, lui offrait encore son chef-d'œuvre. « Je vous devais *Mérope*, mon très-cher Père, lui écrivait-il, comme un hommage à votre amour pour l'antiquité et pour la pureté du théâtre ; il s'en faut bien que l'ouvrage soit d'ailleurs digne de vous être présenté !.... Je vous conjure de dire à vos amis combien je suis attaché à votre société. Personne ne me la rend plus chère que vous. » Porée mourut, dans le cours de cette année, conservant une erreur qui lui était chère ; et ses collègues furent longtemps à se désabuser. Comment croire que l'auteur de

¹ 1741.

Mérope avait pu déshonorer sa plume par les ouvrages licencieux et impies qu'on lui attribuait! Le Souverain Pontife n'avait-il pas accepté la dédicace de *Mahomet* ? Comment pouvait-il être l'ennemi des jésuites, celui qui écrivait au Père de la Tour recteur du collége de Louis-le-Grand : « Rien n'effacera de mon cœur la mémoire du Père Porée, qui est également chère à tous ceux qui ont étudié sous lui. Jamais homme ne rendit l'étude et la vertu plus aimables. Les heures de ses leçons étaient pour nous des heures délicieuses, et j'aurais voulu qu'il eût été établi dans Paris comme dans Athènes, qu'on pût assister, à tout âge, à de telles leçons ; je serais revenu souvent les entendre…. Je sais que le Père Porée a des successeurs dignes de lui…. Pendant les sept années que j'ai vécu dans leur maison, qu'ai-je vu chez les jésuites ? La vie la plus laborieuse, la plus frugale, la plus réglée ; toutes leurs heures partagées entre les soins qu'ils nous donnaient, et les exercices de leur profession austère. J'en atteste des milliers d'hommes élevés comme moi, il n'y en aura pas un seul qui puisse me démentir. »

Pour jeter le masque, Voltaire attendait que la dépravation, qui était dans les mœurs, eût passé dans les esprits. Jusque-là, il désavouait publiquement les écrits coupables dont il se vantait dans l'intimité avec ses amis. [1] La mort du cardinal de Fleury hâta cette époque, en rompant le frein qui contenait encore la licence. C'est là que finit le dernier reflet du siècle de Louis XIV. Déjà une ère nouvelle avait commencé, vingt-trois ans auparavant, par l'élévation du trop fameux abbé Dubois qui était venu prendre la place des Colbert, des

---

[1] 1743.

Letellier, des Pomponne au ministère, et celle de Fénélon au siége de Cambrai. L'importance des débats théologiques tomba avec le respect de la religion. C'était à qui tournerait en ridicule les disputes soulevées par les cinq propositions et la bulle *Unigenitus*. Mais, tout en affectant de confondre dans un même mépris les opinions des deux partis, on faisait une grande différence entre les hommes. On plaignait les jansénistes, on était indigné contre les jésuites. L'acharnement contre ces derniers était d'autant plus impitoyable que chacun croyait justifier sa défection, en rendant le christianisme responsable des déportements de ses ministres. « On réveillait le passé. On attribuait adroite-
« ment à toute la société des opinions extravagantes de
« quelques jésuites espagnols et flamands. On les aurait
« déterrées aussi bien chez les casuistes dominicains et
« franciscains, mais c'était aux seuls jésuites qu'on
« en voulait. On tâchait de prouver qu'ils avaient un
« dessein formé de corrompre les hommes, dessein
« qu'aucune secte, aucune société n'a jamais eu et ne
« peut avoir. Mais il ne s'agissait pas d'avoir raison, il
« s'agissait de perdre la compagnie de Jésus. »

[1] Telle était la disposition des esprits relativement aux jésuites, lorsque l'infâme Damiens frappa Louis XV, d'un coup de poignard, à l'instant où ce prince montait en voiture pour se rendre à Trianon. Damiens était parent du maître d'hôtel du collége de Louis-le-Grand, et avait servi, dans cette maison, en qualité de valet de réfectoire ; mais, depuis dix-huit ans qu'il en était sorti, il s'était rendu coupable d'un vol considérable et d'un empoisonnement. C'en fut assez, néanmoins, pour accuser les jé-

[1] 1757

suites du crime de ce monstre, et, tout absurde qu'elle était, cette imputation fut reçue comme une vérité incontestable. Au reste, cette calomnie n'avait rien de plus surprenant que celle qui leur attribuait les attentats de Châtel, de Barrière et de Ravaillac. Si l'axiôme en droit : *Reus est cui profecit scelus*, dit vrai, quel intérêt pouvaient avoir les jésuites à faire assassiner Henri III, Henri IV, Louis XV même, qui les avaient constamment protégés, défendus envers et contre tous ?

CHAPITRE XXVI.

Chapelle du collége de Louis-le-Grand. — Bibliothèque. — Gresset.

Ces violentes attaques allaient troubler le calme dont on jouissait à Louis-le-Grand. Depuis les dernières ordonnances du roi, les jésuites, qui avaient défense de songer désormais à l'agrandissement de leur maison, avaient tourné leurs soins à l'embellir. Nous avons déjà remarqué la magnificence de ces Pères dans leurs établissements publics, magnificence qui contrastait avec la simplicité de leur vie privée. Les peintres les plus renommés furent appelés, à grands frais, pour orner Louis-le-Grand des chefs-d'œuvre de leurs pinceaux. Dans la chapelle, se trouvaient quatre tableaux d'autel, qu'on plaçait aux époques de l'année correspondant avec le sujet qu'ils représentaient : une *Nativité* de Jouvenet, une *Résurrection* de Cazes, une *Purification* de

Hallé, et un *saint Ignace* de Vignon qui avait peint, aux deux côtes de l'autel, saint Ignace et saint Xavier. Au milieu d'un jubé, dans une châsse de très-bon goût, on voyait le corps entier de saint Maxime qui confessa Jésus-Christ, à l'âge de quinze ans. Le sang du jeune martyr, patron des pensionnaires, était conservé dans une fiole de cristal. Les stalles n'offraient rien de curieux ; il n'en était pas de même des tribunes : les petites solives de support, qui disparaissent aujourd'hui sous le plâtre, étaient couvertes d'arabesques en bleu et or, dans le goût de la renaissance. Les colonnes en bois d'un seul fût, qui s'élèvent jusqu'au plafond, conservaient avec les balustrades la couleur du chêne. A droite, en entrant, était le bénitier qui servait de thermomètre pour les récréations d'hiver. Les élèves devaient descendre en cour, tant que l'eau bénite n'était pas gelée. Comme la porte de la chapelle était constamment ouverte, dans le jour, plus d'une fois les frileux y portèrent de la glace, pour ne pas quitter le poêle de la salle d'étude.

Après la chapelle, les jésuites ne voyaient rien au-dessus de la bibliothèque. Elle occupait, dans la seconde cour, deux corps de bâtiment qui faisaient angle derrière le vieux Mans et le Mans neuf. La première de ces deux ailes avait été construite par la munificence du surintendant Fouquet ; elle avait vue sur le jardin des Pères ; l'autre, qui n'existe plus aujourd'hui, portait le nom de Harlay, en mémoire d'un magistrat de cette famille qui avait légué ses livres à l'institut. Outre une quantité considérable de livres choisis, la bibliothèque se composait d'une très-riche collection de médailles formée par le père Sirmond, et de deux cent quatre-vingts manuscrits, non compris ceux que les missionnaires avaient apportés de la Chine et du Japon. Plus de quarante-trois mille volumes avaient été classés par le père Cossart le maître de Santeuil, de concert avec Garnier. La théologie d'abord, avec l'Ancien et le Nouveau Testament; les décrétales, les Saints-Pères, les casuistes, et les ascétiques; ensuite, la jurisprudence, la philosophie, les mathématiques, l'astronomie, la chirurgie, la médecine, la botanique, la physique, la chimie, l'histoire naturelle, l'éloquence, la poésie. Au bout de cette première salle où s'étendaient, les unes au-dessus des autres, ces longues files de volumes rangés dans le plus bel ordre, s'ouvrait, à gauche, une vaste pièce qui renfermait la cosmographie et l'histoire. Cette seconde galerie s'élevait de plusieurs degrés au-dessus de la première. Elle était soutenue par deux rangs de colonnes, entre lesquelles se trouvaient des globes reposant sur leur socle. Aux deux extrémités, se présentaient deux sphères énormes. On voyait aussi, sur de grands panneaux, la chronologie dérouler ses fastes, depuis le berceau du monde jusqu'au règne glorieux de Louis XIV.

De chaque côté, des armoires à compartiments surmontées de bustes et de portraits. Chacune des neuf fenêtres éclairait, en face, un de ces savants modestes, la gloire du collége de Louis-le-Grand, qui respiraient encore sur la toile : *Perpinian*, que la chaire comptait parmi ses plus illustres orateurs; *Maldonnat*, pour qui les livres saints n'avaient point d'obscurités; *Auger*, fameux par son érudition et son éloquence; *Fronton du Duc*, élégant interprète des docteurs grecs, le commentateur de saint Jean-Chrysostome; *Sallian, Sirmond, Crésol* le plus savant des hommes après le sage Petau; *Petau*, la merveille de son siècle, qui parcourut le cercle entier des connaissances humaines; *Caussin*, plus estimable par sa vertu que par son mérite littéraire, complétait le nombre égal à celui des muses. A droite, vers le milieu de la première salle, était une porte habilement dissimulée par le talent du peintre qui avait représenté des tablettes chargées de livres. Elle conduisait au cabinet des médailles. On distinguait, parmi celles qui étaient d'or, Alexandre et les généraux qui se partagèrent son empire, après sa mort; parmi celles qui étaient d'argent, Persée roi de Macédoine, et une très-belle figure de Rome victorieuse. On remarquait, en bronze, un Saturne sur la poupe d'un vaisseau, un Janus qui remontait à l'enfance de l'art, des effigies appartenant aux différents peuples qui défendirent leur liberté contre la puissance de Rome, une suite complète des consuls et des empereurs. Les livres mis à l'index par la cour de Rome étaient renfermés dans une chambre étroite, véritable cachot, à peine éclairé par une petite fenêtre garnie de barreaux de fer. Les Pères avaient aussi, dans leur bibliothèque, un squelette monté, pour étudier le mécanisme du corps humain, mais, avant tout, pour entretenir chez eux la pensée de la mort. Les fresques du plafond représentaient la renommée qui s'élançait dans les airs, au milieu d'un groupe de génies, laissant tomber de sa trompette ces paroles : « L'illustre Fouquet a élevé cette Bibliothèque, et l'a dotée avec magnificence! » Il y avait deux tableaux, aux deux extrémités de la bibliothèque, la mort d'Agamemnon, au-dessus de la porte d'entrée, par messire Nicolo, et, vis-à-vis, le surintendant Fouquet accompagné de la Foi et la Justice, par le Brun. Les connaisseurs appréciaient les boiseries qui étaient d'un beau travail.

Dans la salle où on recevait les séculiers, se voyait un

grand tableau de Vignon le père; c'étaient saint Ignace et saint François-Xavier dans des chars qui les portaient au ciel. Ils étaient escortés par les vertus; l'Europe, l'Asie, l'Afrique et l'Amérique applaudissaient au ravissement de ces bienheureux. On remarquait aussi le portrait des bienfaiteurs du collége, et, particulièrement, celui du cardinal de Richelieu.

De cette première salle on passait dans une autre où était un portrait du Père Bourdaloue peint, après sa mort, par Jouvenet, et un grand tableau du même maître, dans le goût de le Brun, représentant la famille de Darius aux pieds d'Alexandre. Cette composition avait été faite pour les énigmes qu'on proposait aux élèves. Une pièce suivante offrait quatre ouvrages de la première manière du Poussin, dont trois étaient consacrés à différents traits de la vie du fondateur de la société. Dans le premier, il était en extase; dans le second, il écrivait ses méditations; dans le troisième, il avait près de lui saint François-Xavier, et voyait Notre Seigneur et la Sainte-Vierge lui apparaître; le quatrième représentait saint François-Xavier persécuté par les démons.

Les fresques de la Chartreuse étaient plus que médiocres; c'étaient des guirlandes de fleurs et des cartouches avec des devises. Je n'en parlerais pas, sans l'intérêt qui se rattache à l'auteur de *Vert-Vert*, qui avait donné son nom au joli belvéder du bâtiment neuf que, du reste, il n'a pas habité. La véritable Chartreuse, celle dont il a fait le sujet d'une de ses meilleures épîtres, était dans la cour d'entrée, sous les combles du campanille. Gresset avait pris l'habit des jésuites, à seize ans, mais il l'avait quitté, dix ans après, voyant bien qu'il s'était mépris sur sa vocation. Ses adieux, que voici, prouvent son attachement à l'institut :

. . . .
Oui, même en la brisant, j'ai regretté ma chaîne,
Et je ne me suis vu libre qu'en soupirant......
Je dois tous mes regrets aux sages que je quitte ;
J'en perds avec douleur l'entretien vertueux :
Et, si dans leurs foyers désormais je n'habite,
  Mon cœur me survit auprès d'eux.
Car, ne les crois point tels que la main de l'Envie
  Les peint à des yeux prévenus.
Si tu ne les connais que sur ce qu'en publie
  La ténébreuse calomnie,
  Ils te sont encore inconnus.
Lis, et vois de leurs mœurs des traits plus ingénus.
Qu'il m'est doux de pouvoir leur rendre un témoignage
Dont l'intérêt, la crainte et l'espoir sont exclus !
  A leur sort le mien ne tient plus ;
  L'impartialité va tracer leur image :
Oui, j'ai vu des mortels, j'en fais ici l'aveu,
  Trop combattus, connus trop peu ;
J'ai vu des esprits vrais, des cœurs incorruptibles,
Voués à la patrie, à leur roi, à leur Dieu ;
  A leurs propres maux insensibles,
Prodigues de leurs jours, tendres, parfaits amis,
  Et souvent bienfaiteurs paisibles
  De leurs plus fougueux ennemis ;
Trop estimés enfin, pour être moins haïs.
Que d'autres s'exhalant, dans leur haine insensée,
  En reproches injurieux,
Cherchent, en les quittant, à les rendre odieux ;
Pour moi, fidèle au vrai, fidèle à ma pensée,
C'est ainsi, qu'en partant, je leur *fais mes adieux.*

Cette petite pièce est presque la traduction en vers

faciles de la lettre de Voltaire au père de la Tour ; mais Gresset écrivait ce qu'il sentait, ce qu'il disait partout, tandis que Voltaire, dans ses lettres au roi de Prusse, appelait de ses vœux la destruction de l'ordre des jésuites qu'il nommait les grenadiers du fanatisme et de l'intolérance.

CHAPITRE XXVII.

Banqueroute du père Lavalette. — Arrêt du parlement contre la société de Jésus. — Les jésuites sortent du collége de Louis-le-Grand.

—

Cependant, l'orage qui grondait dans le lointain, s'approchait toujours davantage, mais les hôtes paisibles de Louis-le-Grand, bien qu'agités de pressentiments tristes, étaient loin de soupçonner la catastrophe épouvantable qui menaçait l'ordre tout entier. Le père de cette nombreuse famille était le seul qui lisait dans l'avenir. L'obscurité régnait avec le silence dans le collége ; seulement une faible lumière paraissait dans la salle du conseil. Elle provenait d'une lampe qui se reflétait avec un vif éclat sur un grand crucifix d'argent suspendu à la cheminée, et laissait dans les ténèbres plus de la moitié du vaste appartement. Sur un des vingt-quatre fauteuils en chêne massif, couverts de maroquin noir, qui complétaient, avec une longue table de marbre, le mobilier sévère de cette salle, un vieillard était assis, tenant un livre sur ses genoux, les yeux immobiles, et plongé dans une méditation profonde. C'était le Père Frélaut recteur du collége de Louis-le-Grand. La porte s'ouvrit, le frère portier annonça M. Germain principal de Montaigu. Le recteur, sortant de sa rêverie, le reçut avec ces mots dans la langue de Plutarque : « Τί καινὸν Ἀφρικὴ φέρει; » interrogation qui lui était familière, et avec laquelle il avait l'habitude d'accueillir la visite que le principal ne manquait jamais de lui faire, chaque soir. Mais, répondit Germain, on parle dans le monde, d'une banqueroute du Père Lavalette. — Une banqueroute! reprit le Père vivement, mon ami, nous sommes perdus, perdus sans ressource! (Au mouvement qu'il fit, le bréviaire échappa de ses mains et tomba sur le carreau, sans qu'il songeât à le ramasser.) — Votre société a résisté à des épreuves plus critiques. — Jamais! non pas même dans l'affaire de Guignard. — Mais enfin quelques individus coupables ne sont pas l'ordre entier. — Mon cher abbé, ceux qui font la réputation de notre compagnie, ce ne sont pas les Bouhours, les Bourdaloue, les Cheminais; ce n'est pas davantage cette foule d'hommes modestes qui s'exercent, dans nos colléges ou dans la retraite, aux pratiques silencieuses de la vie ascétique : on nous juge par quelques écrivains téméraires, ou bien encore par quelques esprits plus zélés que sages, qui se sont mis en évidence en sortant des bornes de la modération. — Soyez sans crainte, mon révérend Père, cet orage passera comme tous les autres. — La banqueroute fera ce que la calomnie n'a pu faire en nous accusant d'immoralité, d'impiété, de régicide. *Nunc fata impia tangunt!*

— Encore une fois, mon révérend Père, Dieu distingue l'innocent du coupable. — Mon cher abbé, nous mesurons la justice de Dieu par la nôtre; voilà comment nous nous trompons toujours. La justice de Dieu, comme ses autres perfections, est un mystère impénétrable. Ici le Père s'arrêta, et après un moment de silence : Mon ami, ajouta-t-il avec émotion, c'est l'exil qui nous attend, l'exil sans espérance de retour. L'avouerai-je? moi, obligé par vœu à renoncer à tous les attachements terrestres, je ne puis songer sans effroi à quitter cette maison. Ces enfants confiés à mes soins, je sens que je les aime davantage. J'aime tout ici, tout jusqu'à ces murs; mon cœur saigne à la veille de briser des liens qui me sont si chers! Comme il disait ces mots, ses yeux se mouillaient de larmes. L'abbé, touché de la douleur de son vieil ami, comprit qu'il voulait être seul; il lui serra affectueusement la main, et se retira.

Depuis longtemps on accusait les jésuites de songer moins dans leurs missions à la propagation de la foi qu'aux intérêts matériels de leur compagnie. Le Père Lavalette profès des quatre vœux était procureur de la maison de Saint-Pierre de la Martinique, du nombre de celles que les jésuites appelaient maisons de résidence, parce qu'à la différence des autres établissements de l'ordre, voués à la pauvreté et ne pouvant subsister que d'aumônes, elles avaient des revenus fixes comme les colléges. Ce Père, exploitant des habitations considérables dont on envoyait les produits sur le continent, se chargea d'abord complaisamment de faire parvenir à leur destination les sommes que les colons adressaient en France, et finit par s'engager dans les opérations de la banque. En 1756, époque où les Anglais avaient déjà saisi quantité de vaisseaux

Français, arriva la faillite des Lioncy de Marseille, principaux correspondants de Lavalette. Ces négociants portèrent, dans leur bilan, des lettres de change en valeur de plus d'un million, tirées sur eux par ce Père, et par eux acceptées. Le Père de Sacy procureur général des Iles du Vent, résidant à Paris, envoya tout l'argent qu'il avait en caisse et celui qu'il put emprunter, à Rey négociant de Marseille, qu'il chargea de satisfaire les créanciers. Cependant, bien qu'instruit par différentes lettres des jésuites, de la faillite des Lioncy, Lavalette avait continué de tirer sur d'autres négociants, entre autres, sur Rey, jusqu'à concurrence d'un million. Commençant à craindre qu'il n'y eût quelque dérangement dans l'administration de Lavalette, de Sacy arrêta ses comptes avec Rey, et celui-ci qui ne recevait plus de fonds, cessa de payer les billets de la maison de Saint-Pierre.[1] C'est alors que quelques-uns des créanciers, las d'attendre le retour de la paix pour recevoir le montant des lettres de change qu'ils avaient en main, las de solliciter, de menacer et de ne rien obtenir, traduisirent au consulat de Paris le Père de Sacy, en sa qualité de procureur général des missions. Ce père ayant répondu qu'il n'avait ni endossé, ni accepté les lettres de change, et qu'il n'avait point reçu de fonds de celui qui les avait tirées, fut renvoyé, sauf aux porteurs des lettres à se pourvoir contre Lavalette. Mais la veuve Grou et Louis Grou son fils prirent une route nouvelle, et firent assigner au même tribunal la compagnie et société générale des jésuites en France, îles, pays et obéissances du roi, en la personne du Père de Sacy et autres procureurs généraux de l'ordre, en leur grand

[1] 1760.

couvent et maison commune, à Paris, rue Saint-Antoine, pour être condamnés solidairement, et par les voies admises en telles circonstances par les édits, à payer la somme de 30,000 livres portée en lettres de change, avec intérêts.

La sentence du tribunal fut conforme à la requête des demandeurs. Le signal donné, les créanciers se présentèrent en foule. A Paris, à Marseille, le greffe ne pouvait suffire aux assignations contre les jésuites; toutes étaient suivies de condamnations par défaut. En vain, disaient les créanciers, les jésuites prétendent que la compagnie n'est pas solidaire des opérations de Lavalette, les lettres du Père de Sacy déposent du contraire : « Comme procureur général de nos missions de l'Amé-
« rique méridionale, écrivait-il à Ballacla négociant de
« Bordeaux, j'ai envoyé à M. Rey, avec une autorisa-
« tion, en bonne forme, des supérieurs de qui je dépends,
« tous les pouvoirs qui lui sont nécessaires pour terminer
« toutes les affaires des missions, et, en particulier, celles
« de la Martinique...... Je ne suis plus le maître de
« mes démarches, ce sont mes supérieurs qui les règlent;
« je ne suis plus que leur simple agent.... Nos supé-
« rieurs m'engagèrent à faire de gros emprunts pour le
« Père Lavalette.... Ce sont les supérieurs de ces mis-
« sions qui les administrent, suivant les pouvoirs que
« leur en donnent le provincial et le général. »

Les jésuites répliquaient : « Notre Père général a la surintendance des biens temporels, mais il ne possède pas. A qui ces biens appartiennent-ils? aux maisons particulières qui les ont reçus de leurs fondateurs, ou acquis depuis. Ces maisons ne sont pas plus solidaires les unes des autres, que ne le sont, entre elles, celles des bernardins, des bénédictins, des augustins, de l'ordre de Malte. La communauté des biens est si peu dans l'esprit de nos constitutions, qu'il est défendu, sous peine d'être déposé, à notre Père général, d'employer à son usage, d'aliéner ou d'appliquer à d'autres établissements appartenant à l'ordre, les revenus des colléges et des maisons fondées. Faut-il citer le texte du législateur? le voici : « *Transferre vel dissolvere domos vel* « *collegia jàm erecta, aut in usum societatis professœ* « *reditus eorum convertere præpositus generalis non* « *poterit.... Cum nec in suum, nec in ullorum con-* « *sanguineorum, nec in professæ societatis usum,* « *bona temporalia possit convertere. Si quid ergò* « *horum accideret, potest ac debet societas eum officio* « *privare, et, si opus est, à societate removere.* » A Fontevrault, le gouvernement pour le temporel, est exactement le même que chez les jésuites. L'abbesse, en qualité de supérieure générale, a le droit d'inspection pleine et entière sur l'administration du temporel de toutes les maisons de son ordre. Elle nomme seule des visiteurs pour vérifier les comptes; elle fait seule, par elle-même ou par ces visiteurs, les règlements auxquels toutes les maisons sont tenues de se conformer. En a-t-on jamais conclu, a-t-on jamais pensé à conclure que toutes les maisons de Fontevrault fussent solidaires! Le Père Lavalette fait le commerce en Amérique, dites-vous; le Père Lavalette, comme tous les propriétaires de la Martinique, récolte du sucre, du café, de l'indigo, produits qui n'entrent que pour peu de chose dans la consommation ordinaire d'une maison. Devait-il laisser périr ces denrées plutôt que de faire, en son nom, ce que font tous les habitants de l'île, sans être négociants? Ce qu'on entend précisément par commerce ou négoce, ce que les canons défendent aux religieux, c'est d'acheter des denrées pour les revendre, et dans la vue d'y trouver du profit ; or, tel n'est point le cas du Père Lavalette. Si les jésuites ont changé leur titre de religieux pour celui de commerçants, la justice devra décider si les porteurs de lettres sont à plaindre pour s'être rendus complices de cette prévarication, en liant et entretenant un vrai commerce avec des religieux morts civilement, et qu'aucune mission ne peut autoriser à commercer, même comme administrateurs ou mandataires. Mais, sur quelle preuve porterait une accusation si grave ? sur l'aveu du Père de Sacy ? Eh, de bonne foi, si le Père de Sacy eût cru s'annoncer, par là, comme un religieux commerçant, l'eût-il déclaré de lui-même ? se fût-il livré lui-même à la justice comme un religieux prévaricateur ? Il a déclaré avoir reçu quelques fonds, mais n'a-t-il pas déclaré, en même temps, que sa maison n'en profitait point, et que c'était un service qu'il rendait à la maison de la Martinique, en remettant à ses créanciers le prix de ses denrées, un service qu'il devait naturellement lui rendre, comme procureur général des missions ? Et peut-on, sans renverser toutes les règles de l'équité, diviser sa déclaration, pour prendre ce qu'on croit avantageux aux accusateurs, en rejetant ce qui justifie les accusés ?

Un arrêt du 17 avril [1], ordonne que les constitutions des jésuites seront déposées au greffe, pour y subir examen. La question de solidarité fut promptement résolue. Dès le 8 mai, parut l'arrêt qui condamnait le général, et, en sa personne, la société au payement des lettres de change et à tous les dépens, dommages et intérêts. Les jésuites se soumirent ; ils trouvèrent moyen de payer, en

[1] 1761.

moins de sept mois, plus de douze cent mille livres, sans toucher aux biens de la compagnie, et, il est probable qu'en peu d'années, ils auraient acquitté le reste, mais leurs ennemis ne leur en laissèrent pas le temps. L'abbé Chauvelin était rapporteur. Il représenta la société des jésuites comme un colosse redoutable qui, de ses bras, embrassait les deux mondes, et affectait l'empire de l'univers. Il n'oublia pas de lui reprocher l'attachement aux maximes ultramontaines réprouvées en France, la doctrine du régicide répandue dans les livres de plusieurs de ses casuistes. Il ajouta que l'existence des jésuites dans le royaume était l'effet de la tolérance, et non de l'adoption, qu'il n'y avait pas de contrat formé entre l'État et ces religieux, qu'il suffisait pour les détruire de dégager des liens de l'ordre ceux qui voudraient rester en France, et de renvoyer les autres.

Cette conclusion aurait eu aussitôt son effet, si les partisans nombreux que les jésuites avaient à la cour n'eussent fait entendre au roi qu'il ne fallait pas précipiter cette affaire. Louis XV, par une déclaration du 2 août 1761, défendit que, pendant un an, il fût rien statué sur tout ce qui pourrait concerner l'institut, et, en même temps, il nomma plusieurs membres de son conseil pour reviser les pièces de ce procès. Il convoqua aussi une assemblée extraordinaire des évêques, pour avoir leur avis et sur les constitutions des jésuites, et sur leur utilité dans le royaume. De cinquante-et-un prélats qui se trouvèrent chez le cardinal de Luynes, quarante-cinq furent favorables à la société, et l'assemblée ordinaire du clergé lui donna de nouveaux témoignages de l'intérêt qu'elle prenait à sa conservation.

De ces suffrages honorables, la commission établie

par le roi conclut enfin à la nécessité, non d'éteindre la société, mais de modifier l'existence des jésuites en France. On dressa en conséquence un plan d'accommodement qui fut envoyé à Rome. *Sint ut sunt*, répondit Ricci général de l'ordre, *aut non sint*. Ce fut l'arrêt de leur proscription.

Le 6 août,[1] parut la sentence qui, sans attendre le vœu du monarque, dissout la société, fait défense aux jésuites de vivre sous l'obéissance du général, d'entretenir avec lui ou autres supérieurs nommés par lui, aucune correspondance directe ou indirecte, leur enjoint de quitter leurs maisons, réservant d'accorder à chacun d'eux, sur leur requête, une pension alimentaire qui fut fixée à quatre cents livres. On mit leur subsistance au prix de l'infamie, on les força à mentir à leur propre conscience, en leur prescrivant une formule de serment par lequel ils déclaraient, sous peine d'être privés de la pension, qu'ils abjuraient comme abominable un ordre qu'ils avaient embrassé comme saint, et qu'ils regardaient encore comme tel!

« C'est la philosophie, s'écrie d'Alembert triomphant, qui, par la bouche des magistrats, a porté l'arrêt contre les jésuites ; le jansénisme n'en a été que le solliciteur! » D'Alembert pouvait ajouter que la philosophie eut dans M. de Choiseul un ministre actif et dévoué. Ebranlé par les instances de sa famille et des personnes qui faisaient profession de piété, à la cour, Louis balançait à donner son adhésion ; M. de Choiseul, pour le décider, trouva des arguments dont l'effet devait être infaillible sur l'esprit d'un prince égoïste qui mettait tout son bonheur dans la sécurité des jouissances privées. « Rappelez-vous, lui

---

[1] Août 1762.

disait-il, les troubles de l'Église, ce que vous ont causé d'embarras le formulaire, la constitution, le refus des sacrements, la fermentation du peuple, l'agitation de la magistrature, le schisme entre les évêques, les lits de justice, les chambres royales, enfin la nécessité d'employer, contre votre propre inclination, la réclusion, l'exil, la proscription; ces querelles qui ne sont qu'assoupies pourraient se réveiller ! » Louis, menacé dans sa honteuse mollesse, donna les lettres patentes.

[1] Dès qu'il eût reçu la communication officielle de cet arrêt sans appel, qui enlevait aux jésuites leur dernière espérance, le Père Provincial envoya, en toute hâte, un de ses religieux l'annoncer au Père Frélaut. Le recteur du collége de Louis-le-Grand voulait cacher cette triste nouvelle jusqu'au lendemain; mais le secret ne pouvait être si bien gardé qu'il ne transpirât, au milieu des dispositions insolites que les circonstances rendaient nécessaires; et la sentence fatale qu'on se communiquait d'abord mystérieusement et à voix basse, était sue de tous les maîtres et de tous les régents, avant la fin du jour. Le soir, pendant le souper, les élèves, qui voyaient les Pères se réunir en groupe au lieu de prendre leur repas, et parler entre eux d'un air consterné, soupçonnaient qu'il était arrivé un grand malheur, mais ils étaient bien loin de la vérité, dans leurs conjectures. Ils ne devaient l'apprendre que le lendemain, après midi. C'est alors qu'arrivèrent les familles prévenues par le Père Frélaut qui avait passé une partie de la nuit à dicter à ses secrétaires des lettres d'avis. Le collége de Louis-le-Grand offrait un spectacle vraiment digne de pitié. Hier encore, on admi-

---

[1] Août 1762.

rait le calme et le bel ordre qui régnaient dans cette maison; aujourd'hui, c'était l'image de la confusion. Les uns couraient, d'un air affairé, les autres montaient, d'autres descendaient précipitamment. Les escaliers étaient jonchés de livres, les cours encombrées de pupitres, d'armoires, de hardes que les domestiques enlevaient et emportaient au dehors. Les Pères s'empressaient sur tous les points, et, à chaque pas, ils étaient arrêtés par les serviteurs qui demandaient des ordres, et par les parents qui venaient témoigner leurs condoléances. Mais ce qu'il y avait de plus triste à voir, c'étaient tous ces jeunes gens que cette nouvelle frappait comme la foudre, et qui ne pouvaient s'arracher des bras l'un de l'autre. Quelle différence entre le départ d'aujourd'hui et le départ pour les vacances! Alors la joie était sans mélange, ils couraient embrasser un père, une mère bien aimée, une sœur chérie, avec la certitude de revenir ensuite retrouver leurs amis au collége, ces amis qu'ils devaient quitter, maintenant, pour toujours. Privations, contrariétés, chagrins d'écolier étaient oubliés, pour faire place aux seuls regrets. Ici, ils goûtaient paisiblement les douceurs de l'étude dans les entretiens de Cicéron et de Virgile; là, dans ces luttes qui se renouvelaient, chaque semaine, ils avaient été proclamés vainqueurs entre leurs jeunes rivaux; c'est contre ces murs qu'ils jouaient à la balle, dans cette cour qu'ils se livraient aux exercices de la récréation avec tant de plaisir et d'ardeur; ici, ils avaient connu l'amitié, l'amitié, comme elle ne se trouve qu'au collége, pleine de charmes, avec ses dévouements si nobles et si purs, avec ses aimables confidences.

Avant de sortir du collége, ils allaient faire leurs adieux au recteur. Le Père Frélaut était dans cette même salle où nous avons entendu son entretien avec le principal de Montaigu. Les jeunes gens se pressaient autour de lui, chacun voulait avoir un regard, obtenir un mot de sa bouche, et le vieillard leur abandonnait ses mains tremblantes, qu'ils couvraient de pleurs et de baisers. Ce qu'il avait prévu ne s'accomplissait que trop fidèlement : cette séparation qu'il avait tant redoutée, il fallait la subir plus cruelle et plus déchirante encore qu'il n'avait osé l'envisager. Mais il avait trop présumé de ses forces ; incapable de maîtriser plus longtemps l'émotion qui l'oppressait et les larmes qui s'échappaient de ses yeux, il s'arracha violemment à cette scène de désolation, et entra dans sa chambre, pour s'abandonner, sans témoins, à sa douleur. Il s'y tint renfermé plusieurs jours ; et, après que les maîtres et les élèves, tous, jusqu'au dernier, furent sortis du collége, lui aussi se retira lentement, laissant la solitude et le silence dans ces murs qu'il ne devait plus revoir.

CHAPITRE XXVIII.

Chef-lieu de l'Université établi au collége de Louis-le-Grand. — Les colléges qui n'étaient pas en plein exercice, réunis au collége de Louis-le-Grand.—Nouvelle administration. — M. Gardin Dumesnil, principal.

L'exclusion des jésuites souleva une question de haute importance. Les créanciers demandèrent si les terrains et bâtiments du collége de Louis-le-Grand n'avaient pas été frappés de leurs hypothèques. Après de longs et vifs débats entre les jurisconsultes, les avocats et le procureur général plaidèrent contradictoirement devant la cour du parlement qui déclara *tous bâtiments et terrains composant le collége que les ci-devant soi-disant jésuites occupaient, rue Saint-Jacques, ne pouvoir être employés, suivant leur destination, à autre usage qu'à l'instruction publique.*

[1] 28 juillet 1763.

La question de propriété étant définitivement résolue, l'Université se présenta pour entrer dans le collége de Louis-le-Grand où elle voulait établir son chef-lieu et ses archives. Sa requête, appuyée du vœu des officiers municipaux, entrait dans les vues d'un vaste plan dont elle n'avait peut-être pas tout le secret ; aussi la cour ne fit-elle pas attendre son consentement.[1]

Tant que l'Université avait pu opposer aux jésuites des hommes tels que Rollin, elle les avait combattus victorieusement ; mais, après la mort de Coffin, ces derniers avaient repris la supériorité. Crévier, à Dormans-Beauvais, réunissait les conditions nécessaires pour enseigner avec éclat : il était érudit et même orateur ; malheureusement, Crévier, excellent professeur de rhétorique, eût été un principal médiocre ; son caractère sec et roide manquait de ce liant qui fait aimer la vertu. Les jésuites étaient donc encore les maîtres de l'éducation, lorsque l'exil vint les frapper. C'était aux hommes qui les avaient proscrits, à les faire oublier. Entreprendre une tâche aussi difficile, c'était s'imposer l'obligation de prouver qu'il était possible de faire mieux. Le gouvernement du roi créa une maison d'éducation sur des bases nouvelles. Cette école dont l'avenir était assuré par un nombre considérable de bourses, qui, dans les vues du monarque, devait l'emporter sur tous les établissements de ce genre par l'excellence de l'administration, de la discipline et des études ; cette école modèle fut placée dans le collége de Louis-le-Grand qui lui donna ses élèves avec ses propriétés, sa fortune et son nom. Mais pour comprendre ce qui suit, il est besoin de reprendre les choses de plus haut.

[1] 30 août 1763.

Il y avait, à Paris, beaucoup de colléges fondés par des personnes pieuses qui les avaient dotés d'un certain nombre de bourses destinées à subvenir aux frais d'éducation des enfants appartenant à des familles honnêtes, mais trop pauvres pour se charger de les élever. La plupart étaient tombés dans un état de dépérissement dont s'affligeaient tous les amis des bonnes études, pour qui il était évident que les intentions des fondateurs n'étaient plus remplies. Plusieurs mémoires avaient été présentés au parlement, qui indiquaient les causes du mal et proposaient différents remèdes. Neveu, Cochet, Hamelin, Guerin, Gigot anciens recteurs, et Fourneau recteur exerçant, furent chargés de les examiner. Deux commissaires délégués par le conseil et le parlement devaient rédiger un projet de lettres patentes. On reconnut que, presque partout, les recettes étaient au-dessous des dépenses, les revenus ne suffisant plus, par suite de l'altération des valeurs que le temps avait diminuées, tandis que les charges s'étaient accrues. Les commissaires proposèrent de réunir, dans un seul, les colléges qui n'étaient pas en plein exercice. Trente ans auparavant, une enquête ordonnée par le chancelier d'Aguesseau et le procureur général Joly de Fleury, avait présenté, avec les mêmes résultats, les mêmes conclusions; mais ces magistrats, arrêtés par les difficultés qui s'élevaient de toutes parts, avaient dû se borner à des vœux pour l'exécution du projet.

Le 21 novembre 1763 [1], sur le rapport de MM. Rolland, Roussel de la Tour et de l'Averdy, officiers du parlement, des lettres patentes du roi ordonnèrent la réunion dans le collége de Louis-le-Grand, des boursiers

---

[1] 24 novembre 1763.

des colléges de Paris qui n'étaient plus en plein exercice. On créa un bureau d'administration chargé de nommer le principal, et, particulièrement, de veiller aux intérêts des boursiers. Une observation importante, c'est que, dans le préambule de ces lettres, le roi déclare « qu'il veut former, dans le collége de Louis-le-Grand, une pépinière abondante de maîtres dont l'État a besoin, et qui répandront partout cette émulation si désirable pour l'éducation de ses sujets. » On sentait déjà le besoin d'une École normale.

[1] Dans le tableau qui va suivre, mon but est moins de présenter l'état des colléges réunis, que de citer les noms des fondateurs. Il n'est pas un cœur bien né qui ne soit pénétré d'admiration et de reconnaissance pour ces bienfaiteurs de l'humanité, dont la charité prévoyante voulait survivre même à la mort.

Si on se rappelle ce qu'était la communauté dans les colléges, son esprit de jalouse indépendance, son audace à repousser les tentatives de l'autorité quand elle voulait user de ses droits, on aura une juste idée des obstacles que rencontrèrent, dans leur mission, les recteurs chargés d'un travail aussi épineux. Nous ne citerons, pour exemple, que le collége de Lisieux, bien qu'il ne fût pas compris dans la fusion des colléges obérés. Les constructions de la nouvelle église de Sainte-Geneviève devaient s'élever sur l'emplacement qu'il occupait. Il y avait donc urgence à lui trouver un local ; celui de l'ancien collége des jésuites s'offrait naturellement. La translation approuvée par l'Université, aussi bien que par les officiers du Châtelet et le prévôt des marchands, avait été consentie par les supérieurs de Lisieux. Plus de

[1] Voir les notes du chap. XXVIII.

cent cinquante mille livres avaient été dépensées pour disposer la chapelle et les bâtiments à recevoir ces nouveaux hôtes. Il était convenu que les régents admettraient dans leurs classes les boursiers des colléges réunis; mais, à peine installés, ils témoignèrent tant de répugnance, qu'on fut obligé d'appeler, à leur place, l'exercice de Dormans-Beauvais. Entre autres griefs, ils prétendaient que la translation n'avait pas eu l'agrément du roi, parce que le chancelier avait écrit à l'abbé de Sainte-Geneviève, que Sa Majesté la désapprouvait. Ceux à qui on opposait cette résistance, c'étaient un procureur général, un président au parlement; c'était un conseiller qui devint contrôleur général, quelque temps après. Comment devaient être traités d'anciens fonctionnaires de l'Université, qui n'avaient pour protection, que le souvenir d'une magistrature qu'ils n'exerçaient plus ? Ils avaient bien parmi eux un recteur exerçant, mais la cause du recteur n'était plus celle de toute l'Université. Il n'y avait plus communauté d'intérêts ; les jésuites n'étaient plus là pour rallier les esprits devant une compagnie rivale.

Le bureau d'administration se composait d'un président, M. de la Roche-Aymon archevêque-duc de Reims, premier pair de France et grand aumônier ; de quatre officiers du parlement, l'abbé Terray, le président Rolland, MM. Roussel de la Tour et Cochin ; d'un substitut du procureur général, M. Sainfray ; de quatre notables, MM. l'abbé le Gros, chanoine de la Sainte-Chapelle, Vallette-Leneveu professeur émérite et ancien recteur, Poan conservateur des hypothèques, Lempereur conseiller du roi, quartenier de la ville ; et d'un grand maître temporel, M. Fourneau recteur de l'Université.

Après s'être partagé le patronage des colléges réunis, les nouveaux fonctionnaires prirent l'engagement de s'assembler, le premier et le troisième jeudi de chaque mois ; puis on s'occupa de la nomination d'un principal. Sur le refus de M Joly, professeur royal de théologie en Sorbonne, on choisit M. Gardin, professeur de rhétorique au collége d'Harcour.

Le 20 octobre[1], le même jour où le recteur était venu prendre possession du local réservé à l'Université dans le collége de Louis-le-Grand, il fut procédé solennellement à l'installation de M. Gardin. Les commissaires du parlement s'étaient rendus au collége où se trouvaient déjà les doyens des facultés de théologie, de droit et de médecine, les procureurs des quatre nations, les professeurs, maîtres ès arts et grands messagers de l'Université, le recteur, avec les syndics, greffiers et receveurs, composant son conseil. M. Gardin fut d'abord conduit par le recteur à la chapelle : il baisa l'autel, sonna la cloche, entra dans la sacristie, se plaça dans les stalles, et toucha le lutrin ainsi que les deux portes d'entrée, dont il reçut les clefs. Il prit possession du collége, en touchant les trois grandes portes, et en sonnant la cloche des classes. Ces formalités étant remplies, on retourna dans la chapelle, où le principal entonna le *Te Deum*, l'*Exaudiat* et le *Veni Creator* ; ensuite, il dit la messe qui fut chantée en musique. Pendant la célébration de l'office, les commissaires du parlement étaient placés, à droite, du côté de l'épître, et le corps de l'Université, vis-à-vis. Ensuite, toujours en présence des commissaires du parlement et de l'Université, le principal installa les professeurs qui se placèrent dans

[1] 1764.

leurs chaires, en se couvrant la tête. Lorsque toutes ces cérémonies furent achevées, on se réunit dans la salle de l'Université, pour entendre un discours prononcé par M. Desmalles professeur de seconde; puis on retourna dans celle du tribunal pour dresser le procès-verbal. Trois jours après, le roi envoya son portrait au collége de Louis-le-Grand.

CHAPITRE XXIX.

Liquidation des colléges réunis. — Prétentions des novateurs relativement à l'instruction publique. — Difficultés entre M. l'archevêque de Paris et le bureau d'administration. — Vente de la bibliothèque des Jésuites.

Au dedans, tout se renouvelait, les hommes et les choses; au dehors, on avait fait disparaître les insignes de la compagnie de Jésus. A l'ancienne inscription avait été substituée cette autre : *Collegium Ludovici Magni, in quo Academiæ parisiensis œdes alumnique et collegium Dormano - Bellovacœum, ex munificentiá Ludovici decimi quinti Regis dilectissimi.* 1764. Sur les battants de la porte d'entrée, on avait sculpté deux médaillons : l'un à l'effigie de Louis XIV, l'autre à celle de Louis XV. On frappa aussi des jetons représentant, d'un côté, l'image des deux princes avec ces mots : *Collegii fundatores Augusti*, et, sur le revers, une montagne dont sortaient plusieurs sources se réunissant dans un même bassin et formant, dès leur naissance, un fleuve. La légende portait : *Major e confluvio ubertas ;* et l'exergue : *Coll. Lud. Mag. acad. ex munificentiâ Ludovici dilectissimi. M. DCC. LXIII.*

L'opération la plus urgente, et, aussi, la plus pénible, la plus difficile, la plus épineuse pour le bureau, c'était la liquidation des colléges réunis. Les bourses étaient fondées sur des valeurs de toute espèce, des bois, des étangs, des fermes, des prés, des maisons et une infinité de rentes plus ou moins considérables, de redevances plus ou moins insignifiantes. La plupart de ces propriétés était grevées d'hypothèques ; il ne fallait rien moins que l'activité éclairée et patiente des administrateurs, pour débrouiller ce chaos et porter la lumière au milieu de tant d'intérêts compliqués, dont l'origine se perdait dans la nuit des temps. L'extinction des dettes, l'augmentation des revenus, tout en faisant droit aux justes réclamations des créanciers, telle était l'unique pensée de ces hommes intègres et laborieux qui n'en continuaient pas moins à participer aux travaux de la magistrature. A ne citer que les maisons, elles formaient seules un article de grande importance ; car on en comptait plus de deux cents. C'étaient des loyers à exiger, des baux à renouveler, des réparations à entreprendre. Plusieurs étaient inhabitées par suite de la translation des boursiers à Louis-le-Grand ; il fut décidé qu'elles seraient mises en location. Mais dans ces colléges étaient des chapelles, et dans ces chapelles, des tombeaux sous la sauve garde de l'Église. Le bureau demanda à M. l'évêque de Sidon, grand vicaire de la cathédrale, les dispenses nécessaires pour faire procéder à l'exhumation ; mais ce prélat répondit que

M. l'archevêque de Paris, croyant trouver dans les lettres patentes de novembre 1763, plusieurs articles contraires aux droits de son siége, voulait se pourvoir au conseil du roi, et que, dans les circonstances actuelles, il ne lui était pas possible de donner son consentement, parce que c'était abandonner les droits qu'il se proposait de réclamer.

Ce n'était là qu'un prétexte ; le véritable motif venait de plus haut. Nous avons vu que l'assemblée des évêques s'était prononcée contre l'expulsion des jésuites ; dans le monde, les personnes pieuses qui l'avaient approuvée d'abord, parce que, dans leur pensée, c'était une concession nécessaire, s'aperçurent bientôt que l'arrêt du parlement avait enlevé au christianisme un de ses plus fermes appuis. Les philosophes, qui voulaient s'assurer de l'avenir en s'emparant de la jeunesse, prétendaient confier l'éducation exclusivement aux laïques. « N'est-il pas temps, disaient-ils, de secouer les préjugés de la superstition et de l'ignorance? Est-ce pour le cloître ou pour la société que nous devons élever nos enfants! A quoi bon toutes ces pratiques minutieuses des communautés, dont le moindre inconvénient est de perdre un temps précieux, et qui rétrécissent l'esprit? Où est l'utilité de ces langues mortes dont l'étude consume inutilement les sept plus belles années de la vie? Sommes-nous destinés à parler grec ou latin dans la société? De tous les colléges dirigés par les corporations ou par les religieux séculiers, citez-nous un professeur célèbre, un littérateur distingué, un mathématicien profond, un bon philosophe! Il s'agit de refondre l'éducation, de l'établir sur des bases larges et libérales; il nous faut un plan d'études en rapport avec les progrès des lumières et les besoins de la philosophie. »

La réponse ne manquait pas à ces discours. « Vous parlez de superstition et d'ignorance; expliquez-vous franchement comme dans vos livres, et avouez que vous ne voulez pas de la religion de Jésus-Christ. Mais où est le culte qui doit remplacer le christianisme, où est le code de morale que vous prétendez substituer à l'Évangile? Partout vous battez en ruine, et vous n'édifiez nulle part. Vous proscrivez nos colléges, pourquoi? parce que, dans nos colléges, l'éducation repose sur la religion, parce que l'enseignement y est basé sur la langue latine qui est celle de l'Église catholique.

« Vos fils ne sont pas destinés à parler grec ou latin, dites-vous; au moins devront-ils parler français : est-il un moyen plus sûr pour connaître une langue, que de l'étudier dans les sources d'où elle dérive? Mais ce n'est pas assez de bien dire, il faut savoir penser et agir : quels hommes ne promettent pas à la société ces enfants dont l'esprit et le cœur, par le travail de l'interprétation, s'identifient avec l'esprit, avec le cœur d'un Virgile, d'un Cicéron, d'un Démosthènes! Ce feu de la liberté qui a traversé tant de siècles avec la monarchie, vous le devez à cette conversation intime du jeune âge avec les génies les plus fiers, les plus indépendants de Rome et d'Athènes.

« Les voilà ces études classiques dont vous parlez avec tant de mépris! Ces colléges, à vous entendre, séjours de la superstition et de l'ignorance, ont formé les génies les plus brillants, les caractères les plus généreux dont s'honore la patrie. Nous leur devons Corneille, Racine, Molière, Voltaire qui tiennent le sceptre de la poésie; Bossuet, Massillon qui faisaient retentir la vérité à l'oreille des rois! Nous leur devons Sirmond, Descartes, Tournefort, Fénélon, Huet, Fontenelle, Montesquieu, Buffon, la Condamine, Cassini, tous élevés par les jésuites. On pourrait en nommer bien d'autres; mais voyez si vous ne trouverez pas là des professeurs, des littérateurs, des orateurs, des mathématiciens, des philosophes! Les méthodes peuvent être perfectionnées : oui, sans doute, mais il y a folie à vouloir agrandir la sphère de l'enseignement dans les colléges. Les progrès d'un enfant doivent être ceux d'un enfant : pourquoi vouloir qu'ils soient ceux d'un homme ? Le goût des lettres est tout ce que les colléges peuvent inspirer; ils ouvrent la carrière, c'est au génie à la parcourir. »

Malgré les déréglements de sa vie privée, Louis XV avait conservé les principes religieux qu'il avait reçus du cardinal de Fleury, dans sa jeunesse. Encore étourdi du coup dont il avait frappé les jésuites, il repoussa avec indignation la pensée d'exclure le clergé de l'instruction publique. En donnant son adhésion à l'arrêt qui condamnait l'institut, il avait cédé moins à son inclination qu'à la force des circonstances et à ce qu'il croyait l'intérêt de son repos; il avait fait violence à son caractère naturellement porté à la douceur. Aussi, quand il fut décidé que le collége de la Trinité, à Lyon, serait confié aux oratoriens, le roi témoigna des scrupules. Il craignait de revêtir ces derniers des dépouilles des jésuites, parce que l'ordre du cardinal de Berulle avait été constamment en lutte avec celui de Loyola. L'archevêque de Reims et l'évêque d'Orléans, qui venaient travailler aux lettres patentes chez le premier président Molé, eurent ordre d'enjoindre aux commissaires du parlement de signifier, dans le préambule, qu'en plaçant les oratoriens dans le collége de la Trinité, l'intention du roi était d'exciter une émulation salutaire entre ce collége et celui de Roanne dirigé par les prêtres de Saint-Joseph.

Ces dispositions du roi expliquent la lettre du chancelier à l'abbé de Sainte-Geneviève, et, jusqu'à un certain point, le refus de l'archevêque de Paris, qui croyait ne pas déplaire à la pensée intime du monarque. On comprend d'ailleurs le juste effroi de ce prélat, à la vue des tentatives qui avaient pour but d'éliminer les ecclésiastiques de l'Université, dans un temps où l'édifice social était ébranlé, de toute part. Après une seconde requête qui n'eut pas plus de succès que la première, le bureau s'adressa à l'archevêque de Lyon, primat, et, en cette qualité, supérieur de l'archevêque de Paris, qui permit d'exhumer les corps des fidèles qui reposaient dans les chapelles des colléges abandonnés, avec autorisation d'enlever les pierres bénites, de démolir les autels, et de transporter dans la sacristie du collége de Louis-le-Grand, les vases sacrés, linges et ornements, ainsi que les épitaphes et les tombeaux. Les curés, qui devaient se charger des formalités et des cérémonies usitées en pareil cas, ne firent aucune difficulté pour s'entendre avec les administrateurs ; mais, après les opérations nécessaires pour rendre aux usages profanes la chapelle des Cholets, lorsqu'il fût question de signer le procès-verbal sur le registre mortuaire de Saint-Étienne, le curé déclara avoir agi en conséquence d'un acte extrajudiciaire à lui signifié, le même jour, à la requête de l'archevêque de Paris, et d'une ordonnance de ce prélat qui déclinait la juridiction du primat. Les administrateurs en ayant appelé au parlement, comme d'abus, un arrêt fut rendu qui déclarait nuls l'ordonnance de l'archevêque de Paris et l'acte extrajudiciaire, avec injonction au greffier de la cour de les rayer et biffer des registres de la paroisse. Dans sa requête, Omer Joly de Fleury, portant la parole pour le procureur général, invoqua la bulle de Grégoire XV qui, érigeant l'Église de Paris en métropole, l'assujettit à la primatie de Lyon, et les capitulaires de Charlemagne qui renvoient au primat les plaintes élevées contre le métropolitain.

Le passif des colléges réunis montait à plus de 450,000 livres, en rentes constituées, et à près de 240,000 livres en dettes exigibles. L'aliénation des bâtiments abandonnés n'ayant pas suffi pour l'amortir, le collége de Louis-le-Grand fit l'abandon du quart de réserve des futaies de l'abbaye de Saint-Martin-aux-Bois, et vendit sa bibliothèque.

Le roi paya 6,000 livres deux cent soixante-dix-huit manuscrits, et le bureau acheta, pour 18,109 livres, une quantité de volumes assez considérable. Il voulait les joindre à ceux que M. de Montempuis avait légués à l'Université; l'Université, après bien des refus, consentit enfin, mais elle mit pour condition que ses livres seraient distingués par un cachet particulier, à ses armes. La bibliothèque du collége de Louis-le-Grand fut placée, au second, dans le bâtiment de Harlay, entre les cours des Émérites (petit collége) et du Bassin; celle de l'Université également, au second, dans une aile qui fait angle avec le bâtiment de Harlay, et se trouve adossée à la cour de l'infirmerie.

Avec le produit de toutes ces ventes, les créanciers ne pouvaient être encore satisfaits; il fallut que le ministre autorisât deux emprunts, le premier en rentes perpétuelles, à 4 pour 100, au principal de 250,000 livres; le second de 200,000 livres, en rentes viagères. Tous ces actes se faisaient, aux dépens et au nom du collége de Louis-le-Grand qui par tant de sacrifices et d'obligations, acquérait de nouveaux titres à la propriété, et s'unissait plus étroitement avec les petits colléges qui s'identifiaient avec lui.

La liquidation terminée laissait au collége de Louis-le-Grand 450,000 livres de rentes. Le bureau s'occupa de l'affaire importante des bourses auxquelles on affecta des fonds inaliénables dont la valeur, susceptible d'amélioration avec le temps, assurait à l'avenir l'espoir d'en augmenter le nombre; et, afin de rappeler incessamment aux boursiers les obligations que leur imposait la reconnaissance, il fut ordonné que chacun d'eux porterait une médaille où serait gravé le nom de son bienfaiteur.

L'esprit de sage économie qui présidait aux opérations du bureau fut dignement récompensé. Le nombre des bourses, qui d'abord ne dépassait pas cent quatre-vingt-cinq, fut bientôt porté à quatre cent quatorze, pour s'élever, plus tard, à six cents. Toutes furent constituées sur une base uniforme, et fixées à 400 livres. Les chambres particulières furent supprimées, et tous les pensionnaires assujettis à la vie commune ; mesure pleine de sagesse, qui établissait l'égalité parmi les élèves, et facilitait le maintien de la discipline, en simplifiant la surveillance.

CHAPITRE XXX.

École des Jeunes de langue. — Etablissement du concours pour l'agrégation. — Opposition du principal du collége d'Harcourt.

On rappela aussi les jeunes de langues qui avaient été distraits du collége de Louis-le-Grand, en 1762. Le duc de Praslin écrivit au bureau, de la part du roi, que, bien qu'annexée au collége de Louis-le-Grand, cette école conservait son titre, ses statuts et ses priviléges. On lui donna pour directeur un de ses anciens élèves, M. de Cardonne secrétaire interprète de Sa Majesté, et le monarque lui envoya son portrait qui fut placé dans l'endroit le plus apparent de la salle d'étude.

Toutes ces dispositions avaient été arrêtées, de concert avec les commissaires du parlement. Cependant les administrateurs ne perdaient pas de vue l'intention spéciale du roi qui, en restaurant le collége de

Louis-le-Grand, voulait créer une pépinière de bons maîtres pour l'Université. La qualité de maître ès arts ne représentait qu'un titre vain que ne justifiaient plus les connaissances que ce grade exigeait autrefois. Des épreuves étaient nécessaires pour garantir la capacité des professeurs : le concours pour l'agrégation fut établi ; et, afin que la *première école chrétienne* possédât les revenus suffisants pour procurer une aisance honnête à ses maîtres, le roi se décida à faire droit aux justes réclamations de l'Université, et lui accorda les 113,000 livres qui complétaient le vingt-huitième effectif du bail des postes, qu'elle n'avait pu obtenir jusqu'à ce jour.

Ce fut l'objet des lettres patentes du 3 mai 1766, [1] et du règlement donné pour leur exécution, le 10 avril de la même année. Outre les membres du bureau, les magistrats du premier ordre furent consultés pour la rédaction de ces lois, et, singulièrement, MM. de l'Averdy alors contrôleur général, d'Aguesseau et Gilbert. On prit aussi l'avis des personnages les plus considérables du corps enseignant, notamment, du célèbre Lebeau.

Malgré ces précautions, et bien que l'Université eût elle-même demandé le concours pour l'agrégation, non-seulement par une délibération du 26 octobre 1765, mais encore par un mémoire déposé au greffe trois ans auparavant, la satisfaction n'était point générale dans le monde enseignant. Surtout la nation de Normandie se montrait mécontente. Entre tous ses affiliés, Louvel principal du collége d'Harcourt se faisait remarquer par la critique amère des actes du bureau.

Un jour, c'était dans la salle de la bibliothèque, à

[1] 1766.

Louis-le-Grand, on s'entretenait devant lui des constitutions de l'Université qui avaient traversé, disait-on, les orages politiques, sans recevoir la moindre atteinte : « L'Université par la forme de son gouvernement a réalisé le beau idéal de la république. Cette liberté que la France veut aujourd'hui à tout prix, elle était connue de nos anciens qui jouissaient paisiblement de ses bienfaits ; mais nous, plus heureux que nos devanciers, nous avons un port assuré dans nos vieux jours. » Telles étaient les paroles que les jeunes régents répétaient avec enthousiasme. Le principal d'Harcourt alla prendre silencieusement plusieurs volumes in-folio, et, après les avoir étalés sur une table : « Vous parlez de liberté, dit-il ; jadis, dans l'Université, on prononçait le mot moins souvent, mais on s'occupait davantage de la chose. Voulez-vous savoir comment on entendait la liberté, dans ce temps-là ? Écoutez : en 1229, une troupe d'écoliers, après avoir pillé la maison d'un cabaretier, au faubourg Saint-Marcel, se jeta dans les rues, maltraitant tous ceux qu'ils rencontraient, sans distinction d'âge ni de sexe. La reine Blanche envoya contre eux le prévôt avec ses archers ; quelques-uns furent tués, plusieurs furent blessés. Le recteur ferma les classes, et ne consentit à les ouvrir, qu'après avoir obtenu satisfaction de la cour. Sous Philippe-le-Hardi, l'abbaye de Saint-Germain prétend bâtir dans l'avenue du Pré aux Clercs. Les écoliers s'y opposent. Les moines sonnent le tocsin, rassemblent leurs vassaux et fondent sur les écoliers. Deux de ces derniers moururent, peu de jours après, des suites de leurs blessures ; mais, dès le lendemain, l'Université recevait réparation : le légat avait condamné le prévôt de l'abbaye à une pénitence de cinq ans. Ce n'était pas assez, le roi lui-même ordonna que les moines de Saint-Germain fonderaient, pour le repos de l'âme des deux jeunes gens, deux chapelles, l'une dans l'église des religieux du Val des Écoliers, l'autre dans l'ancienne église de Saint-Martin, près les murs de l'abbaye; qu'ils doteraient chacune de ces chapelles, de 20 livres parisis de revenu, et que les desservants seraient à la nomination du recteur. De plus, l'abbé fut condamné à une amende de 600 livres tournois, au profit des parents des deux écoliers qui avaient été tués, et à 200 livres pour être distribuées en aumônes aux membres les plus pauvres de l'Université. Quant à ceux des vassaux de l'abbaye, que l'on enveloppa dans l'accusation, quatre des plus coupables furent bannis du royaume, jusqu'à ce qu'il plût au roi de les rappeler, et six autres furent chassés de la prévôté de Paris, pour quatre mois. Cet arrêt est de juillet 1278. Mathieu de Vendôme abbé de Saint-Denis était alors le chef du conseil du roi, circonstance qui ne procura aucune grâce à ses confrères de Saint-Germain-des-Prés. Les pages de Savoisy chambellan du roi Charles VI avaient osé troubler la procession de l'Université; une affaire sérieuse s'ensuivit entre les étudiants et la maison de ce seigneur, il y eut du sang répandu. A la requête du recteur qui déjà avait interrompu les leçons et défendu aux prédicateurs de monter en chaire, le premier président se transporta à l'hôtel de Saint-Pol auprès de Sa Majesté, et là, en présence des princes du sang et des principaux seigneurs de la cour, il prononça, au nom du roi, que la maison de Savoisy serait démolie, que ce seigneur fournirait le fonds de 100 livres de rente perpétuelle pour doter cinq chapelles, qu'il payerait 1,000 livres de dommages et intérêts aux blessés, et 1,000 autres livres à l'Université. Ses gens furent traités plus rigoureusement encore ; trois furent condamnés à faire amende honorable devant l'église de Sainte-Geneviève, au carrefour de Saint-Severin et devant l'Eglise de Sainte-Catherine du Val des Écoliers, à être fustigés par la main du bourreau, et bannis pour trois ans. La personne de Savoisy lui-même n'aurait pas été plus épargnée, sans la qualité de clerc non marié, qui le sauva. »

Le principal d'Harcourt s'exprimait avait feu, et citait, à l'appui de ses paroles, différents passages de Duboullay et de Félibien, qu'il avait marqués d'avance. « Peut-être, ajouta-t-il, êtes-vous curieux de savoir encore quels étaient les juges de l'Université? Elle ne reconnaissait d'autre juridiction que celle du roi. Écoutez Gerson qu'elle avait choisi pour défenseur dans ce dernier procès. La fille du roi, dit-il, ne peut, de présent, avoir accès à sa royale personne. Elle est comme orpheline... si faut qu'elle preigne son recours, sa défense et refuge à son haut trône de justice où sied et se repose son autorité royale; et qui est ce trône de justice! n'est jà besoing que je le die, chacun le sent : c'est, par excellence, cette cour très honorable du parlement, ce sénat des Pères conscripts.... La fille du roi, puisqu'elle n'a la présence de son père en personne, prend son recours à son trône, où repose sans muer ou défaillir sa royale autorité.... Elle vient ici, non pas comme devant juges ordinaires, mais comme devant ceux qui représentent le roi, et si non, quant à personne, au moins quant à autorité.

« L'Université était libre alors, mais non pas sous le bon plaisir d'une administration étrangère qui abroge ses lois pour en imposer de nouvelles, sans respect pour ses statuts et ses anciennes traditions; qui porte une main sacrilége sur le patrimoine des orphelins, sur les bourses, fondations pieuses, demeurées inviolables, durant tant de siècles, placées qu'elles étaient sous la sauvegarde de la société et de la religion. Dans ce temps-là, on avait la simplicité de croire qu'il est une chose préférable à la science, et qu'il ne suffit pas d'être savant pour être digne d'instruire la jeunesse. On ne connaissait pas le concours pour l'agrégation; mais on choisissait les régents dans les colléges, parmi les anciens élèves dont on avait pu apprécier le talent et le caractère; on était sûr de ne placer à la tête des classes, que des hommes qui joignaient une vertu reconnue à une capacité éprouvée. »

« Il nous faut donc regretter les jésuites? répliqua un des assistants. — Vous parlez des jésuites, reprit avec impétuosité le principal d'Harcourt, Eh bien! sachez que l'expulsion des jésuites est, en France, pour l'Université, ce que fut autrefois pour la république, à Rome, la ruine de Carthage. L'émulation qui animait les deux compagnies rivales, tenait les esprits en haleine et tournait au profit de l'enseignement. Qu'est devenue cette ardeur qui enflammait les maîtres et les élèves? Ne dirait-on pas que les jésuites ont emporté avec eux le feu sacré des bonnes études? Depuis quatre ans qu'ils ont quitté Paris, le zèle est mort dans nos écoles, et, à l'exception de notre Lebeau qui appartient à leur époque, nous ne voyons pas un maître de quelque renom. Parmi tous ces professeurs improvisés à Louis-le-Grand (car ce ne sont plus des régents que l'on veut aujourd'hui), en est-il un seul qu'on puisse comparer à du-Cerceau, à du-Baudory? Au moins, dites-vous, nous n'avons plus rien à craindre de cette maison ambitieuse, l'objet des prédilections de la cour et des faveurs du pouvoir. Qu'avons-nous gagné, je vous prie, même sous ce rapport? Les Cholets, qui avaient pu résister aux prétentions des jésuites, n'ont-ils pas été abandonnés à Louis-le-Grand? Que dis-je les Cholets? Vingt-cinq colléges de Paris, avec tous leurs biens, fonds et revenus, l'Université elle-même avec son conseil, ses archives et sa bibliothèque, sont venus s'abîmer dans ce gouffre qui menace de tout engloutir ! »

On croirait entendre le rude langage des anciens recteurs. Mais, en France, la parole ne laisse dans les esprits qu'une impression passagère ; il n'en est pas de même de la presse dont les discours, gravés en lettres vivantes, captivent l'attention du lecteur et remuent fortement les passions. Convaincue de cette vérité la nation de Normandie fit paraître un mémoire, *l'Universitaire*, qui faisait la satire des opérations des administrateurs. L'Universitaire fut lu avec empressement par tous ceux que l'expérience du passé mettait en garde contre les innovations. Il ne s'agissait de rien moins, dans cet écrit, que de revenir sur tout ce qui avait été fait, depuis 1762, pour la réunion des boursiers et la réforme de l'éducation.

[1] L'arrêt de la grand'chambre qui le comdamne au feu comme calomnieux, séditieux, injurieux à la majesté royale, n'empêcha pas les réclamations de plusieurs supérieurs majeurs. Il y eut même des remontrances, au nom de l'Université ; en un mot, cette affaire devint assez sérieuse pour qu'il parût convenable au ministère de charger M. Lenoir d'en conférer avec le bureau.

Pour cet effet, ce magistrat se transporta au collége de Louis-le-Grand. Il entra dans les détails les plus minutieux, et partout il trouva l'occasion d'admirer le zèle

---

[1] 1767.

éclairé et désintéressé des administrateurs. Le résultat de cette épreuve fut donc de mettre au grand jour la loyauté du président Rolland, surtout, qui l'avait demandée, et le roi témoigna hautement sa satisfaction d'avoir si bien placé sa confiance.

CHAPITRE XXXI.

Decalogne élève du collége de Louis-le-Grand.

—

L'écolier chrétien dont Lebrun jésuite avait tracé le modèle, dans un petit livre dédié à ses jeunes amis de Clermont, celui que l'imagination de ce Père avait doté de tous les trésors de la vertu, vivait alors au collége de Louis-le-Grand, sans se douter de l'admiration qui l'environnait. Decalogne de Laperrie était boursier des Cholets. Ses premières années n'avaient eu de remarquable qu'une vivacité qui pensa lui être funeste. Un jour qu'il courait, à l'étourdie, dans un jardin, il tomba dans un puits qui fort heureusement n'avait point d'eau. Il se félicitait d'avoir échappé à la mort, quand la maçonnerie peu solide, ébranlée par sa chute, s'écroula en partie, et l'aurait infailliblement écrasé, si la providence ne lui avait pas ménagé une retraite : c'était une petite cellule pratiquée dans le roc, et dans laquelle il se jeta. On le cherchait de tous côtés ; on l'entendit qui appelait du fond de ce puits. Personne ne doutait qu'il ne fallût désespérer de ses jours, quand, à la surprise de tous, il reparut plein de vie, protestant qu'il ne s'était fait aucun mal, et courut à la maison, se jeter dans les bras de sa mère que la nouvelle de cet accident avait frappée d'un mortel saisissement.

Cette bonne mère était sérieusement alarmée d'une si grande pétulance. Il tomba malade ; elle profita de cette circonstance, pour lui faire de tendres reproches : « Mère chérie, lui dit-il en l'embrassant, soyez sûre que le jour viendra, où je vous donnerai autant de satisfaction, que je vous ai causé de chagrin jusqu'ici. »

Ce fut peu de temps après, qu'il entra au collége de Louis-le-Grand. Les regrets de la maison paternelle, en lui rappelant sa mère, le fortifièrent dans l'engagement qu'il avait pris. Il apporta moins de répugnance à l'étude. Il s'en fallait bien cependant qu'il fût exempt de reproches : il avait à lutter contre une inclination naturelle qui le portait à la colère et à l'orgueil. Ce n'est qu'après sa première communion, qu'il mérite d'être nommé l'écolier vertueux.

Decalogne n'est point un de ces êtres priviligiés qui réunissent toutes les perfections du corps et de l'esprit. Ce n'est point un héros de roman : Si on le compte au nombre des bons élèves de sa classe, les succès qu'il obtient, il les doit autant à son application au travail, qu'à ses dispositions naturelles. Sa vie est celle du collége, avec ses exercices réguliers, avec ses rivalités, ses chagrins et ses plaisirs.

Comme son humeur est égale, douce, patiente ! Un de ses camarades l'accusait d'avoir été délateur. Son noble cœur souffrait cruellement d'une pareille calomnie ; mais en vain il protestait de son innocence, il était brutalement repoussé ; on exigeait de lui un aveu qui était un mensonge, une lâcheté. Un jour, il voit ce jeune homme se promenant à l'écart. Il vient à sa rencontre. Celui-ci veut l'éviter, il l'arrête. « Mon ami, lui dit-il, je ne puis avouer une faute que je n'ai pas commise ; mais, parce que je ne suis pas coupable, faudra-t-il que tu me regardes, toute la vie, comme ton ennemi ? » Celui qui l'entendait se sentit désarmé par l'expression touchante qui accompagnait ces paroles ; il se jeta à son col, et lui demanda son amitié. Je n'ai pas besoin d'ajouter qu'il devint un des meilleurs sujets de la maison ; aimer Decalogne, c'était aimer la vertu.

Il voulait que tous fussent bons comme lui, cet excellent jeune homme. Si un de ses camarades s'oublie, se dérange, c'est un malheur qui le préoccupe vivement. Il tombe dans la tristesse, et ne reprend sa gaîté qu'après l'avoir ramené à son devoir. Avec quelle adresse affectueuse et délicate il a su ménager son amour-propre ! Combien a dû coûter une pareille entreprise à cette modestie craintive qui s'effraye des moindres louanges, qui s'alarme de la conscience de son mérite !

On aime à le suivre, dans la cour où il se mêle aux divertissements de ses camarades ; au réfectoire, où il partage son dessert entre les enfants qu'il est chargé de servir ; à la chapelle, où il prie Dieu avec tant de ferveur ; dans ces promenades, où il admire le recueillement des invalides prosternés aux pieds des autels, où il aperçoit un de ces vieux soldats mutilés, vider sa bourse dans les mains d'un pauvre. Il court le montrer au maître, à ses camarades, en s'écriant : « Voyez la charité de ce brave homme! ne lui ferions-nous pas volontiers l'aumône, s'il nous la demandait, et voilà qu'il la fait lui-même aux autres?

Plus on le voyait de près, plus on l'aimait, parce qu'on apprenait mieux à le connaître ; aussi avait-il autant d'amis que de camarades dans la salle d'étude. Était-il question de faire passer un de ses condisciples dans un autre quartier ? Le principal devait désigner le dernier venu. C'était l'unique moyen de mettre fin aux réclamations. Aucun ne voulait être séparé de Decalogne, on était si heureux auprès de lui! Mais le moment approchait où Decalogne devait les quitter pour toujours! « Je ne comprends pas, disait-il à deux de ses camarades avec lesquels il se promenait, je ne comprends pas comment nous perdons si aisément de vue la pensée de la mort, tandis qu'elle peut nous surprendre, à chaque instant. Qui sait si elle n'est pas déjà prête à frapper quelqu'un de nous trois! »

Peu de jours après cette conversation, il était la proie d'une maladie cruelle qui le conduisit à l'infirmerie, et de l'infirmerie au tombeau. Longtemps on a montré la porte que ses amis n'abordaient qu'en tremblant pour s'informer de ses nouvelles, la cellule où il endura avec tant de résignation les souffrances d'une fièvre aiguë, le lit sur lequel il s'est endormi dans le sommeil de la mort,[1] le sourire sur les lèvres, pressant contre sa poitrine le signe de la rédemption!

A la mort de Decalogne le deuil fut général au collége de Louis-le-Grand. Quelle que fût la tristesse des élèves, cependant, elle ne surpassait pas la douleur des maîtres. Le principal M. Gardin se montrait particulièrement

[1] 24 décembre 1768.

affecté. Il ne pouvait s'accoutumer à la perte de cet aimable enfant dont la vue le consolait des fatigues attachées à ses pénibles fonctions. Le temps, au lieu de diminuer ses regrets, ne fit que les rendre plus vifs. Les doctrines funestes qui affligeaient la société, commençaient à s'introduire dans le collége. A la vue de cette défiance qui séparait les élèves des maîtres, chaque jour, davantage, de cet esprit frondeur qui demandait raison à la discipline de ses exigences et à l'autorité administrative de ses actes, M. Gardin perdit courage. [1] Il offrit sa démission, le 10 janvier 1770; elle ne fut acceptée qu'au mois d'août de la même année, époque où fut nommé principal du collége de Louis-le-Grand, M. Poignard, prêtre, docteur en théologie de la maison et société de Navarre.

[1] 1770.

CHAPITRE XXXII.

Retraite du bureau d'administration. — Son retour au collége de Louis-le-Grand. — Robespierre. — Le désordre s'introduit au collége de Louis-le-Grand.

[1] La dispersion du parlement, qui devait jeter tant d'embarras dans tous les services publics, priva le bureau d'administration de ses membres les plus capables et les plus dévoués. Ils furent remplacés par M. Berthier de Sauvigny, en qualité de premier président, MM. de Bonnaire, Mignot, Luker comme conseillers de la grand'chambre, et le nouveau procureur général. Les notables étaient MM. Bonnet grand maître de la maison de Navarre, Coppette ancien principal du collége de Reims, Vallé professeur émérite de l'Université de Paris, auxquels furent adjoints les abbés Legros et Maistrel déjà en titre, et M. Gardin dont les lumières et l'ex-

[1] 25 septembre 7771.

périence étaient devenues nécessaires dans ce conseil improvisé à la hâte. La gestion de ces nouveaux administrateurs dura jusqu'au rappel du parlement qui ramena [1] l'ancien bureau. Elle ne fut pas heureuse pour le collége de Louis-le-Grand, car elle laissa un déficit de 200,000 livres justement attribué à son incurie et aux malversations d'un sieur Hardouin mis à la place de M. Héron, l'ancien économe qui avait été brutalement destitué par le chancelier Meaupou.

Les anciens administrateurs rentrés en fonctions révisèrent tous les actes du bureau intermédiaire; quelques-unes de ses délibérations, mais en très petit nombre, furent confirmées en vertu de la loi *Barbarius Philippus*, les autres réformées en entier, ou même annulées, tant comme non homologuées, que comme contraires aux édits, règlements et arrêts. Une interruption de six années dans leurs travaux, au lieu de ralentir le zèle de ces hommes de bien, semblait l'animer d'une nouvelle ardeur. C'est le bureau d'administration qui établit une infirmerie, qui fixa des logements dans le collége aux professeurs et aux émérites dont le sort fut assuré par des pensions de retraite. Il faudrait un volume pour ne rapporter que les règlements d'utilité générale qu'il établit, et dont les bons effets durent encore. Avant de terminer avec ce conseil qui tient une place si considérable dans l'histoire du collége de Louis-le-Grand, je rapporterai deux délibérations extraites du registre des séances :

La première est un hommage à la mémoire de Decalogne. Le père de Jean-Louis-Marie-Geneviève Decalogne dont la vie a été donnée au public, sous le

---

[1] 30 août 1777.

nom de l'Écolier vertueux, prie le bureau de vouloir bien, en considération des bons exemples que son fils a donnés dans le collége, gratifier d'une bourse un autre de ses enfants, Victor-Henri-Marie; la bourse est accordée sur-le-champ et à l'unanimité.

Cette délibération porte la date du 6 septembre 1777; voici le texte de la seconde.

« [1]Aujourd'hui 19 juillet 1781, sur le compte rendu
« par M. le principal, des talents éminents du sieur de
« Robespierre, boursier du collége d'Arras, lequel est
« sur le point de terminer son cours d'études; de sa
« bonne conduite pendant douze années, et de ses suc-
« cès dans le cours de ses classes, tant aux distributions
« des prix de l'Université, qu'aux examens de philoso-
« phie et de droit : le bureau accorde audit sieur de
« Robespierre une gratification de la somme de six cents
« livres, laquelle lui sera payée par M. le grand maître,
« des deniers du collége d'Arras, et ladite somme sera
« allouée à M. le grand maître, dans son compte, en
« rapportant expédition de la présente délibération et
« la quittance dudit sieur de Robespierre. »

Dans cette récompense à Robespierre sortant du collége, il faut voir autre chose que l'action du bureau qui ne remplissait qu'un rôle passif, puisqu'il réglait ses décisions sur le rapport des maîtres et des professeurs. En parcourant le registre des délibérations, on voit que le bureau était dans l'usage d'accorder des gratifications aux élèves qui se distinguaient par le travail et la docilité; mais, dans aucun autre cas, il n'est fait mention d'une somme aussi forte. Il ne s'agit pas seu-

[1] 1781.

lement des succès classiques du jeune homme, il est parlé de sa bonne conduite pendant douze années. Nous ne voulons pas nous arrêter aux traditions de collége qui le représentent, au contraire, annonçant, dès-lors, ce qu'il a été dans la société ; mais, il faut bien le dire, l'Université n'était plus que l'ombre d'elle-même, et, si les formes se maintenaient encore, l'esprit n'existait plus. Ce n'était plus cette sollicitude inquiète et consciencieuse qui voyait, dans l'éducation de l'enfant, l'avenir de l'homme ; on se contentait d'une surveillance superficielle qui s'arrêtait au dehors, sans se mettre en peine d'aller plus avant. L'hypocrisie a beau jeu avec un pareil système : tel sujet taciturne, sombre et méchant pouvait être cité pour modèle aux Legris-Duval, aux de Cheverus, peut-être, qui avaient, au collége, la vivacité et l'abandon du jeune âge.

Quand, par une lâche insouciance, les hommes chargés de former le cœur de la jeunesse, trahissent leur devoir, ce sont les élèves eux-mêmes qui font entre eux leur éducation. Dans cet état de choses, malheur au collége où le vice est armé de la force brutale, et il l'est presque toujours! L'autorité, honteusement abdiquée par le maître, appartient aux élèves les plus dangereux qui ne veulent plus voir dans leurs camarades que des complices. C'est ce qui arriva au collége de Louis-le-Grand, lorsque l'esprit d'irréligion qui désolait la France, eut pénétré dans les maisons de l'Université. La tâche du principal, qui n'était plus secondé, était devenue impossible. L'abbé Poignard donna sa démission, huit ans après M. Gardin. Dans un discours adressé au bureau, il se plaint, avec amertume, des peines de tout genre qu'il a éprouvées durant son administration. L'abbé Bérardier, docteur et syndic de la faculté de théologie de Paris,[1] qui le remplace, abandonne à M. Romet,[2] son coadjuteur, ses fonctions et son titre. L'abbé Bérardier, comme les honnêtes gens, à cette époque, avait salué de ses vœux une révolution qui promettait, avec la répression des abus, l'égalité devant la loi. Député aux États-généraux, il ne croyait pas assister à l'ouverture du drame terrible qui devait consterner la France; il ne voyait pas les épreuves douloureuses que l'avenir réservait à sa vieillesse; les proscriptions de Robespierre et de Saint-Just, les horreurs de la prison, les massacres de septembre et le couteau sanglant que Camille Desmoulins détournerait de sa tête, Camille Desmoulins, élève de Louis-le-Grand comme Robespierre et Saint Just, mais dont le cœur s'émut au souvenir du collége, et qui, dans l'emportement des passions politiques, sut être fidèle à l'amitié et à la reconnaissance.

[3] Jusque là, les apparences de l'ordre se maintenaient, la régularité des exercices n'était pas interrompue : mais, un jour, au mois de juillet, après la récréation du déjeuner qui avait lieu dans les salles, comme la cloche annonçait l'heure de la classe, les élèves descendent les escaliers, en tumulte, et se précipitent dans les cours en criant : au champ de Mars! Sans écouter la voix des maîtres qui veulent les arrêter, ils franchissent la grande porte qui se trouvait ouverte pour le passage des externes, et se jettent dans le Plessis dont ils emmènent les élèves avec eux. Au Plessis comme à Louis-le-Grand, les professeurs qui avaient commencé leur leçon, avaient essayé de les retenir; quelques-uns se décidèrent à les accompagner pour arrêter, autant

[1] 1778. [2] 1788. [3] 1790.

que possible, le désordre. Cette longue file de jeunes gens, qui se tenaient par le bras, traversa une partie de la ville, au milieu de l'étonnement général. On s'arrêtait dans les rues, on se mettait aux portes pour les voir passer. Arrivés au Champ de Mars, ils se mêlent aux ouvriers et aux bourgeois qui remuaient la terre, et travaillaient à élever les tertres qui se voient aujourd'hui, destinés, alors, à servir d'amphithéâtre pour la fête de la fédération. Le soir était arrivé, les ténèbres devenaient plus épaisses, et ils n'étaient pas de retour au collége. On aurait peine à se figurer l'inquiétude du principal qui les attendait, dans la nuit. Il avait envoyé successivement plusieurs maîtres pour veiller sur leur conduite et revenir lui rendre compte de ce qui se passait, mais aucun n'avait reparu. Enfin, les élèves rentrèrent au collége; il était dix heures du soir. Les plus grands portaient les enfants sur leurs épaules. Leurs vêtements étaient en désordre; tous tombaient de lassitude et de sommeil.

Une autre fois,[1] pendant la nuit, les élèves sont réveillés en sursaut par des cris et des chants forcenés qui partaient de la cour d'entrée. Ils s'élancent du lit aux fenêtres, et voient, à la lueur des torches, une troupe nombreuse d'hommes à figure sinistre, armés, les uns de fusils, les autres de sabres et de piques. C'étaient les Marseillais qui, après avoir porté la désolation dans Arles, Aix et Avignon, venaient se rendre, à la voix des anarchistes de Paris. Ils devaient être logés au faubourg Saint-Marceau, mais on les avait envoyés provisoirement au collége de Louis-le-Grand. A ce tumulte succéda un silence plus effrayant encore, lorsque ces

[1] 1792.

brigands aperçurent ce qui se passait aux croisées. A la vue de ces têtes hideuses dont les regards se fixaient sur eux, les jeunes gens coururent à leurs lits, et se blottirent tout tremblants sous les couvertures. De leur côté, ces terribles hôtes entrèrent dans les classes du rez-de-chaussée, et se couchèrent sur les bancs. Vingt-trois ans plus tard, ces mêmes classes s'ouvraient à un détachement de Russes, qui vint y passer la nuit du 6 au 7 juillet 1815.

Ce n'était pas assez, le collége de Louis-le-Grand, qui avait reçu les bourreaux, était destiné à garder les victimes. Entre tous les bâtiments, on choisit, pour le convertir en prison, le plus vaste, le plus élevé, celui du Belvédère, dans la cour du bassin, au centre même du collége, afin que, de tous les points de l'établissement, on aperçût le séjour de la désolation. Combien de fois, au milieu de la récréation, les élèves se sont arrêtés soudain, croyant entendre les gémissements des prisonniers! Combien de fois ils ont frémi d'épouvante, au roulement de la fatale charrette qui venait chercher des têtes pour l'échafaud! Comme eux, dans l'âge de l'insouciance et du bonheur, plusieurs de ces infortunés avaient joué dans les cours, théâtre de leurs ébats; comme eux, ils s'occupaient des travaux paisibles de l'étude, dans ces mêmes salles où ils attendent, aujourd'hui, la mort. Mais quel bruit s'est fait entendre, dans la cour de Marmoutiers?[1] La porte cochère qui conduit dans la cour basse s'ouvre, une voiture entre, suivie d'une escorte de gens d'armes: quatre hommes en descendent; le dernier qui met pied à terre est l'objet d'une surveillance inquiète de la part de ceux qui l'ac-

[1] 1794 (an II), 9 thermidor.

compagnent. Tous les quatre se dirigent sous l'arcade, dans l'angle formé par le bâtiment du Belvédère et celui qui est adossé au Plessis. Ils montent le petit escalier qui mène au logement du geôlier. Le prisonnier, sous la garde des gens d'armes, est déposé dans une chambre, à droite du corridor. Robespierre, car c'était lui, Robespierre, qui jusqu'à ce moment avait paru impassible, promène autour de lui des yeux hagards, les muscles de sa figure se contractent. Que de souvenirs se pressent dans sa mémoire! C'est dans cette maison que, nommé boursier par l'évêque d'Arras, il a reçu le bienfait de l'éducation. Ici, étaient les appartements du sous-principal, l'abbé Proyart, dispensateur des bienfaits du prélat. C'est dans cette chambre que les élèves attendaient le moment de lui parler, que, plus d'une fois, lui-même était venu chercher la récompense de son application au travail. Le voilà donc aussi hors la loi, dans ce dépôt de la mort! Quelle ne sera pas la joie des prisonniers, en voyant le tyran prendre place au milieu d'eux, victime à son tour! ou plutôt quelle ne serait pas leur vengeance, s'ils le savaient si près! quels murs, quelles barrières pourraient le soustraire à l'impatience de leur fureur! Telles étaient ses réflexions, sans doute, quand revinrent les agents du comité du salut public. Le geôlier refusait Robespierre; celui du Luxembourg le reçut pour le laisser évader. Mais son heure était marquée par la providence, et le 10 thermidor délivra la France du règne de la terreur.

CHAPITRE XXXIII.

M. Champagne proviseur. — Acquisition de la campagne de Vanvres. — Création de l'Université impériale. — L'ancien collége de Louis-le-Grand devient Lycée impérial. — M. de Sermand proviseur.

Pour avoir une idée de la désolation des écoles, pendant le règne de la terreur, il faut se représenter les tombeaux du respectable Gobinet et du prince de Rohan, au Plessis, ceux de du Cerceau et de Montempuis, à Louis-le-Grand, brisés, transportés dans les cours où ils restaient découverts, montrant aux regards la dépouille des morts profanée. La suppression de l'Université avait fermé les colléges[1] : je me trompe, les classes ne furent pas interrompues à Louis-le-Grand. « Louis-le-Grand était encore le sanctuaire de l'étude. Un homme y conservait le feu sacré, c'était M. Champagne professeur de seconde dans cette maison qui l'avait élevé. Ses

[1] 1794.

collègues, la plupart ecclésiastiques, avaient pris la fuite; son cœur s'émut, à la vue de ces pauvres enfants qui allaient rester abandonnés. Il demeura, au milieu d'eux, pour les défendre contre l'avidité du fisc qui s'emparait des bourses, le patrimoine des orphelins, contre les envahissements du pouvoir brutal qui voulait agrandir la prison. En vain une police ombrageuse et sanguinaire le rendait personnellement responsable de la moindre parole proférée dans le collége; M. Champagne ne savait pas craindre pour lui-même. N'est-ce pas à lui que l'ancien ministre Lebrun recommandait sa famille, en montant à l'échafaud! N'est-ce pas lui qui répondait à la confiance de son ami, en épousant la veuve, en adoptant les orphelins! »

Des jours meilleurs permirent enfin à M. Champagne de songer à l'utile, après avoir lutté si laborieusement pour assurer à son collége le nécessaire. Les élèves ne pouvaient mettre le pied dehors, sans rencontrer des livres dangereux et des images obscènes exposés devant les boutiques, ou colportés dans les lieux publics. M. Champagne voulut accomplir un projet conçu précédemment par l'abbé Berardier; il chercha dans les environs de Paris un rendez-vous pour les promenades, et jeta les yeux sur le château de Vanvres, ancien domaine de la maison de Condé, alors en vente. Un incident inattendu hâta la conclusion de cette affaire qui traînait en longueur. Certain dimanche de septembre, qu'une compagnie de troisième et de seconde parcourait la campagne de Meudon, les élèves témoignèrent le désir d'aller voir le château de Vanvres. Le concierge qui savait que le collége traitait pour l'acquisition de cette propriété, leur fit l'accueil le plus gracieux. Les élèves le suivaient en rang, deux à deux, le maître en tête. On visita avec lui le château, les parterres, le grand et le petit bois, puis la ferme, puis les bassins, puis le verger. Le verger était fort bien tenu, et faisait honneur au jardinier qui n'était autre que le concierge. C'était donc par une sorte de coquetterie qu'il avait été réservé pour la fin. La compagnie ne fut que trop sensible à tant de beautés. A la vue de cette quantité de pommes, de poires, de raisins, les rangs se débandèrent, et tous ces espiègles prirent la volée pour s'abattre sur les arbres comme une nuée d'oiseaux. La voix du maître ne pouvait se faire entendre. Quant au pauvre jardinier, il s'arrachait les cheveux et ne savait auquel courir. Un petit maraudeur dévastait ses espaliers, pillait ses pêches vermeilles qu'il avait soignées avec amour, ces pêches appétissantes,

Dont l'œil avant le goût se serait contenté!

Il en avait rempli son chapeau, ses poches, le jabot de sa chemise, dont il avait fait un énorme sac. Il fallait voir le malin écolier fuyant à toutes jambes semer les pêches derrière lui et prendre le devant, pendant que le jardinier s'arrêtait pour les ramasser!

Cette échauffourée d'écoliers se terminait par un procès, car les prétentions de l'indemnité étaient fort élevées; M. Champagne, en se décidant à signer le contrat,[1] rendit le collége acquéreur, et, comme il est reconnu en droit que le propriétaire ne peut se voler lui-même, la difficulté se trouva par ce moyen résolue. La prise de possession fut célébrée par de grandes réjouissances. Ce jour-là, les élèves plantèrent l'avenue qui conduit au château. Une boîte qui contient les pièces de monnaie alors en circulation, et une médaille indi-

[1] 28 fructidor an vi (1798).

quant la date du contrat de vente, sont enterrées sous le troisième arbre de la grande allée qui s'étend le long des bassins, depuis le grand bois jusqu'au village de Vanvres.

Pendant la révolution, le collége de Louis-le-Grand fut successivement institut des boursiers, collége égalité et prytanée français; il avait ce dernier nom quand Bonaparte l'honora de sa visite. M. Champagne qui se trouvait à Vanvres arriva, en toute hâte, mais non pas assez tôt pour prévenir son hôte illustre qui avait suivi de près l'officier chargé de l'annoncer. Ce fut le premier consul qui reçut, au milieu des élèves, le proviseur se confondant en excuses, et prêt à se jeter à ses pieds. « Rassurez-vous, lui dit-il, avec un sourire plein de bonté, j'ai trouvé tout en ordre, comme si vous eussiez été présent. » Il entra dans les salles d'études. « L'époque de la bataille de Marathon? demanda-t-il. « 490 ans avant J.-C., » répondit le jeune Ducros. « Bien, mon ami, je me charge de tes menus plaisirs; » et une pension de cent écus accompagna ces paroles. Comme il se disposait à descendre, un officier de marine se présenta pour voir son frère. Il voulut le connaître; M. Duport, professeur de mathématiques nomma M. Alexandre, ajoutant que ce jeune homme avait été le meilleur élève du collége. A ces mots, le premier consul se découvrit et le salua. Cette fois, l'enthousiasme, qu'on avait eu peine à contenir, éclata en vifs transports. Celui qui honorait ainsi le mérite naissant, c'était le conquérant de l'Égypte, le vainqueur de l'Italie, le héros législateur de la France!

La France n'avait pas encore d'autre collége que le prytanée français qui était entré en possession d'une partie des biens qui avaient appartenu à Louis-le-

Grand; mais bientôt cette maison ne suffit plus à la foule des élèves qui se présentent, car, à mesure que l'ordre se rétablissait, le besoin d'une éducation publique se faisait plus vivement sentir. De nouveaux prytanées sont fondés à Fontainebleau, à Versailles, à Saint-Germain, à Compiègne, avec une partie des bourses du prytanée de Paris. ¹Enfin Napoléon empereur organise l'Université impériale. Il ordonne la création des lycées dont le nombre doit égaler celui des cours d'appel. C'est encore Louis-le-Grand, nommé d'abord lycée de Paris et devenu lycée impérial, qui est mis à contribution, pour former la plupart de ces nouveaux établissements.

En ce temps-là, le grand maître, M. de Fontanes, s'occupait activement de la restauration des études classiques. Un prix fut proposé à la meilleure composition latine sur les noces de l'empereur Napoléon et de l'archiduchesse Marie-Louise. Les professeurs de rhétorique concoururent. La rivalité était grande entre les colléges, grande était l'impatience de connaître le vainqueur dans cette lutte littéraire, la première de ce genre depuis la création de l'Université. Sur l'invitation de ses amis et de ses collègues, Luce de Lancival vint lire son discours, au lycée impérial, où il partageait avec Castel l'enseignement des belles-lettres. C'était un magnifique épithalame qu'interrompit vingt fois l'enthousiasme des auditeurs, la joie bruyante des élèves électrisés par l'organe sonore, le geste expressif, l'éloquente et belle figure de l'orateur. Quelques jours après,² une maladie cruelle l'enleva aux lettres et à l'amitié. Un page accompagné des dignitaires de l'Uni-

¹ 17 mars 1808. ² 15 avril 1810.

versité lui apportait le prix décerné au vainqueur; il déposa la médaille d'or et la couronne de laurier sur son lit de mort. Luce de Lancival laissait Achille à Scyros, Hector, ce nouveau chant de l'Iliade, qui faisait les délices d'un autre Alexandre; M. Villemain, son élève, est son plus bel ouvrage.

Il semblait que M. Champagne n'avait plus qu'à jouir du fruit de ses travaux; mais ce collège qu'il avait sauvé de sa ruine, qu'il avait soutenu pendant les orages de la révolution, était devenu un fardeau trop pesant pour un vieillard dont la bonté naturelle dégénérait en faiblesse.[1] M. de Sermand fut désigné pour lui succéder. Le grand maître vint l'installer lui-même, assisté des conseillers de l'Université impériale. La cérémonie eut lieu dans la chapelle. M. Champagne voulut faire ses adieux; son émotion ne lui permit pas d'achever. Son cœur se déchirait en brisant ces liens si chers qui l'attachaient à son collège. C'était là qu'il avait passé presque toutes les années de sa vie; il fallait s'arracher aux souvenirs d'enfance, à ces murs qui lui rappelaient tant de bienfaits reçus et rendus avec bonheur, à cette famille adoptive qu'il aimait tendrement, et dont il était respecté et chéri. Tous les yeux cherchaient avec curiosité, sur l'estrade, celui qui devait le remplacer; M. de Sermand se leva pour prendre la parole. Il fit l'éloge de la sévérité. Le sujet choisi par le nouveau proviseur était en rapport avec son extérieur. Sa stature était haute, sa physionomie grave, sa voix forte et dure; mais ces dehors cachaient un cœur généreux, une probité sévère, et toutes les qualités d'un administrateur consommé.

[1] 25 juin 1810.

¹La nomination de M. de Sermand annonçait l'exécution d'une réforme qui avait toujours effrayé la bonté de M. Champagne, mais d'autant plus nécessaire que le mal avait sa racine dans la maison même, dans les traditions du collége. On ne devait pas compter, pour le détruire, sur le renouvellement du pensionnat, parce que, l'âge pour la nomination aux bourses n'étant pas déterminé, le choix de l'empereur tombait souvent sur des sujets de quinze et seize ans, qui se présentaient avec les habitudes toutes faites d'une mauvaise éducation, et une si grande ignorance qu'on était obligé de les envoyer dans les basses classes avec les enfants. C'était là ce qui entretenait, ce qui perpétuait une plaie contagieuse. Pendant les premiers mois de la nouvelle administration, rien ne paraissait changé au lycée impérial, que le proviseur. C'étaient les mêmes errements, en apparence. Mais, au mois d'octobre, au retour des vacances, on vit bien que le proviseur n'était pas resté dans l'inaction ; les sujets dangereux avaient été éliminés, un règlement sévère fixait un âge pour chaque classe, et assurait aux maîtres l'obéissance des élèves.

M. de Sermand est le fondateur de cette admirable discipline qui fait la prospérité du collége de Louis-le-Grand. On lui a reproché une sévérité excessive et des formes toutes militaires ; mais qu'on examine ce qu'était la génération naissante, après les saturnales de 93 qui avait fermé les églises, qui adorait la Raison sous la figure d'une prostituée. L'ancienne Université, comme le clergé, avait été décimée par l'exil et l'échafaud ; à peine trouvait-on des professeurs pour remplir les chaires. Alors, de même qu'aujourd'hui, l'éducation

² 25 juin 1840.

reposait presque entièrement sur les maîtres d'études. Qu'étaient les maîtres d'études? Des officiers subalternes en retraite, qui conservaient la rudesse des camps, et ne connaissaient de vertu que l'obéissance passive. Restaient le censeur, l'aumônier, le proviseur : mais que pouvait l'indulgence paternelle de M. de Guerle et l'autorité de sa réputation littéraire, que pouvait la parole affectueuse de l'abbé Bastiou et cette charité qui lui fit trouver la mort en visitant les hôpitaux, que pouvaient le zèle et l'activité infatigables de M. de Sermand, sur une population de cinq cents élèves? M. de Sermand créa donc une surveillance dont l'œil, toujours et partout ouvert protégeait l'ordre moral par la répression du vice, l'étude par le maintien du silence. Il voulait, ne pouvant mieux, obtenir le bien en rendant le mal impossible. C'était aux proviseurs qui viendraient après lui, de modifier ce système, à mesure qu'il se présenterait des maîtres capables de comprendre l'éducation vraiment libérale, l'éducation chrétienne basée non plus sur la crainte, mais sur la confiance.

CHAPITRE XXXIV.

Le lycée impérial reprend son ancien nom de Louis-le-Grand. — M. Taillefer, M. Malleval, M. Berthot, M. Laborie, proviseurs. — Conclusion.

A la rentrée des Bourbons, le lycée impérial se présentait avec les éléments qui concourent à la prospérité d'un collége. Une sage administration avait rétabli l'ordre dans les finances, et veillait avec sollicitude sur la nourriture et l'habillement. Les études fleurissaient à l'ombre de la discipline; l'état moral du pensionnat était loin encore de répondre au vœu du proviseur, mais il s'améliorait. L'impatience du nouveau gouvernement, qui voulait hâter la régénération sociale dans le royaume, compliqua les difficultés déjà si grandes de l'éducation.

Le collége reprit son ancien nom de Louis-le-Grand. M. de Sermand, dont la santé se trouvait visiblement altérée, céda la place à M. Taillefer. Avec un esprit cultivé et une exquise politesse, le nouveau proviseur apportait la volonté de faire le bien. Mais des insinuations perfides entretenaient l'inquiétude dans l'exercice et le pensionnat : « L'éducation publique allait être « rendue au clergé, on devait restreindre le congés et « enlever à l'établissement la campagne de Vanvres ; « on rappelait les jésuites ! » Le fait seul de l'introduction de la cloche en place du tambour accréditait déjà ces rumeurs auprès des jeunes gens ; le recteur voulut encore supprimer l'exéat à certains jours de fête où, jusqu'alors, la sortie avait été générale ; c'était blesser les élèves dans l'endroit le plus sensible.

De cette époque, date, au collége de Louis-le-Grand, l'esprit de défiance qui paralysa si longtemps l'action bienfaisante de l'éducation. Dans l'intention la plus pure, dans le zèle le plus éclairé, les élèves ne voyaient que le régime monacal dont ils se croyaient menacés. On concevra difficilement tout ce qu'il fallut de prudence à M. Taillefer pour maintenir l'ordre, au milieu des obstacles de tout genre qui entravèrent son administration. Mais le mécontentement fermentait : les orages politiques dont le contre-coup est inévitable dans les colléges, déterminèrent une explosion qu'il n'était plus possible d'arrêter ; la révolte éclata.

Après le renvoi des mutins, M. Taillefer se retira pour prendre place parmi les inspecteurs de l'académie de Paris. Le conseil royal de l'instruction publique délibéra pour lui donner un successeur ; son choix se porta sur M. Malleval, professeur de quatrième, le disciple et l'ami de M. Champagne. Successivement élève, maître d'étude, secrétaire et professeur au collége de Louis-le-Grand, M. Malleval possédait le précieux avantage de bien connaître la maison qu'il était appelé à diriger. Il resserra les liens de la discipline et tout rentra dans l'ordre. Suivis, dans tous les exercices de la journée, par l'œil toujours ouvert d'une surveillance partout présente, les élèves n'avaient plus le temps de songer à l'émeute. Ce régime ne leur déplaisait pas parce que c'était le régime militaire avec ses franches allures et son impartiale sévérité.

Jamais, depuis l'exclusion des jésuites l'exercice de Louis-le-Grand n'avait présenté des hommes aussi distingués. Le collége ne possédait pas encore M. Richard; M. Vernier ne faisait pas entendre sa voix dans ces murs où il s'était montré élève attentif; l'enseignement des mathématiques spéciales appartenait à M. Rouby et celui de la physique à M. Thillaye. Les leçons préparatoires pour l'admission aux écoles de Saint-Cyr et de la marine étaient confiées au zèle consciencieux de M. Guillard. M. Maugras expliquait les mystères de la philosophie. Un auditoire nombreux se pressait autour de la chaire de rhétorique où venaient s'asseoir MM. Burnouf, Dubos et Auguste Trognon. Le professeur d'histoire était M. Durozoir assisté de M. Rio. Renommé par les travaux classiques de M. Goffaux qui aimait sa profession d'un amour si constant et si vrai, le cours d'humanités était continué par l'abbé Lemarchand, par MM. Guyet de Fernex, Humbert, Artaud, par M. Charpentier. Lhomond semblait revivre dans la classe de grammaire avec MM. Guyot, Pourmarin, Marcou et Barrot. En sixième, M. Héguin, M. Ruinet. M. Grellot n'aurait pas désavoué des successeurs tels que MM. Roger et Scribe, chargés alors de l'instruction élémentaire.

M. Malleval aimait à s'entourer de ses anciens collègues, au château de Vanvres. Là, sous les grandes allées de tilleuls, au milieu du mouvement d'une nombreuse et brillante jeunesse qui croisait le parc dans tous les sens, on s'entretenait du collége et de la grande affaire du concours général; on parlait des élèves qui pouvaient prétendre au prix d'honneur; on nommait Chardin, Boselli, Bourlon, Destainville, Boitard, Drouin de Lhuys. M. Dubos se plaignait avec dépit de l'insouciance de Jules Janin, dont la plume spirituelle se révélait par des traits éblouissants. Les lauréats des années antérieures étaient passés en revue : Geoffroy qui remporta trois fois le prix de discours latin, Mouzard; Matuschewitz et Hugo entre lesquels la palme fut longtemps indécise; Chasles, Crémieux, Etienne Bequet, Alexandre, Cuvillier Fleury, Tanneguy-Duchâtel, Napoléon de Montebello et tous ces noms qui font la gloire de Louis-le-Grand.

Après la promenade, venait le dîner où présidaient la gaîté et la bonne plaisanterie. La guerre était ouverte entre l'ancienne et la nouvelle Université. Il y avait assaut d'épigrammes et d'anecdotes piquantes. Il faisait beau voir M. Maugras tenir tête aux jeunes professeurs et les étonner par l'impétuosité de son attaque et la verve de sa répartie. M. Angelet, avec le tour d'esprit qui lui était particulier, vantait les priviléges des recteurs d'autrefois; M. Lemarchand racontait ses souvenirs du collége de Lisieux. M. Lemarchand! je le vois encore avec son front luisant, son regard plein de douceur, sa taille haute, un peu courbée par l'âge; je le vois qui s'avance comme le vieillard vénérable que Fénélon nous représente sous le nom de Thermosiris. Le calme entrait avec lui dans la classe. Ce n'était pas la crainte qui imposait le silence ; nos oreilles ne se lassaient pas de l'entendre, nos yeux ne quittaient pas sa noble figure où se reflétait la sérénité de son âme qui se communiquait à la nôtre ; nous étions sous le charme du talent et de la vertu !

Ses élèves aimaient à lui rendre visite, au Plessis où il demeurait. Ils le trouvaient debout, auprès d'un buffet, déjeunant, ou bien occupé à corriger les copies, au coin du feu. On frappait à la porte, il allait ouvrir ; c'étaient des pauvres, heureux de ne pas rencontrer sa vieille gouvernante qui disait avec humeur que son maître ne savait rien garder. Tous ne recevaient pas le même accueil ; il encourageait les uns, il grondait les autres, et se faisait rendre compte de l'argent qu'il avait distribué. « *Volo mori, volo esse cum Christo !* » disait-il; Dieu l'a entendu trop tôt pour ses amis ! Après avoir tout donné, il ne lui restait plus qu'à partir pour se reposer doucement dans le sein du Seigneur. Il est mort comme il avait vécu, ignoré du monde. Les pauvres seuls avaient connu qu'il était malade, parce que sa main ne s'ouvrait plus pour faire l'aumône.

Les mêmes causes ont amené la retraite de M. de Sermand et celle de M. Malleval. A comparer le présent au point de départ, la régénération morale, au collège de Louis-le-Grand, avait fait un pas immense; elle ne marchait pas assez vite, néanmoins, au gré du pouvoir. Pendant les vacances, M. Berthot recteur de l'Académie de Dijon fut appelé à Paris pour diriger le collège de Louis-le-Grand, jusqu'à la nomination définitive du proviseur. M. Berthot venait précédé de la réputation la plus honorable. Son nom était connu dans les sciences, il avait prouvé sa capacité, dans l'administration d'une des premières académies du royaume; ces avantages étaient encore rehaussés par un extérieur imposant. Malheureusement, on savait qu'il attendait un successeur, et le provisoire a toujours éloigné la confiance qui demande pour le présent, des garanties à l'avenir.

'A la rentrée des classes, les parents qui croyaient ramener leurs enfants à M. Malleval apprirent, en se présentant au collége, que M. Malleval avait un successeur. Si leur surprise fut grande, leur mécontentement ne le fut pas moins, et ils le témoignèrent en termes peu mesurés, sans être retenus par la présence de leurs fils. C'était enlever au directeur l'autorité qu'il devait tenir de la confiance des familles, c'était encourager l'esprit d'insubordination si naturel à la jeunesse, et promettre le pardon d'avance. Aussi, quatre mois n'étaient pas écoulés encore, et des salles d'étude s'étaient mutinées, des maîtres avaient été insultés. Au banquet de la Saint-Charlemagne, les élèves refusèrent de répondre au toast que portait au roi le directeur. Instruit déjà des désordres précédents, le grand maître prononça l'exclusion de tous les coupables.

Il fallait trouver un successeur à M. Berthot dont le mandat expirait avec l'année scolaire. Longtemps on chercha dans les académies du royaume un proviseur pour le collége de Louis-le-Grand : le conseil jeta les yeux sur M. Laborie qui avait relevé les colléges d'An-

' 1823.

gers et de Périgueux. On lui écrivit à Strasbourg où il était recteur, pour savoir s'il accepterait la direction d'un des premiers établissements de Paris. M. Laborie comprit qu'il était question du collége de Louis-le-Grand; il demanda huit jours pour réfléchir.

Il avait peine à se décider en calculant les difficultés d'une pareille entreprise; il consentit enfin, mais il dut se convaincre que ses appréhensions étaient encore au-dessous de la réalité. A la vue des cours silencieuses, à la vue des classes dépeuplées et de leurs bancs dégarnis, les élèves avaient pris le collége en haine, et l'étude en dégoût. C'était un ennui profond qui gagnait jusqu'aux maîtres et aux professeurs. L'agitation de la révolte avait fait place au calme, mais au calme de l'abattement. Les derniers résultats du concours général étaient loin de relever les esprits; le collége n'avait obtenu que deux couronnes. On ne pouvait attendre mieux, après les troubles qui avaient exclu les élèves les plus distingués, pour les donner aux maisons rivales, où ils portaient les palmes qu'ils devaient à Louis-le-Grand.

[1] Voilà l'état où M. Laborie trouvait cette maison; et, par une fatalité bien triste, une maladie mortelle empêchait M. de Guerle de lui prêter l'appui de son expérience. Mais il ne reculait plus devant les obstacles. C'était un de ces hommes, dont la volonté puissante pour le bien, marche droit au but sans se laisser arrêter. Sur sa demande, et du consentement de M. de Guerle, le grand maître nomma censeur adjoint M. Emond qui avait l'activité de la jeunesse et tout le

[1] 1824.

dévouement d'un ancien élève pour le collége qu'il aimait, comme on aime la maison paternelle.

Après avoir fait disparaître des salles d'étude et des cours, jusqu'aux dernières traces qui pouvaient rappeler les désordres passés, le nouveau proviseur s'occupa de remettre la discipline en vigueur. Il réveilla le goût de l'étude, par un système de récompenses qui entretenait l'émulation chez tous les élèves, en tenant compte au plus faible, comme au plus fort, de ses progrès. Il ranima les jeux de la récréation par la gymnastique. Un gymnase fut dressé dans le jardin de l'infirmerie, sur les plans de M. Schreuder qui se chargea de diriger les exercices.

Restait le point essentiel, l'enseignement religieux. La retraite de l'abbé Guillon nommé aumônier de madame la duchesse d'Orléans, privait le collége d'une voix amie qui avait captivé, dix ans, l'attention des élèves. Dans le poste où l'abbé Bastiou avait laissé de si touchants souvenirs, l'abbé Manglard, par sa bonté, par la noble simplicité de son langage, sut gagner à la religion tous les cœurs.

Comme au temps des d'Estrées, des Condé et des Lamoignon, Louis-le-Grand recevait dans ses murs les hommes les plus considérables dans l'Église, dans l'armée et dans la magistrature. Leur présence était pour les élèves un encouragement puissant à la vertu; pendant plusieurs jours, ils faisaient le sujet de tous les entretiens. Longtemps on a parlé, dans notre collége, de la visite de M. de Vatimesnil grand maître de l'Université, qui a rendu de si importants services à l'instruction publique, pendant la trop courte durée de son ministère. On l'avait reçu dans la salle des actes. Il s'arrêta devant le casier qui renferme, dans six cents tiroirs, les archives de l'internat. Là, sans descendre au milieu d'eux, il pouvait passer en revue les pensionnaires, car il avait sous les yeux leur biographie. Mais il ne se contenta pas d'examiner les cartons, il voulut s'entretenir avec les élèves; c'était la raison qui parlait le langage de la bienveillance, aussi ne pouvait-on l'entendre sans l'aimer. Ensuite, il parcourut les classes, interrogeant avec l'autorité du savoir. Comme on l'admirait, quand, de cette même voix si religieusement écoutée dans les débats judiciaires, il traitait une question de philosophie ou de littérature! Comme on se sentait heureux et fier d'un éloge sorti de sa bouche! Le grand maître savait les troubles qui avaient régné naguère au collége de Louis-le-Grand; c'était avec non moins de plaisir que de surprise, qu'il voyait le silence des salles d'étude, le spectacle animé des cours pendant la récréation, et, sur tous les visages, un air de contentement, qui témoignait que ce bel ordre n'était point de commande et de circonstances, mais habituel et de tous les jours.

De toutes les attributions du proviseur, la plus pénible sans doute et la plus délicate est celle qui le constitue juge des réclamations des élèves; car, s'il doit craindre de déconsidérer l'autorité du maître, il ne craint pas moins de flétrir le cœur du jeune homme par le ressentiment et le désespoir, en lui apprenant dès les premiers pas dans la vie, que la force fait le droit. Doué d'une sagacité admirable pour discerner la vérité du mensonge, M. Laborie, par sa prudence et sa fermeté, sut éviter ces deux écueils. Il voulait, en leur faisant aimer la justice, inspirer aux jeunes gens l'amour du devoir; c'était entendre l'éducation comme on l'entendait à Port Royal, à Louis-le-Grand, à Dormans-Beauvais, alors que ces maisons rivalisaient de zèle pour former à la patrie des enfants généreux, dignes de ce noble pays de France dont le nom, au dire du roi Charles V, est celui de l'indépendance et de la véritable liberté. Aussi fut-il compris des pères de famille, et l'espace manqua bientôt au collége pour recevoir tous les élèves qui se présentaient.

Mais M. Laborie, non plus que ses prédécesseurs, ne devait pas jouir de son ouvrage. Il avait coutume de dire que le meilleur collége est celui qui, avec un système d'enseignement basé sur l'émulation, joint l'éducation de la maison paternelle à la discipline militaire. Lui-même était vraiment le père de ses élèves; il le sentit avec douleur, lorsque les événements politiques l'obligèrent à se séparer de ceux qu'il appelait ses chers enfants! Du moins, il ne les remettait pas à des mains étrangères; M. Pierrot devait montrer la capacité d'un habile administrateur dans le collége où il avait professé la rhétorique avec éclat; par l'impulsion qu'il devait donner aux études, Louis-le-Grand allait reprendre son rang dans les concours de l'Université[1].

Si nous jetons un regard rapide derrière nous, l'histoire du collége de Louis-le-Grand présente deux époques bien distinctes: le temps que les jésuites ont demeuré en France, et celui qui date de leur expulsion du royaume jusqu'à nos jours. Dans la première de ces périodes, nous voyons le collége de Louis-le-Grand partager le sort de cette célèbre compagnie. D'abord il se

[1] 1830.

débat contre les attaques des recteurs qui veulent l'étouffer au berceau ; mais il ne périt pas dans cette lutte inégale : il exerce ses forces, il apprend à se mesurer plus tard avec l'Université, toujours esquivant le coup qui devait l'abattre, et jamais abattu. Trois fois il va succomber, et trois fois il se relève comme par miracle, tel que ces enfants de robuste et vigoureuse nature, qui renaissent à la vie, au moment où l'on désespérait de leur salut.

De 1763 jusqu'à l'avénement de Napoléon à l'empire, le collége de Louis-le-Grand languit sous l'influence fatale de la dissolution qui menace le corps de l'État. En vain, par la jonction de vingt-huit colléges de l'Université, le roi Louis XV a voulu consolider, multiplier, pour ainsi dire, son existence; on dirait qu'avec les jésuites s'est retirée la puissance vitale qui le faisait croître et grandir. Mais, enfin, les proviseurs viennent lui rendre l'éclat de ses plus beaux jours. Les dortoirs assainis, et garnis de lits de fer, la lingerie, les cuisines et les magasins reconstruits, l'infirmerie et la chapelle magnifiquement restaurées, le mobilier renouvelé en entier et à grands frais, la caisse dotée de revenus considérables; mais, par-dessus tout, l'éducation basée sur la religion, l'ordre garanti par la discipline, l'instruction répartie sur tous les élèves avec une probité consciencieuse, voilà le collége de Louis-le-Grand, tel que l'ont fait MM. Champagne, de Sermand, Taillefer, Malleval et Laborie ; et, tandis que l'esprit des jeunes gens se développait à la voix de MM. Maugras, Burnouf, Dubos, Le Marchand, Charpentier, Saint-Marc Girardin, Thyllaye, Richard, et de tant d'autres savants professeurs, la santé fleurissait sous l'égide de la sollicitude la plus éclairée ; M. Husson, dont le dévouement était partagé par M. Guerbois, veillait sur ce dépôt précieux, dans la maison qui l'avait élevé, au milieu de cette nombreuse famille qui était la sienne.

Je voudrais nommer ici tous les hommes illustres, sortis du collége Louis-le-Grand, mais je crains de ne présenter qu'un tableau incomplet ; toutefois, ce sera clore magnifiquement l'histoire de cette maison que de citer Molière, Crébillon, Voltaire, Gresset, Favart, de Malesherbes, Legris-Duval, Frayssinous, de Cheverus.

ADMINISTRATION

DU COLLÉGE DE LOUIS-LE-GRAND,

ANCIEN COLLÉGE DE CLERMONT, A PARIS.

RECTEURS:

Jacques Eguia fut le premier supérieur des jésuites que saint Ignace envoya à Paris, pour y terminer leurs études (1540). Il eut pour successeur, après dix mois, Jérôme Domenech. François Ier ayant ordonné à tous les Espagnols de sortir de ses États, dans le terme de huit jours, Domenech se retira à Louvain, en 1542. Jean-Baptiste Viole, d'une famille qui avait donné un évêque à Paris, le remplaça. Il fut rappelé à Rome, à cause de sa santé, en 1552, et il eut pour successeur Pasquier Brouet.

(Voir la Vie de Saint Ignace, par Bouhours.)

La compagnie entra en possession du collége de Clermont, en 1563. Ponce Cogordan, Provençal, fut chargé de l'administration du collége jusqu'en 1564. C'est le même que Pasquier désigne sous le nom de Caigord.

1563. Ponce Cogordan.

1564. }
1565. } Edmond Hay, Écossais.

Les classes ne furent ouvertes au public qu'en 1564.

1566.
1567.
1568.
1569.
1570.   } Edmond Hay.
1571.
1572.
1573.
1574.

On croit communément que Edmond Hay a gouverné la maison jusqu'en 1575.

1575. Pierre-Claude Mathieu.

1576.
1577.   } De 1576 à 1580, l'opinion se partage entre Mathieu et Edmond Hay qui aurait repris l'administration du collége. Le règlement qui fixait la durée du rectorat à six ans, au plus, ne parut qu'après le retour de l'exil. Le recteur entrait en fonction, le 1er octobre, jour de Saint-Remi.
1578.
1579.

1580.   } Odon Pigenat, d'Autun.
1581.

1582.   } P. Jean Sangenot.
1583.

1584.
1585.
1586.
1587.   } P. Alexandre George, de Rheims.
1588.
1589.
1590.

1591.
1592. } P. Alexandre George, de Rheims.
1593.

> La compagnie est exilée. — Les jésuites rentrent dans le collège de Clermont, en 1606.

1606. P. Pierre Barny procureur.

1607. P. Thyal procureur.

1608.
1609.
1610.
1611. } P. Jean Machault.
1612.
1613.

1614.
1615. } P. Charles de la Tour, de Vienne (en Dauphiné).
1616.

1617.
1618.
1619. } P. Jacques Sirmond, du diocèse de Clermont (en Auvergne).
1620.
1621.

1622.
1623.
1624. } P. Jean Filleau, de Poitiers.
1625.

1626. P. Ignace Armand, du diocèse de Gap.

1627.
1628. } P. Ignace Armand, du diocèse de Gap.
1629.

1630. P. Jean Filleau, de Poitiers.

1631.
1632. } P. Étienne Binet, de Dijon.
1633.

1634. P. Louis Mairat vice-recteur, de Troyes.

1635.
1636.
1637. } P. Jacques Dinet, de Moulins.
1638.

1639.
1640.
1641.
1642. } P. Julien Hayneusve, de Laval.
1643.
1644.
1645.

1646.
1647. } P. Étienne Natal, du diocèse de Toul.
1648.

1649.
1650. } P. Charles Lallemant vice-recteur, de Paris.

1651.
1652. } P. Jean-Baptiste Ragon, de la Bourgogne, diocèse d'Auxerre.
1653.

1654. P. Jean-Baptiste Ragon, de la Bourgogne, diocèse d'Auxerre.

1655.
1656. } Philippe Shahu, de Tours.
1657.

1658.
1659. } P. Claude Boucher, de Paris.

1660.
1661. } P. Charles Lallemant, de Paris.
1662.

1663.
1664.
1665. } P. Étienne de Champs, de Bourges.
1666.
1667.

1668.
1669. } P. Jean de Turmenie, de Baumont en Beauvoisis.
1670.

1671.
1672. } P. Pierre de Verthamon, de Limoges.
1673.

1674.
1675
1676. } P. Jean Pinette, de Bourges.
1677.

1678.
1679. } P. Jacques Pallu, de Tours.

1680. \
1681. / P. Jacques Pallu, de Tours.

1682. \
1683. / P. Étienne de Champs, de Bourges.

1684. \
1685. } P. Jacques le Picart, du diocèse de Senlis.
1686. /

1687. \
1688. \
1689. } P. Étienne de Champs, de Bourges.
1690. /

1691. \
1692. } P. Guillaume Ayrault, d'Angers.
1693. /

1694. \
1695. \
1696. } P. Pierre Pommereau, du diocèse d'Autun.
1697. /

1698. \
1699. / P. Julien Baudran, de Saint-Malo.

1700. \
1701. / P. Isaac Martineau, d'Angers.

1702. \
1703. } P. Jacques le Picart, du diocèse de Senlis.
1704. /

1705. P. Michel le Tellier, de Vire.

1706
1707. } P. Henri-Charles Forcet, de Paris.
1708.

1709.
1710. } P. Charles Dauchez, d'Amiens.
1711.

1712.
1713. } P. Louis-Fr. Clavyer, de Tours.
1714.

1715.
1716. } P. Louis Labbe, de Bourges.
1717.

1718.
1719. } P. Honoré Gaillard, d'Aix en Provence.
1720

1721.
1722. } P. François de Richebourg, de Paris.
1723.

1724.
1725. } P. François de Canappeville, de Rouen.
1726.

1727.
1728.
1729. } P. Jean-Baptiste de Belingan, du diocèse d'Amiens.
1730.

1731. P. Jacques de Guenonville.

1732.
1733. } P. Jacques de Guenonville.

1734.
1735.
1736. } P. Jean Lavaud, de Bordeaux.
1737.

1738.
1739. } P. Pierre Frogerais, de Rennes.
1740.

1741.
1742. } P. Martin de Fontenelle.
1743.

1744.
1745.
1746. } P. Joachim de la Grandville, du diocèse de Vannes.
1747.
1748.

1749.
1750. } P. Louis le Gallic, de Quimper.
1751.

1752.
1753. } P. Mathurin-Germain Leforestier, nommé provincial la même année.
1754.
1755. } P. François de Saint-Jean, de Rouen.

1756.
1757. } P. Mathieu-Jean-Joseph Allanic, de Vannes.

1758. } P. Mathieu-Jean-Joseph Allanic, de Vannes.
1759. }

1760. P. Étienne de la Croix, de Bourges.

1761. }
1762. } P. Henri Frelaut, de Saint-Brieuc.
1763. }

PRINCIPAUX :

1764. } 3 février 1764, nomination de M. Joly, professeur royal de
1765. } théologie en Sorbonne ; il refuse.

1766. } Gardin Dumesnil, prêtre, bachelier en théologie, du diocèse
 de Coutances, professeur de rhétoriqne au collége d'Har-
1767. } court ; nommé principal, le 23 février 1764.

1768. }
1769. }

1770. }
1771. }
1772. }
1773. } Poignard, docteur en théologie de la maison et société de
1774. } Navarre ; nommé, le 4 octobre 1770.
1775. }
1776. }
1777. }
1778. }
1779. }
1780. } Denis Berardier, docteur en théologie de la faculté de Paris ;
1781. } nommé, le 19 mars 1778.
1782. }
1783. }

19

1784.
1785. } Berardier.
1786.
1787.

1788.
1789. } Romet, coadjuteur de M. Berardier. — La date précise de sa nomination n'est pas connue.
1790.

1791.
1792.
1793.
1794.
1795.
1796.
1797.
1798.
1799. } Jean-François Champagne, professeur de seconde. — Même observation que ci-dessus. — Le désordre était partout.
1800.
1801.
1802.
1803.
1804.
1805.
1806.
1807.

PROVISEURS :

1808.
1809. } Jean-François Champagne, nommé proviseur du lycée impérial, le 17 mars 1808.

1810.
1811.
1812. Louis-Joseph de Sermand, ancien proviseur du collége de
1813. Rhodez, nommé proviseur du lycée impérial, le 25 juin
1814. 1810, entré en fonctions, le 1er juillet 1810.

1815.
1816. Louis-Gabriel Taillefer, proviseur du collége royal de Versailles;
1817. nommé au collége royal de Louis-le-Grand, le 1er juin 1815.
1818.

1819.
1820. François-Christophe Malleval, professeur de quatrième. —
1821. Nommé, le 1er février 1819.
1822.

1823. Berthot, recteur de l'académie de Dijon. — Nommé administrateur provisoire du collége royal de Louis-le-Grand, le 30 septembre 1823.

1824.
1825.
1826. Pierre-Laurent Laborie, recteur de l'académie de Strasbourg,
1827. inspecteur général honoraire; nommé proviseur, le 1er avril
1828. 1824.
1829.

1830. Jules Pierrot, professeur de rhétorique; nommé proviseur, le 10 août 1830.

NOTES.

CHAPITRE I.

L'Université de Paris fait remonter son origine à Charlemagne.

La plupart des auteurs qui adoptent cette opinion, prétendent que, sous le règne de Charlemagne, parurent des étrangers qui allaient criant dans les rues de Paris : Science à vendre. Avec cet instinct du génie qui saisissait avec empressement tout ce qui pouvait contribuer à la gloire de la France, l'Empereur voulut les entendre. Il ouvrit à leurs leçons les salles de son palais, et lui-même vint se confondre dans la foule des auditeurs. Bientôt secondé par Alcuin, il établit des écoles pour les enfants. Il venait visiter les classes, et distribuait l'éloge et le blâme, de la même voix dont il dictait les dépêches qui portaient ses ordres à l'Allemagne, aux Pays-Bas, à l'Espagne et à l'Italie.

Il est reconnu aujourd'hui que Charlemagne n'a point résidé à Paris.

On lit encore dans Alcuin :

« Plurimis inclytum intentionis vestræ studium sequentibus,

« forsan Athene nova perficeretur in Franciâ, sanè excellentior,
« quia hæc Christi domini nobilitata magisterio omnem academi-
« cæ exercitationis superat sapientiam, illa tantùmmodò Platonis
« erudita disciplinis, septenis informata claruit artibus; hæc etiam,
« insuper, septiformis sancti spiritûs plenitudine ditata, omnem
« sæcularis sapientiæ excellit dignitatem. »

Alcuinus, ep. 10.

Il n'est pas impossible qu'Alcuin entende par *Athene nova* l'école de France désignée plus tard par *studium generale*. — *Universitas*, comme on peut s'en convaincre par les pièces du démêlé entre Boniface VIII et Philippe-le-Bel, signifiait compagnie ou communauté; les actes commençaient ainsi: L'Université des maîtres et écoliers de Paris, salut. *Tota universitas quatuor orationum*, etc. — Le corps enseignant est nommé *Universum studium*. — Le recteur paraît, pour la première fois, dans un diplôme de Philippe-Auguste, donné à Bétizi, en 1200, sous le nom de *Capitalis*.

Établir des écoles dans les cathédrales.

C'est l'origine de l'école du cloître appelée par excellence *Schola parisina*. La reconnaissance du droit d'ainesse de l'école du cloître s'est conservée dans l'intendance qu'avait le chancelier de Notre-Dame sur les grandes écoles, comme le chantre sur les petites. — On devait y enseigner la grammaire, le chant et le *comput ecclésiastique*. Le comput ecclésiastique était un calcul astronomique, à l'aide duquel on savait où devaient être placées Pasques et les fêtes mobiles de l'année.

Du Boullay, t. II, p. 666.

Nous voyons naître, etc.

A la voix de Charlemagne, nous voyons accourir Pierre de Pise, Paul Warnefride si connu sous le nom de Paul Diacre; Paulin d'Aquilée, Leidrade qui se place à la tête de l'école de Lyon; Théodulfe qui vient ouvrir celle d'Orléans; Alcuin qui doit fonder celle de Saint-Martin-de-Tours, le savant Alcuin qui disait au glorieux empereur dont il était le confident et l'ami : « Vous avez assemblé, de toutes les parties du monde, les amateurs de la sagesse, pour en faire les coadjuteurs de votre noble volonté. »

L'école palatine était destinée à l'instruction des seigneurs attachés à la cour.

Remi d'Auxerre.

Remi d'Auxerre est disciple d'Heiric, Heiric de Loup, celui-ci de Raban, et Raban d'Alcuin chef de l'école palatine. Remi enseigna à Paris, avant et après l'an 900. C'est ce que nous apprend l'auteur de la *Vie de St Odon*, abbé de Clugny.

Crevier, *Histoire de l'Université*, t. I, l. t.

Robert de Courçon.

En 1215, Robert de Courçon, légat du pape, donna les premiers statuts réglant les rapports des maîtres et des écoliers.

Louis XI organise le corps enseignant. Il confirme les priviléges de l'Université, *sa fille aînée*, mais lui défend de s'occuper des affaires de l'État ; exige que la nomination du recteur soit approuvée par le souverain, attendu, dit-il, qu'il n'est point juste de disposer *de sa fille*, sans que le père en soit instruit. Enfin il complète le nombre des facultés, en fondant l'école de médecine. C'est Louis XI qui donna à Charlemagne le titre de fondateur de l'Université. Il établit, en 1440, la fête qu'on célèbre encore aujourd'hui, le 28 janvier, dans nos écoles, en réunissant dans un banquet les premiers de toutes les classes.

Guillaume de Saint-Amour.

Né à Saint-Amour, bourg de la Franche-Comté. Docteur en Sorbonne et chanoine de Beauvais, défendit les droits de l'Université contre les religieux mendiants soutenus par la cour de Rome.

Navarre.

Le collége de Navarre se vantait de posséder des titres qui

prouvaient que Charlemagne était le véritable fondateur de l'Université. Tous les corps enseignants se réunissaient dans cette maison, le 28 janvier, anniversaire de la mort de l'empereur, pour entendre un panégyrique de ce grand homme, durant la messe, avant le *Credo*.

Cette maison est le premier établissement royal qu'on trouve dans l'Université. Ses statuts prescrivaient aux écoliers de s'exprimer en latin, même dans le commerce familier. Si on en croit les registres du collége, le roi et la reine venaient se faire rendre compte de la gestion des deniers. Un article de ces registres porte la dépense faite, pendant trois jours, que la cour y résida. Henri III et Henri IV y furent élevés. Ce fut, dit Piganiol, pour voir ces deux princes, que Charles IX vint au collége de Navarre.

Le duc de Guise, tué à Blois, était leur condisciple. Le fameux prince Eugène y passa une partie de sa jeunesse, sous le nom d'Abbé de Savoie.

Remarquons, en passant, que ce n'est pas du seizième siècle, que date, pour les rois, l'usage d'envoyer leurs fils aux écoles publiques ; dans le douzième siècle, Louis-le-Jeune avait étudié au cloître épiscopal de Paris, avant de monter sur le trône.

Ignace de Loyola.

Né, en 1491, au château de Loyola, en Biscaye, fut d'abord page de Ferdinand V. Il avait été blessé au siége de Pampelune, où la témérité de son courage le précipitait, en aveugle, au milieu des périls. La lecture de la vie des saints lui inspira la résolution de se consacrer à Dieu. Après sa guérison, il se rendit à Notre-Dame-de-Montferrat, fit la veille des armes, se déclara chevalier de la Sainte-Vierge, et voulut se battre avec un maure qui avait contesté la virginité perpétuelle de Marie. Il parcourut ensuite l'Espagne, en mendiant, et fit le pélerinage de la Terre-Sainte. De retour en Europe, bien qu'âgé de 33 ans, il étudia dans les Universités d'Espagne, puis à Paris.

On ne doit pas juger Ignace de Loyola sur les singularités de sa jeunesse. Le fondateur de la société des jésuites n'est point le Don Quichote de Pampelune et de Montferrat. Au génie qui sait créer, il joint la prudence qui consolide. Le parlement de

Paris, la Sorbonne, l'Université s'étaient prononcés contre le nouvel institut, la Sorbonne avait même écrit à Rome pour l'abolir; Ignace préféra le silence à une réponse qui ne devait rien terminer. Dans certaines causes, disait-il à ses Pères, il vaut mieux se taire que parler; on n'a pas besoin de se venger ou de se défendre par la plume, quand la vérité se venge et se défend elle-même. Dieu est notre protecteur, mettons notre cause entre ses mains, et nous triompherons de la calomnie. Il assura que, malgré tous ces obstacles, la société finirait par être accueillie en France, et que son collége de Paris serait un des plus célèbres de l'Europe : il fut prophète.

Après avoir donné l'exemple de toutes les vertus, Ignace de Loyola mourut, le 31 juillet 1566, à 65 ans.

Guillaume Duprat.

Fils naturel d'Antoine Duprat, chancelier de France, mourut en 1560, à 53 ans, avec la réputation d'un prélat zélé et éclairé.

Le partage des rentes léguées par le prélat fut fait, le 5 août 1574, pardevant Lamiral et Lavallée, notaires au Châtelet de Paris. Le collége de Clermont reçut pour sa part 1350 livres de rentes, sur les greniers à sel, et 1950 sur la Maison-de-Ville ou sur les aides. G. Duprat lui donnait, en outre, trois seigneuries en Auvergne, Lempde, Cromède et Saint-Amand.

Catherine de Medicis.

Lettres de la royne régente à la cour du parlement.

« MESSIEURS,

« Vous verrez ce que le roy, monsieur mon fils, vous escrit pre-
« sentement sur les difficultez par vous faictes de proceder à la
« verification, tant des lettres patentes du feu roi, monseigneur,
« que Dieu absolve, que des siennes, contenants l'homologation
« et approbation des bulles, priuileges, et institution de l'ordre
« et religion de la compagnie de Jesus, qu'il desire estre receuë

« et approuuée en ce royaume, ayant faict voir en son conseil
« priué ce que *l'euesque* de Paris, et les *docteurs* de Sorbonne
« alleguent pour empescher la publication des bulles; et
« attendu ce que les religieux, prestres, et escholiers de ladite
« compagnie ont *declaré*, qu'en la reception de leur ordre et
« religion qu'ils poursuiuent estre faicte en ce royaume, ils con-
« sentent que ce soit à la charge que leurs priuileges obtenus
« du sainct siege apostolique, et leurs regles et statuts de ladite
« compagnie, ne soient aucunement contre les lois royales de cedit
« royaume, *auec autres restrictions*, et limitations à plein spe-
« cifiées esdites lettres du roi, mondit seigneur et fils ; suiuant
« lesquelles et son vouloir et intention en cet endroit, ie vous
« prie proceder à ladite verification, et enterinement desdites
« lettres patentes, et homologation de bulles, sans plus y vser
« d'aucune difficulté, laquelle audit cas, vous lui ferez entendre,
« auant que proceder à aucun arrest, ou jugement d'icelle, afin
« que, sur ce, il soit par lui pourueu, comme il verra estre à
« faire par raison. Priant à tant le createur, Messieurs, qu'il vous
« ait en sa sainte et digne garde. Escrit à Orleans, le huictiesme
« de nouembre 1560. Signé, *Catherine*. Et au dessous, *Fizes*.
« Et à la superscription : *A Messieurs de la cour de parlement*
« *de Paris*. Faict en parlement le dix-huietiesme iour de
« Nouembre 1560. »

Eustache du Bellay.

Était cousin de Guillaume et de Jean du Bellay. Le premier, habile capitaine et non moins habile négociateur, envoyé en Piémont avec le titre de Vice-Roi ; le second, politique adroit, administrateur éclairé, cardinal évêque de Paris résigna son siége à Eustache du Bellay déjà pourvu de plusieurs bénéfices et président au parlement.

Turbulence des écoles.

Les écoliers de ce temps-là n'étaient pas les collégiens de nos jours. C'étaient, la plupart, des hommes faits qui avaient toutes les passions de la jeunesse, avec la réflexion de leur âge et l'espoir de l'impunité que leur donnaient les priviléges abusifs dont ils jouissaient. Telle était l'indépendance de l'Université, qu'elle déclinait la juridiction du roi. A la suite de certains différends élevés entre les Quatre-Nations, pour l'examen des aspirants à la maîtrise ès-arts, la Nation de France dénonce au légat les archidiacres de la Brie et du pays de Caux, que ses trois sœurs avaient pris pour arbitres, vu qu'ils avaient dépassé leurs pouvoirs, en consentant que l'*illustre roi de France* décidât la question. Elle ne reconnaît pas au monarque le droit de juger.

En 1461, les écoliers étaient si nombreux que le recteur offrit d'en amener vingt-cinq mille aux obsèques du roi Charles VII.

Louis XII est le premier de nos rois qui sut mettre un frein à cette licence des écoles. Un arrêt de ce prince, en date du 31 août 1458, réduit les priviléges de l'Université dans de justes bornes. Cette compagnie, fidèle à ses traditions, voulut résister, mais le roi se fit obéir.

Pré-aux-Clercs.

Propriété de l'Université, dans le voisinage de l'abbaye de Saint-Germin-des-Prés, sur l'emplacement des rues Jacob, des Petits-Augustins, de l'Université, de Verneuil, de Bourbon, des Saints-Pères, etc., occupait la presque totalité du faubourg Saint-Germain ; ainsi nommé parce qu'il servait de lieu de promenade et de récréation aux écoliers, qu'on nommait Clerc, dans ce temps-là. Ce pré était partagé en deux par un canal de treize à quatorze toises de large, qui commençait à la Seine, traversait le terrain où se trouve aujourd'hui le palais des Beaux-Arts, et allait tomber dans les fossés de l'abbaye de Saint-Germain-des-Prés. On avait donné à ce canal le nom de Petite-Seine. La partie du pré qui était du côté de la ville fut appelée le Petit-Pré ; celle qui s'étendait dans la campagne, le Grand-Pré-aux-Clercs.

L'Université jouissait de tous les droits seigneuriaux, sans restriction aucune, sur le Pré-aux-Clercs. Plus tard, elle aliéna ce vaste domaine ; mais le Pré-aux-Clercs était couvert de maisons, il était devenu le plus brillant quartier de Paris, que l'Université ne s'en regardait pas moins comme suzeraine. Chaque année, le lundi de Pâques, le recteur, accompagné de quatre procureurs, de quatre intrants et de huit bedeaux des Nations, se rendait au faubourg Saint-Germain, et prenait possession du Pré-aux-Clercs, après avoir entendu la messe dans la chapelle de sainte Marguerite, dans l'église de l'abbaye.

Le cardinal de Lorraine.

Trois princes de la maison de Guise ont porté ce nom : Charles de Lorraine, que Pie V appelait le pape d'au-delà les monts, et dont les cardinaux disaient qu'il leur donnait plus de besogne, dans un jour, que toute la chrétienté n'en donnait au Sacré-Collége, dans un an; mort en 1574. Louis de Lorraine, tué à Blois, le lendemain du meurtre de son frère le duc de Guise, en 1588. Un autre Louis de Lorraine, neveu du président, qui avait bien moins de goût pour l'église que pour les armes; mort à Saintes, en 1621. C'est du premier qu'il s'agit.

Le cardinal de Tournon qui présidait, etc.

« *Advis et résolvtion de l'assemblée du clergé de France tenue
« à poissy, en l'an 1561, par lequel ceste société est receuë
« sous plusieurs charges et conditions, entre autres de ne
« faire en spirituel ne en temporel, aucune chose au preiu-
« dice des euesques et uniuersitez, ne des autres religions, et
« de n'auoir droict ne iurisdiction aucune.* »

« Sur la requeste presentée par les eux disans *Frères de la so-
« cieté du nom de Jesus*, par laquelle et ponr les causes y con-
« tenues, mesmement que par arrest de la cour de parlement
« de Paris, du 22 iour de Feburier dernier, auroit esté ordonné
« qu'ils se pourvoiroyent, si bon leur sembloit, au concile gé-
« néral, ou assemblée prochaine, qui se feroit en l'Eglise, sur
« l'approbation de leur ordre, ils requeroyent leurdite compa-
« gnie estre receuë et approuuée par l'Eglise gallicane: Autres
« deux requestes presentées aussi par les consuls, manans et
« habitans de la ville de Billom en Auuergne, et par les exécu-

« teurs du testament de feu messire Guillaume du Prat, en son
« viuant éuesque de Clermont, à mesme fin : veu ledit arrest du
« 22. feburier 1560, les bulles du deffunct Pape Paul III,
« datées : *Romæ apud S. Marcum, anno Incarnationis Domini*
« *1540, 8 Kal. Octob. Pontifical. anno sexto*, par lesquelles
« nostre S. P. le Pape aurait approuué ladite société, assemblée
« sous le tiltre du Nom de Iesus, à la charge qu'en icelle société
« ne pourroyent entrer plus de 60 personnes : Autres bulles
« dudit Pape Paul III. aussi *dat. Romæ apud S. Petrum
anno 1543. die id. Mart., Pontificatûs anno decimo*, portant pou-
uoir ausdits frères receuoir en leur compagnie, tel nombre de
personnes que bon leur semblerait, changer et altérer leurs constitutions, icelles casser et en refaire de nouuelles, selon qu'ils
verront bon estre, et que la nécessité le requerra : sans que, pour
ce, leur soit besoin de nouuelle confirmation et approbation. Autres
bulles du mesme pape Paul III. *dat. Romæ apud Sanctum Mar-*
« *cum 1549. Kal. Nouembr. Pontific. ann. 15*, contenant plu_
« sieurs priuiléges concédez et octroyez à ladite société ; et cer-
« taines autres bulles du Pape Iules III, *dat. Romæ apud Sanct.*
« *Petrum 1550. 12. Kalen. Aug. Pontific. ann. 1*, par
« lesquelles il aurait aussi approuué ladite société, auec leurs
« requeste et priuiléges : les lettres patentes du deffunct roi
« Henri, datées à Bloys en Ianuier 1550, signées par le roi,
« monsieur le cardinal de Lorraine présent, clauses et scellées
« du grand scel sur cire verte, pendant à cordons de soye verte
« et rouge, par lesquelles le roi aurait aggréé et approuué les-
« dites bulles, et permis ausdits frères qu'ils puissent construire,
« édifier et faire bastir, des biens qui leur seront aumosnez, vne
« maison et collége *en la ville de Paris seulement, et non en*
« *autres villes*, pour y viure selon leur règle et statuts, et mandé
« à ses cours de parlemens, de vérifier lesdites lettres, et faire
« et souffrir iouyr, lesdits freres, de leursdits priuiléges : arrest
« de ladite cour, de parlement du 3. aoust 1554, par lequel ladite
« cour auroit ordonné que lesdites bulles et lettres seroient com-
« muniquées à l'éuesque de Paris, et à la faculté de théologie
« de l'Vniuersité dudit Paris, pour, sur icelles, estre ouys, et dire
« ce qu'il appartiendroit : les conclusions de ladite faculté de
théologie, en forme d'auis du 1 iour de décembre 1554 : au-
« tres lettres patentes du roi François II, du 25 auril 1560,

« signées par le roi en son conseil, de l'Aubespine, par lesquelles
« le roi, après auoir fait voir en son priué conseil, les remons-
« trances de ladite faculté de théologie, et entendu que ladite
« compagnie auait esté receuë és royaumes d'Espagne, Portu-
« gal, et en plusieurs autres païs, et qu'en icelle société pour-
« royent estre nourris personnages qui prescheront, instruiront, et
« édifieront le peuple, tant en ladite ville de Paris, qu'ailleurs,
« mande à ladite cour de procéder à l'homologation et vérifica-
« tion desdites bulles et lettres, nonobstant les remonstrances
« faictes par ladite faculté de théologie, et autres remonstrances
« faites à ladite cour, par l'éuesque de Paris : Certaine suppli-
« cation et requeste faite par les prestres et escoliers de ladite
« compagnie de Iésus, par laquelle ils supplient très-humble-
« ment la maiesté du roi, que leur ordre et religion soit receuë
« à Paris, et par le royaume de France, à la charge que leur
« priuilége obtenu de S. Siège apostolique, et leurs statuts et
« règles de ladite compagnie, ne soyent aucunement contre les
« loix royales, contre l'Église gallicane, ne contre les concordats
« faits entre nostre S. P. le pape, et le S. Siège apostolique,
« d'vne part, et Maiesté du roi, le royaume, d'autre ; ne contre
« tous droits épiscopaux, ne parochiaux, ne pareillement contre
« les chapitres des églises, soyent cathédrales, collégiales, ni
« aux dignitez d'icelles : mais seulement qu'ils soyent receus
« comme religion approuuée, auec la susdite limitation et restric-
« tion : consentement de l'éuesque de Paris à l'homologation et
« vérification desdites lettres et bulles, *à la charge* que lesdits
« frères ne pourront exercer aucune iurisdiction épiscopale,
« prescher et annoncer la parole de Dieu, sans la permission et
« consentement de leur éuesque ; qu'au cas qu'ils soyent pour-
« ueus d'aucuns bénéfices ecclésiastiques, mesmement curez ils
« respondront pour raison de leurs charges deuant leursdits
« euesques, sans aucune exception ; qu'ils seront visitez par leurs-
« dits éuesques, qu'ils ne pourront administrer aucuns sacre-
« mens, mesme de confession, et eucharistie, sans le congé
« exprez des curez de ceux ausquels ils voudront administrer
« lesdits sacremens ; qu'ils ne feront aucun préjudice ausdits
« curez, tant en spirituels, qu'en temporel, soit pour les obla-
« tions, droits de sepulture, et autres semblables qu'ils feront en
« leurs églises et chapelles : qu'ils ne pourront lire et interpréter la

« saincte Écriture publiquement, n'en particulier, sans qu'ils
« soyent approuuez par la faculté de théologie des Vniuersitez
« fameuses : le tout sans prejudice des autres ordres et reli-
« gions, à ce qu'ils ne puissent attirer à eux, et receuoir en leur
« compagnie les religieux profez desdits ordres : Addition faite
« par ledit euesque aux restrictions susdites : à sçauoir que les-
» dits frères soyent receus, par forme de société, et de compa-
« gnie seulement, et non de religion nouuelle ; lesquels seront
« tenus prendre autre nom que de Iésus, ou iésuites, qu'ils ne
« pourront faire aucunes constitutions nouuelles, changer ne
« altérer celles qu'ils ont jà faites, lesquelles seront soussignées
« des secretaires de l'assemblée, ne *in posterùm*, mesmes à ceux
« qu'ils pretendent leur auoir esté concédez par la bulle du
« pape Paul III, en date du 15. des kal. Nou. 1549, en ce qu'ils
« seroyent contraires aux restrictions susdites, et eux conformer
« ores et pour l'adueuir à la disposition du droict commun : Le
« tout, sans préiudice des droicts de rentes, censiues, protes-
« tations annuelles, et tous autres droicts des seigneurs tempo-
« rels. Tout véu et diligemment considéré, le nom de Dieu
« premièrement, et auant tout œuure, inuoqué, par protestation
« de tout honneur et obéyssance au S. Siege apostolique, et à la
« majesté du roy.

« L'assemblée, suiuant le renuoi de ladite cour de parlement
« de Paris, a receu et reçoit, approué et approue ladite so-
« ciété et compagnie par forme de société et collége, et non
« de religion nouuellement instituée, *à la charge* qu'ils seront
« tenus prendre autre tiltre que de *Société de Jésus*, ou de jé-
« suites, et que sur icelle dite société et collége, l'éues-
« que diocesain aura toute superintendance, iurisdiction,
« et correction de chasser et oster de ladite compagnie les
« forfaicteurs et mal-viuans ; n'entreprendront les frères d'icelle
« compagnie, *et ne feront en spirituel ne en temporel*, aucune
« chose au prejudice des éuesques, chapitres, curez, paroisses
« *et Vniuersitez*, ne des autres religions ; ains seront tenus de
« se conformer entièrement à ladite disposition du droict com-
« mun, sans qu'ils ayent droict *ne iurisdiction aucune*, et re-
« nonçant au préalable et par exprès à tous priuilèges portez par

¹ Il y a ici probablement lacune.

« d'autres, les présentes demeureront *nulles, et de nul effect et
« vertu*, sauf le droit de ladite assemblée, et l'autrui en toute
« chose. Donné en l'assemblée de l'église gallicane tenuë par le
« commandement du roi à Poissy, au grand réfectoire des véné-
« rables religieuses dudit Poissy, les seing et scel du réuéren-
« dissime cardinal de Tournon, archeuesque de Lyon, primat
« de France, président en ladite assemblée, comme premier
« archeuesque de ladite église gallicane, et R. P. en Dieu mon-
« sieur l'éuesque de Paris, rapporteur dudict faict, soubs les
« signes de maistre Nicolas Breton, et Guillaume Blanchi, gref-
« fiers et secretaires de ladite assemblée ; lundi 15 iour de sep-
« tembre, l'an 1561.

Homologation du parlement de Paris.

« Veu par la cour l'arrest donné en icelle, le 22 iour de fe-
« vrier 1560, sur les lettres patentes du roi octroyées aux *reli-*
« *gieux*, prestres et escholiers de la compagnie et société de
« Iésus, datées du 23 iour de décembre audit an 1560, par
« lequel ladite cour aurait ordonné que lesdits prestres et escho-
« liers se pouruoiroyent *au concile général*, ou asssemblée pro-
« chaine qui se ferait *de l'église gallicane*, sur l'approbation de
« leurdit ordre, sans préiudicier à la fondation des colléges insti-
« tuez par le feu éuesque de Clermont, et legs par lui faits pour
« entretenir lesdits pauures escholiers à l'estude, tant de Ville-
« bon, Mauriac, que de cette ville. Autre arrest du 18 nouembre
« audit an 1560, contenant *la declaration* faicte par eux, qu'ils
« n'entendoyent, par leurs priuiléges, préiudicier aux loix royales,
« libertez de l'église, concordats faicts entre nostre S. père le
« pape, le S. siège apostolique, et ledit sieur roi, ne contre les
« droicts épiscopaux, parochiaux, ne contre les chapitres, ne
« autres dignitez : L'acte d'approbation et reception desdits
« prestres et escholiers, faicte en l'assemblée du clergé, et concile
« national tenu à Poissy, du lundi 15 iour de septembre dernier,
« par lequel, suiuant ledit renuoi d'icelle cour, ladite assemblée
« auroit receu et approuué ladite société et compagnie *par forme*
« *de collége*, et non de religion nouuellement instituée, à la
« charge qu'ils seroyent tenus prendre autre tiltre que de société

« leurs bulles aux choses susdites, contraires : autrement à
« faute de ce faire, ou que pour l'aduenir, ils en obtiennent,
« de Iésus, ou de iésuistes : *et autres conditions* ci-deuant dé-
« clarées. La requeste par eux presentée à ladite Cour, le quator-
« ziesme ianuier dernier, pour enregistrer leurdite reception : Les
« *conclusions* du procureur general du roi, qui ne l'auroit voulu
« empescher : Et tout consideré, LADITE COVR a ordonné et
« ordonne, que ledit *acte* de reception et approbation faicte,
« audit concile et assemblée tenue à Poissy, sera enregistré au
« greffe d'icelle Cour par forme de société et collége qui sera
« nommé le collége de Clermont, et *aux charges et conditions*
« contenuës en leurdite declaration et lettres d'approbation sus-
« dites : c'est à sauoir que l'évesque diocésain aura toute super-
« intendance, iurisdiction et correction sur ladite société et
« collége, *ne feront les frères d'icelui, ne spirituel, ne temporel,*
« *aucune chose au preiudice des* éuesques, chapitres, curez, par-
« roisses et *vniuersitez*, ne des autres religieux ; ains seront
« tenus de se conformer entièrement à la disposition du droit
« commun. Et outre, a icelle cour ordonné, et ordonne, que de-
« liurance leur sera faicte par les exécuteurs du testament du-
« dit feu éuesque de Clermont, des biens, tant rentes que deniers
« à eux leguez, et lesquelles rentes où elles seroyent rachetées,
« ils seront tenus remployer en pareil reuenu au profit desdits
« colléges et escoliers. Faict en parlement le trentiesme fevrier
« mil cinq cens soixante et vn. Et au bas est escrit,

« COLLATION. »

CHAPITRE II.

C'était un hôtel considérable, etc.

Voir les notes du chapitre xv.

Julien de Saint-Germain......... L'autorisation tant désirée.

« Universis præsentes litteras impecturis Julianus de Saint-
« Germain, rector Universitatis, magistrorum, doctorum,
« scholarum Parisiis studentium salutem in Domino sempiter-
« nam. Ut ait Seneca : *Non amicitiæ reddas testimonium, sed
« veritati*, et huic consonat verbum philosophi (1° *ethicorum*)
« dicentis, ambobus existentibus amicis, sanctum est præhono-
« rare veritatem ; hinc est quòd nos non solùm amicitiâ moti,
« sed etiam veritate, novum testimonium perhibemus, quòd di-
« lecti nostri venerabiles et religiosi presbyteri et scholastici
« collegii societatis Jesu, vulgò Claromontensis, nuncupati fue-
« runt, pro ut et adhùc sunt, veri et continui scholastici in
« dicto collegio hodiè studentes, et à curiâ parlamenti recepti
« et admissi, prout nobis arresto et placito dictæ curiæ consti-
« tit, et constat. Quare hoc omnibus et singulis, quorum inte-
« rest aut interesse poterit, tenore præsentium certificamus,
« dictosque scholares ac omnia eorum bona quæcumque et ubi-
« cumque sita, sub nostrâ et nostræ dictæ Universitatis protec-
« tione, tuitione et custodiâ ponimus per præsentes ; ac ipsos
« scholares eorum ve procuratores et familiares, occasione ipsius
« scholaritatis, privilegiis, franchisiis et libertatibus dictæ Uni-
« versitatis uti meritò et gaudere volumus, ac defendi quòcum-
« que se duxerint transferendos ; in cujus rei fidem et testimo-
« nium sigillum rectoris Universitatis prædictæ, præsentibus
« litteris duximus apponendum.

« Datum Parisiis, anno Domini 1563, die quintâ mensis fe-
« bruarii. Et infrà visa per me rectorem. Signatum

« CORDONNIER.

Ses statuts lui défendaient l'admission des compagnies religieuses.

L'Université avait eu déjà de graves démêlés avec les compagnies religieuses. Pendant le carnaval de 1229, ses écoliers, après avoir dévasté la maison d'un cabaretier du faubourg Saint-Marcel, se mirent à courir dans les rues, attaquant toutes les personnes qu'ils rencontraient, sans distinction. La reine Blanche donna ordre au prévôt de sortir de la ville avec ses archers pour réduire les mutins. Le prévôt, ayant rencontré une bande d'écoliers qui se divertissaient dans la campagne, tomba sur eux, sans considérer qu'ils n'avaient pris aucune part au tumulte de Saint-Marcel. Les maîtres n'ayant pu obtenir satisfaction de la part de la reine, abandonnèrent la capitale, pour se répandre dans différentes villes du royaume, où ils jetèrent les fondements des Universités qui s'y formèrent dans la suite. Ils ne rentrèrent que deux ans après, quand ils eurent obtenu satisfaction par la médiation du pape Grégoire IX, mais ils trouvèrent les chaires de théologie occupées par les dominicains et les franciscains qui avaient profité de leur absence pour s'emparer de l'enseignement religieux. Vainement l'Université de Paris réclama ; son humeur vindicative et ses prétentions jalouses l'avaient rendue odieuse à la cour. Pour comble de disgrâce, le pape, qui aimait les ordres de saint Dominique et de saint François, confirma ces Pères dans leur usurpation. Il fit plus, par une bulle du 12 mai 1257, il rouvrit l'entrée de l'Université à tous les religieux qui seraient jugés capable d'y figurer.

Du Boullay, *Hist. univers. paris*, t. III.

Avec le temps, l'Université réussit à paralyser les effets de la bulle d'Alexandre IV. L'enseignement des religieux dût se renfermer dans le cloître et se borner aux novices de leur ordre.

On lisait.

On faisait leçon. Lire se dit aussi de quelque livre qu'un professeur explique à ses auditeurs et qu'il prend pour sujet des leçons qu'il leur donne. (Dictionnaire de l'Académie.) On appelle lecteurs royaux, les professeurs du collége de France, on dit lecteur du roi, en mathématiques, en philosophie.

CHAPITRE III.

Étienne Pasquier.

Né à Paris, en 1528, avocat au parlement. Henri III récompensa son mérite par la charge d'avocat général à la cour des comptes, qu'il exerça avec une intégrité peu commune. Ses recherches sur la France sont estimées, bien qu'écrites avec partialité. Le *Catéchisme des jésuites*, qu'il publia en 1602, est une violente diatribe dans le style du père Garasse. Il traite Ignace de *Démon incarné*, de *grand Sophi*, de *grand Ane*. Il est mort, à Paris, à l'âge de 87 ans.

Pasquier prétendit que son confrère usurpait une place qui lui appartenait.

Aux audiences du parlement, le recteur de l'Université de Paris se plaçait au banc des gens du roi, si les conseillers étaient en bas; et sur celui des ducs et pairs, du côté des conseillers laïques, si on tenait séance en robe rouge. — Pasquier revendiquait les prérogatives du recteur.

Pasquier qui voyait ruiner tout son plan de réplique, etc.

C'était un coup fourré, dit-il dans ses lettres; car ils (les jésuites) ne furent pas incorporés au corps de l'Université, comme ils le requéraient; mais aussi, étant en possession de faire lectures publiques, ils y furent continués....... Quelle réponse saurions-nous donner à celui qui ne nous combat d'arguments ?

Pasquier, liv. IV, lett. 24; liv. XXI, lett. 1!.

Ailleurs (liv. XXI, lett. 1) il se plaint, avec sa causticité habituelle, des menées du père Caigord jésuite, le plus intrépide solliciteur qu'on eût encore vu au palais.

Ramus.

(Pierre Laramée). Fameux par son érudition. — Traduit au Châtelet et au parlement pour avoir osé soutenir que tout ce qu'Aristote a enseigné n'est que pure chimère : « Quæcumque ab « Aristotele dicta sunt, falsa et commentitia esse. » On connaît sa mort tragique, au massacre de la Saint-Barthelemi, et l'infâme trahison de Charpentier, son confrère, qui découvrit sa retraite aux assassins. — Tué, en 1572, au collége de Presle, dont il était principal, à l'âge de 69 ans. C'est lui qui a établi la distinction des lettres *i* et *j*, *u* et *v*, confondues auparavant. Ramus avait embrassé la religion prétendue réformée.

Gallandius.

(Pierre Galland) principal du collége de Boncour et chanoine de Notre-Dame, figura parmi les adversaires les plus acharnés de Ramus. Divisés pour le reste, ces deux hommes étaient unis dans la haine qu'ils portaient aux jésuites.

Auger.

(Edmond) né à Alleman, dans le diocèse de Troyes, prit l'habit des jésuites, à Rome, sous saint Ignace. Son savoir égalait sa probité; mort, en 1591, dans la 61° année de son âge.

Maldonat.

(Jean) né à Caza de la Reina, dans l'Estramadure, fit ses études à Salamanque; enseigna le grec, la philosophie et la théologie avec le plus brillant succès. Le pape Grégoire XIII le fit venir à Rome pour surveiller l'édition de la *Bible grecque des Septante*. Ses *Commentaires sur l'Evangile* jouissent d'une réputation méritée. Mort, en 1583, à 49 ans.

Ils faisaient des ouvertures au recteur, etc.

C'étaient des suppliques adressées au recteur et à son conseil. Une des plus intéressantes est celle qui suit. Je me décide à la transcrire ici, bien qu'elle n'ait été présentée qu'en 1581. Comme elle est un peu longue, elle n'a pu trouver place dans le récit.

« Cum multis abhinc annis, Domini meritò colendi, saepè in
« almam hanc vestram Academiam scientiarum omnium paren-
« tem, vt cooptaremur, petierimus, quò ipsâ duce hic et alibì
« per vniversum orbem, quietò magis rem christianam ex insti-
« tuto adiuuare possemus : neque id tamen, temporum partim
« iniuriâ, partim quòd non satis forsan cognitum fuerit, quibus
« conditionibus id desideraremus, sit nobis hactenus conces-
« sum, facit etiam nunc nostra in vos obseruantia et desiderium
« quo tenemur, vt *à piâ matre in filios* adoptemur, vt clariùs de
« omnibus quæ desiderastis certiores vos facere instituerimus,
« obnixèque postulemus vt à vobis admittamur, scholastica nos-
« tra vestro calculo approbentur, nosque ac auditores nostros
« amplissimarum Academiæ facultatum, priuilegiorum, ac hono-
« rum participes efficere dignemini.

« Vt igitur ab eo primùm incipiamus, quod aliàs à nobis
« primum est petitum, vt qui et quales simus aperiamus; *sumus*
« *socii collegii* Claromontani religionis, clericorum societatis no-
« minis Iesu alumni, ac scholastici, qui in eum finem litteris
« operam damus, et eas instituto à sede apostolicâ approbato
« profitemur, vt postquam studia feliciter absoluerimus, per pro-
« fessionem in dictam religionem ingrediamur, ac per vniuer-
« sum orbem proximorum salutem procuremus. Quem quidem
« in finem post duos primos annos vota supplicia Deo nuncu-
« pamus, quibus idipsum, ac paupertatem, castitatem, et obe-
« dientiam promittimus, eamque in iis, quæ ad pietatem et col-
« legiorum ordinem spectant, iam ab eo tempore incipimus

« obseruare. Quòd si qui sint apud nos professi, ij tantùm vt
« nos in dictâ pietate instituant, vel vt theologiam doceant,
« versantur. Itaque petimus, vt, saluâ hac religiosæ vitæ disci-
« plinâ quæ ad finem nobis propositum est maximè necessaria,
« in Academiam cooptemur, quæ vt magis intelligatur, *declara-*
« *mus* per ipsam nobis non licere ad dignitates, cæteraque bene-
« ficia ecclesiastica aspirare, nec vllum temporale lucrum, aut
« mercedem pro laboribus accipere. Itaque *cedimus omnibus*
« *nominationibus, statutis, ac priuilegiis Academiæ* quæ illa spec-
« tant : cedimus etiam, licet instituto non repugnent, omnibus dig-
« nitatum seu magistratuum gradibus, titulis ac officiis, *vt rec-*
« *toratûs*, cancellarij, procuratoris, ac cæterorum : declaramus
« etiam nobis non licere medicinam, jurisprudentiam, aut eam
« canonum partem quæ versatur *in foro contentioso*, profiteri,
« sed tantùm nos theologiæ et philosophiæ curriculum, ac hu-
« maniores, litteras in sex aut septem classibus docere; idque
« in nostro solùm collegio. Neque tamen vt à magistratibus
« gerendis, ita et iam ab illorum obedientiâ nos eximere volumus.
« *Promittimus* enim domino *rectori*, ac cæteris, quibus reliqui
« obedire tenentur, omnem debitam obedientiam : statuta quoque
« Vniuersitatis ac facultatum earum, in quas admittemur, licita
« atque honesta nos seruaturos pollicemur, omnia denique
« obsequia atque officia, quæ à nobis, saluâ dictæ vitæ disci-
« plinâ, erga dominum rectorem et Vniuersitatem præstari
« potuerunt, officiosè persoluemus.

« Iam verò, vt maiori vinculo obseruantiæ adstringamur,
« sumemus, vt reliqui, Vniuersitatis gradus, priusquàm hic
« litteras publicè profiteamur. Quòd si quis in aliquâ Vniuersi-
« tate philosophiam aut theologiam audiuerit, pro more cæte-
« rorum academiæ probandus offeretur. Interim verò, vt qui
« iam actu docent pro approbatis ac magistris habeantur,
« petimus, solutis quæ ex statutis academiæ erant soluenda.

« Eamdem etiam reuerentiam erga matrem vt exhibeant
« nostri auditores, quantùm in nobis erit, efficiemus. Curabimus
« enim in primis, quoàd persuasionem fieri poterit, vt qui apud
« nos philosophiam audiunt, *gradus in Vniuersitate* accipiant :
« nullos item ad classes quasque admittemus, quin priùs in ipsâ
« immatriculentur. Cæterorum denique collegiorum auditores
« post remigalia et pascha non prius admittemus, quàm *à suis*

« *præceptoribus facultatem* aliò sese conferendi *in scripto* impe-
« trauerint.

« Cùm ad processiones domini rectoris erit eundum, procedent
« ex nostris magistri et graduati, aliqui cum aliis eiusdem gradûs
« et licentiaturæ, similiter et ex auditoribus nostris aliquis nume-
« rus, vt in aliis collegiis fieri solet.

« Si quid ampliùs desideratis, si placet, significate : nos pro
« viribus satisfaciemus.

« *Quæ cùm ita sint*, supplices à vobis petimus, vt pro vestrâ
« in remp. Christianam, ac de literis bene mereri cupientes, ca-
« ritate, nos nostrosque auditores, vt filios carissimos, in matris
« gremium, vt dictum est, admittatis : neque pro vestrâ sapientiâ
« permittatis, vt qui à fide catholicâ sunt auersi, nostras diutiùs
« contentiones rideant, et è re suâ esse ducant : quinimò conce-
« datis, quod boni omnes optant, vt contra eorum nefarios co-
« natus, pro religionis reique publicæ christianæ defensione, quam
« semper tantopere promouere curastis, vobis ducibus ac cata-
« phractis militibus, nos leuis armaturæ, ac veluti velites prælia
« domini præliari possimus.

« Signé, *Pigenat,* collegij eiusdem moderator. »

CHAPITRE IV.

—

Son premier magistrat ne fut d'abord élu que pour huit jours.

C'est le cardinal Simon de Brie, légat du pape Clément IV, qui, en 1628, fixa la durée du rectorat à trois mois. Pendant plus de trois cents ans ce règlement fut religieusement observé, mais il finit par être abrogé. A l'époque où Crévier écrivait son histoire, le rectorat était continué un an, ordinairement deux, quelquefois trois. Néanmoins, on avait conservé l'usage des quatre élections par année, pour maintenir le droit des intrants. Les trimestres étaient ainsi divisés : premier jour de classe après la saint Denis, premier jour de classe avant Noël, veille de l'Annonciation, veille de la fête de saint Jean-Baptiste.

L'article LXXIV des statuts défend d'aspirer au rectorat avant d'avoir enseigné, sept ans, la grammaire et la rhétorique dans un collége de plein exercice, ou professé, deux années, la philosophie. Étaient également éligibles, les principaux ayant exercé pendant deux ans, et les bacheliers des facultés supérieures.

Le recteur, nouvellement élu, prêtait serment entre les mains de son prédécesseur.

Le recteur marchait escorté de quatre massiers.

C'étaient les quatre premiers appariteurs des facultés. Les facultés et les nations avaient, chacune, deux appariteurs qu'on appelait bedeaux. Celui de la province de France avait le nom de grand bedeau de France. Ils portaient les insignes de la faculté ou de la province à laquelle ils étaient attachés, et se tenaient prêts à exécuter les ordres du recteur, des doyens et des procureurs. Aux examens pour la maîtrise ès arts, les grands bedeaux de service recevaient, des candidats admis, quatre livres; les petits, quarante sols, pour remplacer le chapeau et la paire de gants qu'on donnait, auparavant, à chacun des grands bedeaux.

On comptait quatorze appariteurs, six pour les facultés de théologie, de droit et de médecine, huit pour les quatre nations dont se composait la faculté des arts.

Le grand sceau de l'Université.

Les armes de l'Université de Paris étaient une main descendant du ciel, tenant un livre entouré de trois fleurs de lis d'or, à fond d'azur.

Il présidait aux Mathurins.

Le couvent des Mathurins, dans la rue de ce nom, près de la rue Saint-Jacques.

Les procureurs des *quatre nations*.

Après le recteur, les procureurs des nations tenaient le premier rang dans l'Université.

Des doyens.

Doyen, le plus ancien docteur dans chaque faculté.

Du syndic.

Le syndic suivait dans les tribunaux les procès de l'Université dont il était l'agent et le procureur.

Le greffier.

C'était chez le greffier qu'étaient déposées les archives de l'Université, qui, avant la création de cet office, étaient transportées chez le recteur.

Le receveur.

Dépositaire des deniers de l'Université. Ses honoraires consistaient dans le sol pour livre, qu'il retenait sur toutes les sommes qu'il recevait.

Le syndic, le greffier et le receveur étaient appelés grands officiers de l'Université. Ils étaient inamovibles.

Le recteur pouvait prétendre à 1,500 fr. d'honoraires.

Son traitement était basé sur les droits du sceau et le timbre des parchemins.

Le recteur allait faire la visite des parchemins, à la foire du Landi, qui avait lieu, le premier lundi après la Saint-Barnabé, dans la campagne, entre Saint-Denis et le village de la Chapelle. Défense était faite aux marchands de vendre avant qu'il eût fait ses provisions. Il partait de la place de Sainte-Geneviève escorté des régents et d'un grand nombre d'écoliers à cheval. Les graves désordres qui se commettaient pendant cette fête provoquèrent plusieurs arrêts du parlement; ils ne cessèrent néanmoins qu'après qu'on eut transféré cette foire célèbre, du milieu de la plaine, dans la ville même de Saint-Denis.

Les troubles de la ligue et l'invention du papier amenèrent l'abolition du Landi. Le nom, toutefois, en resta, et on appelait ainsi le congé que donnait le recteur, le lundi après la Saint-Barnabé.

Landi, *ab indictâ die*. — *Landi* de *lundi* par corruption; cette étymologie semblerait plus naturelle. C'était pour les écoliers le lundi par excellence.

En 1763, le chef-lieu de l'Université ayant été fixé au collège de Louis-le-Grand, tout le parchemin qui entrait dans

Paris était porté dans une salle de cette maison, pour y recevoir le timbre du recteur. Chaque botte était taxée à 20 deniers tournois.

Elles (les Nations) avaient séparément un procureur, etc.

Le procureur était le chef de la nation.
Le censeur veillait à l'observation des lois et des statuts.
Le questeur recevait les deniers communs, et les distribuait à qui de droit.
Les examinateurs étaient chargés du premier examen pour la maîtrise ès arts.
La faculté des arts avait son tribunal particulier, composé du recteur et des procureurs des quatre nations. Ce tribunal était distinct de celui de l'Université, et avait son ressort.
On a vu ce qu'étaient les chanceliers de Notre-Dame et de Sainte-Geneviève, et les conservateurs des priviléges apostoliques et royaux, le premier, choisi parmi les évêques de Beauvais, de Meaux, de Senlis et de Paris ; le second, représenté par le prévôt de Paris ; il nous reste à parler des grades, pour compléter l'esquisse de l'ancienne Université.
Comme aujourd'hui, chaque faculté avait ses formalités particulières pour la réception des candidats. La maîtrise ès arts était de nécessité préalable pour monter aux degrés dans les facultés de théologie et de médecine ; elle n'était pas de rigueur néanmoins pour obtenir les grades en droit. Le candidat s'adressait au premier appariteur de sa nation, qui l'instruisait des différentes suppliques à faire pour passer à la maîtrise ès arts. Ces suppliques débutaient ainsi :

> Amplissime rector,
> Sapientissimi decani,
> Procuratores ornatissimi,
> Proceres academici.

Le censeur indiquait le jour du premier examen qui roulait sur les humanités, la rhétorique et la philosophie. Cette première épreuve donnait le titre de bachelier ; mais, pour être maître ès arts, il fallait être licencié, et, à cet effet, subir un second examen à Notre-Dame ou à Sainte-Geneviève, selon qu'on se trouvait dans l'un ou l'autre ressort. On était interrogé par une commission composée de quatre députés des nations, sous la présidence du chancelier qui conférait le degré de licence en donnant, au nom et de l'autorité de pape, la bénédiction apostolique, et couronnait le nouveau maître ès arts par l'imposition du bonnet.

Le récipiendaire devait avoir fait deux ans de philosophie dans l'Université. Il jurait :

1° De professer la religion catholique, apostolique et romaine, et d'y persévérer, avec la grâce de Dieu, jusqu'à la mort ;

2° De rendre, quelle que fût sa position sociale, honneur et hommage à l'Université et au recteur de l'Université ;

3° De défendre les droits et priviléges de l'Université, de maintenir en tout honneur, ses us et coutumes.

4° De ne reconnaître, conformément aux doctrines de l'Église gallicane, aucune puissance au-dessus de la puissance royale, pour le temporel.

La maîtrise ès arts résumait tous les grades de la faculté des arts. Les dénominations de bachelier, de licencié et de docteur n'étaient en usage que dans les facultés supérieures, c'est-à-dire la théologie, le droit et la médecine.

La faculté des arts était une société composée de gradués des quatre facultés, et c'est peut être ce qui lui a fait donner la dénomination particulière d'Université. Il n'y avait que les *docteurs* des facultés supérieures qui en fussent exclus. Dès qu'un licencié en théologie, en droit ou en médecine qui y était immatriculé, prenait le degré de docteur, il cessait, par ce seul fait, d'avoir droit d'assister aux assemblées de cette faculté.

Voir du Boullay, *Hist. univ. paris.*, Crévier, Piales.

Charles cardinal de Bourbon.

Fils de Charles de Bourbon, duc de Vendôme, porta effectivement le titre de roi, pendant les désordres de la ligue. J'ai vu, à Saintes, des pièces d'argent du module des anciennes pièces de trente sols, frappées à son effigie.

Maison professe.

Les maisons professes étaient l'asile de la prière ; elles renfermaient les jésuites qui dirigeaient les consciences et vaquaient au sacerdoce; elles s'occupaient des sciences, de la controverse et des missions.

Les maisons de noviciat recevaient les sujets qui se proposaient pour entrer dans la compagnie, sous la direction des pères les plus distingués par la sagacité et le savoir. C'était dans ces séminaires qu'on étudiait la vocation des aspirants qui avaient été choisis la plupart dans les colléges. Les savants allaient enseigner dans les classes ; ceux qui préféraient les fonctions du sacerdoce, la prédication, les labeurs de l'étude ou les exercices de la vie ascétique, entraient dans les maisons professes.

Ces Pères voulaient bâtir une chapelle.

Cette chapelle devait être remplacée par une église qui n'a jamais été bâtie.

CHAPITRE V.

Ratio studiorum.

Extrait du Ratio studiorum.

« STUDIORUM CURA.

« Cùm ideò collegia et universitates societas amplectatur, ut in
« his nostri commodè possint, et doctrinâ, ceterisque rebus,
« quæ ad adjuvandas animas conferunt, instrui, et quæ didice-
« rint ipsi, communicare cum proximis : post religiosarum, et
« solidarum virtutum curam, quæ præcipua esse debet, illud
« maximè incumbat, ut finem hunc, quem in gymnasiis admit-
« tendis societas sibi proposuit, deo juvante, consequatur.

« TRAGOEDIÆ ET COMOEDIÆ.

« Tragœdiarum et comœdiarum, quas non nisi latinas, ac raris-
« simas esse oportet, argumentum sacrum sit, ac pium, neque
« quicquam actibus interponatur, quod non latinum sit, et de-
« corum ; nec persona ulla muliebris, vel habitus intro-
« ducatur.

« FINIS.

« Feratur præceptoris peculiaris intentio, tùm in lectionibus,
« cùm se occasio obtulerit, tum extrà eas, ad auditores suos ad

« obsequium, et amorem Dei, ac virtutum, quibus ei placere
« oportet, movendos, et ut omnia sua studia ad hunc finem
« referant.

« PRÆFECTUS STUDENTIUM.

« Sit denique in omnibus, divina aspirante gratiâ diligens, et
« assiduus præfectus studentium, tùm in lectionibus, tùm in
« aliis litterariis exercitationibus studiosus : non uni se magis
« quam alteri familiarem attendat; contemnat neminem, paupe-
« rum studiis æquè ac divitem prospiciat, profectumque unius-
« cujusque è suis scolasticis speciatim procuret.

« SCHOLARUM DISPUTATIONES.

« Consideret quandò, quâ ratione, et quò convenire debeant
« scholæ ad disputandum inter se : nec solùm disputandi ratio-
« nem ante præscribat, sed etiàm, dum certatur præsens ipse
« sedulò curet, ut fructuosè, modestè, pacatè gerantur omnia.
« Eodemque modo rhetorum, et humanistarum declamatio-
« nibus, seu prælectionibus, quas in gymnasio habere solent,
« intersit.

« ACADEMIÆ.

« Ad litterarias exercitationes altiùs imprimendas det curam,
« ut si rectori videbitur, in classibus non modò rhetoricæ, et hu-
« manitatis, sed etiam grammaticæ, academiæ instituantur, in
« quibus statutis diebus, certisque legibus quæ in fine libri ha-
« bentur, vicissim prælegatur, disputetur, aliæque boni auditoris
« partes agantur.

« PRÆMIORUM NUMERUS.

« Rhetoricæ octo præmia proponentur, duo solutæ orationis
« latinæ, duo carminis, duo solutæ orationis Græcæ, totidem
« Græci carminis. Sed item planè ordine in humanitate, et in
« primâ classe grammaticæ, relicto scilicet Græco carmine, cu-
« jus infrà rhetoricam ferè non est usus. Quatuor deinceps in
« omnibus aliis inferioribus, relicto etiam latino carmine. Unus
« prætereà, aut alter in singulis classibus, qui optimè omnium

« christianam doctrinam recitaverit, præmio donetur. Poterunt
« tamen, ubi ingens, aut parvus est numerus discipulorum, plura,
« vel pauciora dari, dummodò potior semper solutæ orationis
« latinæ ratio habeatur.

« PRÆMIORUM APPARATUS.

« Constituto deindè die, quanto maximoque fieri poterit appa
« ratu, et hominum frequentiâ, nomina victorum publicè pro-
« nuncientur, et in medium procedentibus, præmia, cuique sua,
« honorificè dividantur. Si quis non aderit, nisi potestatem justis
« de causis, quæ rectori probentur, acceperit à præfecto, præ-
« mium vel optimo jure sibi debitum amittat.

« DISTRIBUTIO.

« Unumquemque victorem præco evocabit hoc ferè modo :
« quod felix faustumque sit rei litterariæ, omnibusque nostri
« gymnasii alumnis, primum, secundum, tertium, etc., præmium
« solutæ orationis latinæ, græcæ; carminis latini, græci, etc.,
« meritus et consecutus est N. Tùm victori tradat præmium,
« non ferè sine aliquo ad rem maximè apposito carmine brevis-
« simo, quod statim, si commodè fieri possit, à cantoribus repe-
« tatur. Ad extremum addat idem præco, si qui proximè acces-
« serint, quibus aliquid etiam, præmii loco, dari licebit.

« GRADUS CUJUSQUE SCHOLÆ.

« Scholæ omnes in suo se gradu contineant. De rhetorice
« quidem et humanitate dicetur seorsim; grammaticæ verò tres
« scholæ esse debent, quibus ejusdem quidam quasi cursus ab-
« solvatur. Omnia proindè Emmanuelis præcepta tres in partes
« dividenda sunt, quarum singulæ singularum scholarum sint
« propriæ, ita tamen, ut in unâ quâque classe ea semper, quæ in
« scholâ proximè inferiori tradita sunt, recurrantur, prout in
« cujusque magistri regulis judicabitur.

« CORRIGENDÆ QUAM PLURIMÆ SCRIPTIONES.

« Quotidiè scriptiones singulorum à magistro corrigi oporteret,
« cùm præcipuus, et maximus indè fructus existat : si tamen
« multitudo non patiatur, corrigat quàm plurimas potest, ità ut
« quos uno die discipulos præteriit, altero vocet. Eam ob causam,
« diebus præsertim, quibus carmina afferuntur, scriptiones ali-
« quas æmulis emendandas dispertiat (quod quò commodiùs fiat,
« unusquisque non suum tantùm, sed etiam æmuli nomen à
« tergo scriptionis inscribat) aliquas ipse magister pomeridiano
« tempore, dùm memoriter recitatur, aliquas, si libuerit, domi
« corrigat.

« EXERCITATIONES INTER CORRIGENDUM.

« Exercitationes varias, dùm scripta corrigit, pro scholæ gradu,
« modò hanc, modò illam imperet. Nullâ enim re magis adoles-
« centium industria, quam satietate languescit.

« CONCERTATIO.

« Concertatio, quæ vel magistro interrogante, æmulisque cor-
« rigentibus, vel ipsis invicem æmulis percontantibus fieri solet,
« magni facienda, et quoties tempus permittit, usurpanda, ut
« honesta æmulatio quæ magnum ad studia incitamentum est,
« foveatur. Poterunt autem vel singuli, vel plures ex utrâque
« parte committi, præcipuè ex magistratibus; vel unus etiam
« plures lacessere, privatus ferè privatum petet, magistratus ma-
« gistratum; privatus etiam interdùm magistratum, ejusque
« dignitatem, si vicerit, sive aliud præmium, aut victoriæ signum
« consequi poterit, prout scholæ dignitas, et locorum ratio pos-
« tulabit.

« MAGISTRATUS.

« Magistratus eligendi, præmiisque etiam, si videbitur, affi-
« ciendi, nisi id alicubi in rhetoricâ minùs necessarium videretur,
« singulis ferè, aut alternis mensibus : ad eam rem semel solutâ
« oratione, semel etiam, si videatur, in superioribus classibus,

« carmine, græcè ve scribant in scholâ, toto scholæ tempore, nisi
« in inferioribus meliùs videatur semihoram concertationi relin-
« quere. Qui omnium optimè scripserint, summo magistratu ; qui
« proximè accesserint, aliis honorum gradibus potientur : quo-
« rum nomina, quò plus eruditionis res habeat, ex græcâ romanâ
« ve republicâ, militiâve sumantur. Duas autem ferè in partes ad
« æmulationem fovendam schola dividi poterit, quarum utraque
« suos habeat magistratus alteri parti adversarios, unicuique
« discipulorum suo attributo æmulo. Summi autem utriusque
« partis magistratus primum in sedendo locum obtineant.

« ACADEMIÆ.

« Academias instituat, si rectori videbitur, ex regulis quæ prop-
« tereà seorsim conscriptæ sunt, ad quas discipuli, maximè
« festis diebus, vitandi otii, et malarum consuetudinum causâ con-
« veniant.

Voir l'analyse de Cerutti, à qui nous avons emprunté la plupart des réflexions qu'on a pu lire.

ORGANISATION DES COLLÉGES DE LA COMPAGNIE DE JÉSUS.

Recteur. — C'était l'administrateur de l'établissement ; il y avait quelquefois un sous-recteur ; la charge de recteur pouvait durer trois ans, six au plus.

Ministre. — Chargé de l'inspection morale et temporelle. Il réunissait dans ses attributions la discipline des religieux et l'économie de la maison.

Procureur. — Sous les ordres du ministre, tenait la caisse, faisait les achats et approvisionnements, veillait à l'entretien des élèves et des religieux.

Préfet des études. — Sa juridiction s'étendait sur les professeurs comme sur les élèves. Il visitait les classes, donnait les sujets de composition, nommait des commissaires pour les corriger. Il y avait quelquefois un sous-préfet, plus particulièrement chargé du maintien de la discipline.

Surveillants. — Les fonctions de surveillant étaient communes à tous les pères. On distinguait les surveillants d'étude et de récréation, qui étaient soumis eux-mêmes aux surveillants de division.

Conférenciers. — Chargés du catéchisme et de la haute instruction religieuse.

ENSEIGNEMENT DES SCIENCES ET DES LETTRES.

Mathématiques supérieures,
Physique et chimie,
Mathématiques élémentaires,
Philosophie, logique et métaphysique,
Classe d'humanités,
Grammaire supérieure (*suprema grammatica*),
Moyenne grammaire (*media grammatica*),
Grammaire inférieure (*infima grammatica, ordo prior*),
Grammaire inférieure (*infima grammatica, ordo posterior*).

On employait aussi les dénominations : *Rhétorique, seconde, troisième, quatrième, cinquième, sixième* (la *septième* n'a été reconnue que plus tard). Les cours préparatoires se faisaient chez des pédagogues qui logeaient, la plupart, dans le voisinage du collége, sous la surveillance des RR. PP.

SERVICE DE LA MAISON.

Les domestiques étaient dirigés par des frères lais ou coadjuteurs. Ceux-ci étaient religieux de l'ordre, participant aux avantages spirituels de la société. Ils étaient admis pour servir les prêtres. Dans les pensionnats, ils étaient à la tête de tous les offices. Il y avait donc un frère infirmier, un frère portier, un frère linger, un frère jardinier, etc., chargés de surveiller l'infirmerie, les domestiques employés au service de la porte, de la lingerie, du jardin, etc. Il y avait dans la maison des ateliers de menuiserie, serrurerie, vitrerie, etc., conduits aussi par des frères lais.

La hiérarchie était scrupuleusement observée dans la compagnie de Jésus. Le recteur, auquel obéissaient tous les fonctionnaires du collége, était lui-même soumis au père provincial, et celui-ci au père général.

Les jésuites avaient divisé la France en cinq provinces : Lyon, Paris, le Languedoc, la Guyenne, la Champagne avec la Lorraine qui, plus tard, en fut distraite pour faire une sixième province. Chacune sous l'inspection générale d'un religieux qui, sous le nom de père provincial, correspondait directement avec le général résidant à Rome.

CHAPITRE VI.

—

Ils attendaient, pour saluer le Roi, l'autorisation de la cour de Rome.

Henri IV s'était fait catholique, dès le mois de juillet 1593. « Après plusieurs conférences qui eurent lieu, devant lui, entre des docteurs de l'une et l'autre Église ; après de longues instructions dans lesquelles il voulut amplement être éclairci de tous ses doutes, le roi abjura son erreur, fit profession de la foi catholique, et reçut l'absolution dans l'église abbatiale de Saint-Denis, au mois de juillet, par le ministère de Renaud de Beaune, archevêque de Bourges. »

Péréfixe, Histoire de Henri-le-Grand.

CHAPITRE VII.

Le **27** décembre suivant, etc.

On lira avec plaisir la circulaire que Henri IV écrivit à plusieurs villes de son royaume, aussitôt après l'attentat de Châtel. « Un jeune garçon, nommé Jean Châtel, fort petit et âgé de dix-huit à dix-neuf ans, s'étant glissé, avec la troupe, dans la chambre, s'avança, sans être quasi aperçu, et pensant nous donner dans le corps, du couteau qu'il avait, le coup ne nous a porté que dans la lèvre supérieure, et nous a entamé et coupé une dent... il y a, Dieu merci, si peu de mal que, pour cela, nous ne nous mettrons pas au lit, de meilleure heure. »

N'est-ce pas un père de famille qui écrit à ses enfants pour les rassurer !

Sur ses ruines fut érigée une pyramide, etc.

On employa, pour la construction de ce monument, les biens de Châtel, le prix d'une maison que les jésuites possédaient au village d'Issy, et le capital d'une rente appartenant au collége de Clermont.

La bibliothèque du roi fut transportée dans les bâtiments du collége ; Gosselin en eut la garde sous la surintendance du président de Thou. On voit, par l'inventaire et le procès-verbal de la vente des meubles de la compagnie de Jésus, que huit cents écus ont été consacrés à la reliure des manuscrits de la bibliothèque de Sa Majesté.

L'arrêt du parlement portait que tous les biens des jésuites seraient appliqués en œuvres pies. On trouva dans les celliers des provisions de blé, de vin et d'huile qui furent portées à l'Hôtel-Dieu et à la Conciergerie. La bibliothèque, une des plus belles de ce temps-là (elle possédait vingt mille volumes, y compris les livres de Budée, qui avaient été donnés par le président de Saint-André), ne fut vendue que *sept cents écus*; il est vrai que beaucoup de livres rares et de manuscrits précieux furent volés pendant la nuit.

Les bâtiments logèrent certains personnages connus, à cette époque, mais dont on ne parle plus aujourd'hui. Ils n'étaient pas tous fort scrupuleux : un sieur Baugrand, entre autres, avait établi sa cuisine dans la chapelle, cette chapelle aimée des pieuses reines Élisabeth d'Autriche et Louise de Vaudemont, qui venaient y entendre la parole de Dieu expliquée par Auger et Maldonat. Nous ne confondons pas avec ces vandales un des spirituels collaborateurs de la satire Ménippée où les jésuites ne sont pas épargnés, Passerat, qui mourut à soixante-deux ans dans les murs du collége de Clermont. Il avait composé lui-même son épitaphe qui finit par ce vers,

Veni, abii; sic vos venistis, abibitis omnes.

Les jésuites fonctionnaires du collége de Clermont se partagèrent en deux troupes; l'une, sous la conduite du père Clément Dupuis, était partie le 8ᵉ jour du mois de janvier 1595 ; dès le lendemain, ceux qui en faisaient partie furent abandonnés de l'escorte que leur avait donnée le parlement, et des charrettes qui devaient porter leurs bagages. Averti de la position critique où ils se trouvaient, le duc de Nevers leur envoya le capitaine de ses gardes et des archers, avec des passe-ports pour les conduire en sûreté, par son gouvernement de Champagne, jusqu'aux frontières de la Lorraine où le duc leur fit bon accueil et leur donna des secours. C'est là qu'ils furent rejoints par la seconde troupe, sous la conduite d'Alexandre Georges; ils se rendirent tous ensemble à Pont-à-Mousson, où les pères Alexandre Georges et Guéret les quittèrent et se rendirent à Rome pour rapporter de vive voix au père général ce qui venait de se passer à Paris.

CHAPITRE VIII.

On remit en vigueur les règlements du cardinal d'Estouteville.

Guillaume d'Estouteville, cardinal-archevêque de Rouen, d'une ancienne et illustre famille de Normandie, réforma l'Université, qui lui doit aussi bien qu'à Simon de Brie, des règlements pleins de sagesse. Il mourut à Rome, doyen des cardinaux, à l'âge de quatre-vingts ans, en 1483.

CHAPITRE IX.

Hamilton, Aubry, nommés, l'un à la cure de Saint-Côme ; l'autre, à celle de Saint-André-des-Arcs.

Ces deux cures étaient à la nomination de l'Université, ainsi que celle de Saint-Germain-le-Vieux et onze chapellenies dont les bénéficiers devaient comparaître au synode qui avait lieu, chaque année, le second mardi d'après Pâques, sous peine d'un écu d'or d'amende.

CHAPITRE X.

CHAPITRE XI.

Henri ne songeait qu'à désarmer les partis par ses bienfaits.

Voir Péréfixe.

CHAPITRE XII.

Les jésuites se présentèrent assistés de Montholon.

Montholon (Jacques de), d'une famille illustre dans la magistrature, et où la vertu était héréditaire, mort le 17 juillet 1622.

CHAPITRE XIII.

Il débute par féliciter ses clients, etc.

Ce discours de Montholon, qui se trouve difficilement comme la plupart des pièces apologétiques des jésuites, ne comprend pas moins de quatre cents pages.

CHAPITRE XIV.

Il était d'ailleurs fort occupé, etc.

Voir la vie d'Edmond Richer.

CHAPITRE XV.

Le clergé assuré du concours de la noblesse.

Supplique du clergé.

« Les grands fruits et notables services que ceux de la société
« et compagnie des jésuites ont faits et font continuellement en l'E-
« glise catholique, nous obligent de prier très-humblement Votre
« Majesté qu'en considération des bonnes lettres et de la piété
« dont ils font profession, il lui plaise leur vouloir permettre
« d'enseigner et faire les autres fonctions dans leur collége de
« Clermont de cette ville de Paris, comme ils faisaient autrefois;
« et pour terminer toutes les oppositions et différends de l'Uni-
« versité et autres mus pour ce regard et pendant en la cour du
« parlement, les évoquer à vous, à votre conseil et en interdire
« la connaissance à tous autres juges. Plaise aussi à Votre Ma-
« jesté, en les conservant ès lieux et endroits de votre royaume
« où ils sont maintenant, leur accorder encore à ceux qui le de-
« manderont à l'avenir, et prendre toute la compagnie en sa pro-
« tection comme il avait plu au feu roi de faire. »

Supplique de la noblesse.

« .... Qu'attendu le fruit que font journellement les pères jésuites,
« tant à l'avancement de la religion, qu'à l'instruction de la jeu-
« nesse, il plaise à Votre Majesté leur permettre d'enseigner à
« leur collége de Clermont, ainsi qu'ils avaient coutume de faire,

« et les conserver en leurs anciennes fondations et droits, se
« soumettant aux lois et statuts de l'Université, et qu'aux villes
« de ce royaume qui les demanderont, il leur soit permis de faire
« bâtir des colléges. »

La cour fut rebâtie, etc.

La grande porte, sur la rue Saint-Jacques, est citée par Charles d'Aviler dans son *Cours d'architecture*. C'est à propos de la porte Pie, bâtie sur les dessins de Michel-Ange : « La plate-bande en trois parties, dit-il, quoique d'un mauvais goût, a été imitée au château de Chilly et aux portes de l'hôtel de Condé et du collége des jésuites, dit de Louis-le-Grand, à Paris. »

CHAPITRE XVI.

Une femme se chargea de montrer au nouveau Zoïle, etc.

Lefèvre (Anne), madame Dacier, illustre par sa science. Le duc de Montausier la fit travailler à l'un de ces livres qu'on nomme Dauphins, pour l'éducation de Monseigneur. Le Florus, avec des notes latines, est d'elle. Ses traductions de Térence et d'Homère lui font un honneur immortel. Lamotte ne l'attaqua qu'avec de l'esprit, et elle ne le combattit qu'avec de l'érudition. Morte en 1720 au Louvre.

Voltaire, *Siècle de Louis XIV*.

Mesdames de Sévigné et de Lafayette, etc.

Marie de Rabutin, marquise de Sévigné. « Mademoiselle de Rabutin, sous la tutelle de son oncle, l'abbé de Coulanges, apprenait le latin, l'italien, l'espagnol. Elle voyait souvent Ménage et Chapelain. Ménage, surtout, plus assidu, doué d'une mémoire prodigieuse, très-versé dans les poésies latine, grecque, italienne, fortifiait son goût pour la littérature, et se plaisait à lui dévoiler toutes les beautés des langues qu'elle étudiait, etc. »

Gault de Saint-Germain, *Lettres de Madame de Sévigné*, 1823. L. I, p. 1.

Madame de Sévigné est morte en 1696.

Marie-Magdelaine de La Vergne, comtesse de Lafayette. Sa Princesse de Clèves et sa Zaïde furent les premiers romans où l'on vit les mœurs des honnêtes gens, et des aventures naturelles écrites avec grâce.

Voltaire, Siècle de Louis XIV.

Ménage et le Père Rapin lui apprirent la langue latine. Après quelques mois de leçon, elle concilia ses deux maîtres sur un passage difficile auquel ils donnaient une interprétation différente. Elle goûtait particulièrement la société de la Fontaine, de Huet et de Segrais qu'elle retira dans sa maison quand il tomba dans la disgrâce de mademoiselle de Montpensier, dont il désapprouvait le mariage avec Lauzun.

Morte en 1693.

Voir le Dictionnaire des hommes illustres;
les OEuvres de Segrais, Ménage, etc.

La grande Dauphine.

Marie-Anne-Christine-Victoire de Bavière, épouse du grand dauphin fils de Louis XIV, mère du duc de Bourgogne et du duc d'Anjou qui fut roi d'Espagne. Elle connaissait presque toutes les langues de l'Europe, les parlait avec facilité, aussi bien que la langue latine qu'elle savait parfaitement. Morte en 1690, à 29 ans.

Oraisons funèbres de Fléchier, Notes de l'abbé Lequeux.

La marquise de la Sablière.

Hessin (Marie-Victoire), marquise de la Sablière. Non seulement elle entendait parfaitement la langue du siècle d'Auguste, et savait par cœur les plus beaux vers d'Horace et de Virgile, mais elle n'était étrangère à aucune des connaissances humaines cultivées de son temps.

Walkenaër, Histoire de la vie et des ouvrages de la Fontaine.

Madame de la Sablière fit cesser la position pénible où se trouvait la Fontaine, en le retirant chez elle. Elle l'a gardé tant qu'elle a vécu, et lorsqu'elle-même avait abandonné sa maison pour s'enfermer aux Incurables, où elle est morte dans les pratiques de la dévotion et de la charité, en 1693.

Son frère était lié avec Racine qui en parle souvent dans ses lettres à Boileau.

L'abbesse de Fontevrault.

Rochechouart (Marie-Magdelaine-Gabrielle de), sœur de mesdames de Thianges et de Montespan. Ces trois filles du duc de Mortemart plaisaient, ainsi que le duc de Vivonne leur frère, par un tour singulier de conversation mêlée de plaisanterie, de finesse et de naïveté, qu'on désignait, à la cour, par la dénomination particulière d'esprit des Mortemart, qui charmait d'autant plus qu'il avait une sorte de vertu communicative, et faisait valoir l'esprit des autres. Madame de Fontevrault, la plus jeune et la plus belle des trois sœurs, que Saint-Simon nomme la reine des abbesses, joignait encore aux qualités communes à sa famille, un savoir rare et étendu. Religieuse sans vocation, elle chercha un amusement convenable à son état dans l'étude de l'Écriture-Sainte, de la théologie, des Pères de l'Église et des langues savantes qu'elle possédait parfaitement. Elle était adorée dans son ordre, où elle donnait l'exemple de la plus grande régularité : chargée de son voile et de ses vœux, elle paraissait fréquemment à la cour, y partageait la faveur de ses sœurs, était de toutes les fêtes, sans que jamais sa réputation en ait souffert la moindre atteinte...

Walkenaër, *Histoire de la vie et des ouvrages de la Fontaine.*

Elle se délassait de la lecture des philosophes par celle des poëtes. Homère, Virgile, Cicéron, Platon lui étaient familiers, ainsi que les langues dans lesquelles ils ont écrit.

Morte en 1704, à 59 ans, laissant un grand nombre d'ouvrages manuscrits qui donnent une idée avantageuse de son savoir et de sa piété.

Lettres de Racine, avec les notes de Geoffroy.

A la tête des femmes illustres qui connaissaient les langues anciennes, il faut placer Elisabeth, reine d'Angleterre. Sa version d'Horace fut longtemps estimée des savants.

Elle avait traduit le Philoctète de Sophocle.

Voltaire, *Correspondance générale*, année 1752, lettre à Madame Denis.

Anne de Rohan, sœur de Henri, prince de Léon, gendre de Sully, savait l'hébreu et cultivait la poésie.

François de Harlay.

Succéda au siége de Rouen, à François de Harlay son oncle, en 1653, et fut archevêque de Paris, après Péréfixe en 1671. Mort en 1695 à 70 ans.

La duchesse de Bouillon.

Marie-Anne Mancini, nièce du cardinal Mazarin, aima les lettres et accueillit la Fontaine qu'elle appelait son fablier ; était comme ses sœurs remarquable par son esprit et sa beauté. Née en 1649, morte en 1714.

L'enseignement suivait les progrès de la science.

On sourit de pitié toutes les fois qu'il est question de la philosophie enseignée alors dans les colléges, mais c'était celle qu'avaient étudiée Arnauld, Pascal, Bossuet, Fénélon, Racine, la Bruyère et tous les plus beaux génies du siècle de Louis XIV, qui ont été de profonds penseurs et des esprits éminemment raisonnables. Ne serait-ce pas que la simplicité des mœurs, la droiture du cœur, la vertu ont plus de pouvoir que l'enseignement, pour épurer la raison ?

Geoffroy, *Notes sur Racine.*

Les élèves étaient conduits à l'hospice des Incurables.

Voir le Mercure 1658.

Ces détails ne donneraient qu'une idée imparfaite, etc.

Il y avait tragédie et ballet, le jour de la distribution des prix dont le roi faisait les frais, et qui avait lieu au commencement du mois d'août. On croyait généralement alors que rien n'était plus propre à perfectionner une éducation brillante, que les représentations théâtrales. Madame de Maintenon elle-même partagea longtemps ce préjugé.

Les Incommodités de la Grandeur.

PERSONNAGES ET NOMS DES ACTEURS.

Philippe-le-Bon, duc de Bourgogne,
Charles-Armand de la Tremouille.

Le comte de Charolais, fils du duc,
Paul-Louis de Mortemart.

Grégoire, paysan,
Jean-Étienne de Blanes.

Oronte, confident du duc de Bourgogne,
Aimard-Jean de Nicolaï.

Cléon, confident du comte de Charolais,
Armand-Louis de Béthune-Charost.

Valère, officier des troupes du duc,
J.-B. Fleuriau d'Armenonville.

Timante, introducteur des ambassadeurs,
Jean-Victor de Rochechouart de Mortemart.

Uranie, astrologue; — Télampe, médecin,
Victor Méliand.

Adraste, député; — Fadius, savant,
Jean de Tourmont.

Lubin, ami de Grégoire,
François de Paris.

Carmagnole, valet de Valère,
Jean-Gabriel de Riquet de Bonrepos.

LE DUC.

Un prince, à qui le ciel destine un diadême,
Doit commencer, mon fils, par régner sur soi-même.
Comment à ses sujets donnera-t-il la loi,
S'il ne sait pas lui-même être maître de soi?
Mon fils, je vous l'ai dit, les sujets sont à plaindre,
Lorsque le souverain ne sait pas se contraindre,
Et quand, à ses fureurs en esclave livré,
Il suit un vain orgueil dont il est enivré.
Il faut toujours qu'un prince ait la raison pour guide;
Qu'à tous ses mouvements la justice préside;
Et si, dans ce haut rang, il peut tout ce qu'il veut,
Il ne doit pas toujours vouloir tout ce qu'il peut.

La pièce entière est écrite dans ce style. Les jésuites pouvaient bien envoyer leurs élèves jouer la comédie aux Tuileries, pour y faire entendre ce langage aux oreilles du jeune roi.

CHAPITRE XVII.

..... Distribution des prix.

Un exemplaire de Lacerda, à la bibliothèque de Saint-Acheul, doré sur tranche, et dont la couverture est toute parsemée de fleurs de lis d'or, renfermait une attestation signée de Jouvency, portant que ce livre avait été donné en prix à un élève de troisième, par la munificence du roi.

Louis XIV couronna tant de bienfaits par l'envoi de son buste.

Ce buste fut transporté, plus tard, dans la cour d'entrée, et placé entre les deux fenêtres de la classe de rhétorique, au milieu du bâtiment qui sépare cette cour de celle du bassin.

CHAPITRE XVIII.

La première noblesse du royaume.

Le collége de Louis-le-Grand, il y a une douzaine d'années, distinguait encore, parmi ceux de ses élèves qui donnaient les plus belles espérances, M. de Rohan-Chabot, aujourd'hui comte de Jarnac, chargé d'affaires pour la France à Londres, et qui se faisait dès-lors remarquer par la délicatesse de son esprit et la générosité de son caractère.

Madame la duchesse de Bourgogne, etc.

Son confesseur était le père de Larue. Nous avons, de ce père, l'oraison funèbre de cette princessse et du dauphin son époux, prononcée, le 24 mai 1712, dans la Sainte-Chapelle.

CHAPITRE XIX.

Descartes.

Ce grand philosophe écrivant à un père qui l'avait consulté sur l'éducation de son fils, après avoir fait l'éloge de la philosophie, telle qu'on l'enseignait chez les jésuites de la Flèche, ajoutait : Il y va (au collége de la Flèche) quantité de jeunes gens de tous les quartiers de la France. Ils y font un certain mélange d'humeur, par la conversation des uns avec les autres, qui leur apprend presque la même chose que s'ils voyageaient ; et, enfin, l'égalité que les jésuites mettent entre eux, en ne traitant guère d'autre manière ceux qui sont plus distingués que ceux qui le sont moins, est une *invention* extrêmement bonne.

Descartes, lettre 90.

Il faut se rappeler que, du temps que Descartes étudiait à la Flèche, le collége de Clermont, ou n'était pas ouvert, ou venait de l'être, et que celui de la Flèche renfermait déjà la première noblesse de France. On doit savoir gré aux jésuites de cette invention (l'égalité entre les élèves) que Descartes trouve extrêmement bonne ; ils ne faisaient d'ailleurs que mettre en pratique une des règles de leur *ratio studiorum*.

Ces fils de noble famille qui descendent de voiture, l'épée au côté.

Les épées étaient déposées, à droite, sous le corridor de la grande porte, dans la chambre qui sert de vestiaire aujourd'hui pour les professeurs.

Le nom de chaque élève était inscrit sur une petite lame de

bois et déposé chez le père ministre qui avait son logement au-dessus du vestibule. Cette espèce de jeton servait d'*exeat* pour sortir aux jours de congé. Sur la présentation de ce passeport, l'élève recevait son épée des mains du portier qui la reprenait, le soir, à son retour au collége. Les maîtres qui avaient à se plaindre d'un élève pouvaient retirer le jeton en y substituant un rapport qui constatait leurs griefs. Dans ce cas, au lieu de l'*exeat*, on recevait une réprimande sévère de la bouche du père ministre.

CHAPITRE XX.

—

Le livre posthume de Jansénius.

Jansénius (Cornelius), son nom était Jansen qu'il latinisa pour se conformer à l'usage reçu parmi les savants de cette époque. Né en 1585, au village d'Accoy, en Hollande, vint à Paris, en 1604, y connut l'abbé de Saint-Cyran qui l'aida de son crédit. Évêque d'Ypres en 1635; mort en 1638, frappé de la peste et victime de sa sollicitude pastorale. Après vingt ans d'études laborieuses, il venait de terminer l'ouvrage qui a pour titre : *Augustinus Corn. Jansenii episcopi, seu doctrina sancti Augustini de humanæ naturæ sanctitate, ægritudine, medicinâ adversùs pelagianos et massilienses;* c'est le livre en question. Voici les propositions condamnées par la cour de Rome :

« 1° Aliqua Dei præcepta hominibus justis volentibus et conan-
« tibus, secundùm præsentes quas habent vires, sunt impossibilia;
« deest quoque gratia quâ possibilia fiant (*Libr.* 3, *de Grat.*
« *Christi*, cap. 13);

« 2° Interiori gratiæ in statu naturæ lapsæ nunquàm resistitur
« *Lib.* 2, cap. 55);

« 3° Ad merendum et demerendum in statu naturæ lapsæ, non
« requiritur in homine libertas à necessitate, sed sufficit libertas
« à coactione (*Lib.* 6, cap. 24);

« 4° Semi pelagiani admittebant prævenientis gratiæ interioris
« necessitatem ad singulos actus, etiam ad initium fidei; et in
« hoc erant hæretici, quòd vellent eam gratiam talem esse cui
« posset humana voluntas resistere vel obtemperare (*Lib.* 8,
« cap. 6, *de Hæresi pelagianâ*);

« 5° Semi pelgianum est dicere pro omnibus omninò hominibus

« Christum mortuum esse, aut sanguinem fudisse (*Lib.* 3, *de Gra-*
« *tiâ Christi*, cap. 24). »

Ces cinq propositions ne sont pas textuellement dans l'*Augustinus*, mais elles ressortent de la lecture de cet ouvrage. Pour les trouver, il fallait dévorer un énorme in-folio.

Coret, élève en théologie.

1661. Trois ans plus tard, toujours au collége de Clermont, dans une thèse publique, les jésuites donnaient en quelque sorte au tribunal de l'inquisition la même infaillibilité; et, ce qu'il y a de singulier, c'est qu'ils firent soutenir cette thèse par le fils de M. de Lamoignon, premier président. La proposition fut aussitôt déférée à la faculté qui se préparait à la condamner; mais le premier président, sans doute pour ne pas voir flétrir une thèse que son fils avait soutenue, empêcha la censure et fit donner, à la requête du syndic, un arrêt qui imposait silence à la faculté.

Port-Royal.

Relevait de l'ordre de Citeaux. On distingue parmi les abbesses, Pétronille de Montfort, fille d'Amaury de Montfort, connétable de France, Béatrix de Dreux, dont la sœur Iolande, épouse d'Alexandre III, roi d'Écosse, fut bienfaitrice du monastère. Sur la fin du XVIᵉ siècle, cette abbaye, comme beaucoup d'autres, était tombée dans un grand relâchement, lorsque Marie-Angélique Arnauld, sœur d'Antoine Arnauld d'Andilly, par un usage qui n'était que trop commun en ce temps-là, fut nommée abbesse n'ayant pas encore onze ans accomplis. Elle en avait à peine dix-sept, quand elle rétablit, à Port-Royal, la règle de Saint-Benoît, réforme qui fut imitée dans la plupart des maisons de Citeaux.

La solitude de la vallée.

Nous avons de la jeunesse de Racine, sept odes avec ce titre : *Paysage de Port-Royal.*

L'abbé de Saint-Cyran.

Jean Duvergier de Hauranne, abbé de Saint-Cyran, avait fait admirer la pénétration de son esprit et l'étendue de ses connaissances. Le cardinal de Richelieu qui avait conçu la plus grande estime pour ses talents et sa vertu, le fit pressentir sur l'évêché de Bayonne qu'il lui destinait, et qui était le pays de sa naissance. Il refusa par humilité. Ce fut l'abbé de Saint-Cyran qui dirigea les études d'Antoine Arnauld d'Andilly.

MM. Lemaistre.

Ils étaient cinq frères, neveux de la mère Angélique : Antoine Lemaistre qui s'était placé par son éloquence à la tête du barreau qu'il abandonna, à l'âge de 29 ans, de Séricourt, de Sacy, de Vallemont, de Saint-Elme. Les trois premiers s'étaient retirés à Port-Royal.

Le marquis de Sévigné.

Avait hérité de l'esprit et des grâces de sa mère. Mort en 1713.

Antoine Arnauld d'Andilly.

Fils d'Antoine Arnauld, avocat au parlement, qui plaida pour l'Université contre les jésuites. Robert Arnauld, le traducteur de la vie des Pères du désert et des œuvres de sainte Thérèse, Henri Arnauld, évêque d'Angers, étaient ses frères. Il avait six sœurs, toutes religieuses. Simon Arnauld marquis de Pomponne, ambassadeur en Suède, et ministre secrétaire d'État, était son neveu. Mort à Bruxelles, en 1692, âgé de 83 ans.

De Sacy traduisait la *Bible* et l'*Imitation de Jésus-Christ*.

La traduction de la Bible fut faite à la Bastille. Celle de l'Imitation fut publiée sous le nom de Beuil, prieur de Saint-Val.

Les écoliers jouaient à la berne.

Quatre jeunes gens tiennent les quatre coins d'une couverture au milieu de laquelle se couche celui qui doit être berné : on le fait sauter en l'air, en retirant fortement à soi la couverture.

Dans une procession publique, etc.

Les jésuites imprimèrent aussi un almanach avec une gravure qui représentait la déroute du jansénisme foudroyé par les deux puissances, et la confusion des disciples de l'évêque d'Ypres qui vont chercher un asile chez les calvinistes. De Sacy crut venger Port-Royal par les *Enluminures*, satire médiocre, indigne de sa plume. Dans cette lutte violente, les jansénistes, comme les jésuites, n'employaient pas toujours des armes avouées par la charité et le bon goût. Ils avaient encore publié *l'Onguent pour la brûlure, les Chamillardes, les Gaudinettes* attribuées à Barbier d'Ancourt.

De Bignon.

MM. de Bignon, l'un conseiller d'État, l'autre premier président du grand conseil. De Harlay et de Bagnols, aussi conseiller d'État, le Nain de Tillemont, auteur de *Mémoires pour servir à l'Histoire ecclésiastique des six premiers siècles*, et d'une *Histoire des empereurs romains*.

L'auteur d'*Athalie*, etc.

Lemaistre appelait Racine son fils.

A M. DESPRÉAUX.

Versailles, le 4 avril 1696.

« Je suis très-obligé au père Bouhours de toutes les honnêtetés
« qu'il vous a prié de me faire de sa part et de la part de sa
« compagnie. Je n'avais point encore entendu parler de la ha-
« rangue de leur régent ; et comme ma conscience ne me repro-

« chait rien à l'égard des jésuites, je vous avoue que j'ai été un
« peu surpris que l'on m'eût déclaré la guerre chez eux. Vrai-
« semblablement, ce bon régent est du nombre de ceux qui
« m'ont très-faussement attribué la traduction du *Santolius pœ-*
« *nitens*, et il s'est cru engagé d'honneur à me rendre injures
« pour injures. Si j'étais capable de lui vouloir quelque mal, et de
« me réjouir de la forte réprimande que le père Bouhours dit
« qu'on lui a faite, ce serait sans doute pour m'avoir soupçonné
« d'être l'auteur d'un pareil ouvrage; car pour mes tragédies, je
« les abandonne volontiers à sa critique. Il y a longtemps que
« Dieu m'a fait la grâce d'être assez peu sensible au bien et au
« mal qu'on en peut dire, et de ne me mettre en peine que du
« compte que j'aurai à lui en rendre, quelque jour.

« Ainsi, monsieur, vous pouvez assurer le père Bouhours, et
« tous les jésuites de votre connaissance, que, bien loin d'être
« fâché contre le régent qui a tant déclamé contre mes pièces
« de théâtre, peu s'en faut que je ne le remercie d'avoir prêché
« une si bonne morale dans leur collége, et d'avoir donné lieu à
« sa compagnie de marquer tant de chaleur pour mes intérêts;
« et qu'enfin, quand l'offense qu'il m'a voulu faire serait plus
« grande, je l'oublierais avec la même facilité, en considération
« de tant d'autres pères dont j'honore le mérite, et surtout en
« considération du révérend père de Lachaise, qui me témoigne
« tous les jours mille bontés, et à qui je sacrifierais bien d'autres
« injures.

« Je suis, etc.,

« RACINE. »

Le père Bouhours.

En 1696. Racine se trouvait à Versailles. Le père Bouhours rendit visite à Boileau pour le prier de transmettre à Racine les excuses de la société.

CHAPITRE XXI.

—

Les régents et bacheliers désignés accompagnèrent le recteur jusqu'à sa demeure.

C'est ce qu'on appelait être *è comitatu*.

CHAPITRE XXII.

Un professeur bien connu, de cette maison, etc.

Le père Jouvency venait de donner, à Paris, sous le nom d'un de ses écoliers, et à l'occasion de la prise de Montmélian, la même pièce de vers qu'il avait autrefois publiée à Caen, sous son propre nom, pour célébrer la prise de Maestrich en 1673.

CHAPITRE XXIII.

Nous savons, Monseigneur, etc.

Voir les œuvres de Coffin.

Le duc de la Tremouille.

Août 1721.

FÊTES A LOUIS XV,

Pour le rétablissement de la santé du Roi.

« Le sieur Campa, maître de musique du collége de Louis-
« le-Grand a donné, plus de six fois, en différentes églises, de la
« musique qui ne peut être trop répétée. Le 11 août, son *Te Deum*
« fut chanté au collége de Louis-le-Grand, et suivi de l'*Exau-*
« *diat;* le soir, on tira dans la grande cour un feu d'artifice qui
« dura longtemps et fut fort beau. La cour fut entièrement illu-
« minée, toute vaste qu'elle est, ainsi que toute la façade du
« bâtiment qui donne sur la rue Saint-Jacques, qui est d'une
« grande étendue. Au fond de la cour on lisait distinctement en
« lettres d'or sur une toile transparente, cette inscription : *Resti-*
« *tutam salutem publicam Ludovico quinto gratulatur colle-*
« *gium Ludovici Magni.* On distribua au peuple du vin en très-
« grande abondance. Plusieurs jeunes seigneurs, pensionnaires
« du collége, se sont distingués par des illuminations qu'ils ont

« faites à leurs fenêtres, surtout MM. de Tonnay-Charente, de
« Vassi, de Nicolaï, de Rochechouart et de Léon.

« Deux jours avant les réjouissances qui ont été faites au
« collége de Louis-le-Grand où étudie M. le duc de la Tré-
« mouille, premier gentilhomme de la chambre de Sa Majesté,
« ce jeune seigneur, chagrin de ne pas rencontrer chez les arti-
« ficiers ce qu'il souhaitait pour exprimer la joie extrême dont il
« a été pénétré à l'heureux retour de la santé du roi, écrivit, du
« collége, une lettre à M. le maréchal de Villeroy, sur la rareté
« des artifices, et joignit à cette lettre ces vers également naïfs
« et fins:

AU ROI.

La poudre est plus rare, à présent,
Mille fois que l'or et l'argent;
Pour faire feu joyeux et mainte pétarade,
J'ai couru tout Paris en cherchant pots à feu,
Trombes, gerbes, soleils; j'en ai trouvé bien peu,
Et suis très-fatigué de cette promenade;
Eh! de grâce, Louis, ne soyez plus malade!

« Cette plainte parut mal fondée, le jour du feu d'artifice qu'il fit
« tirer dans la cour du collége, sur un échafaud élevé de trois
« pieds. Sur cet échafaud trois colonnes de feuillages, le tout
« bien garni de fusées et de saucissons; sur la colonne du milieu
« paraissaient les armes de M. le duc de la Trémouille; aux deux
« côtés du feu, il y avait deux tonneaux de vin qui était versé
« au peuple avec de grandes cuillers par deux hommes vêtus en
« satyres qui ne s'oubliaient pas eux-mêmes dans cette distribu-
« tion. Aux fenêtres de la chambre de ce jeune duc, six haut-
« bois, des trompettes et des timballes, tous excellents, jouèrent
« les airs les plus gais pendant toute la fête; on servit dans cette
« chambre un ambigu accompagné de toutes sortes de vins et de
« liqueurs. »

Extrait du Mercure, 1721.

CHAPITRE XXIV.

Rollin avait d'ailleurs un goût naturel pour la retraite.

Dans une des rues les plus lointaines, les plus ignorées, d'un de nos vieux faubourgs, celle-là même où se retira Bernardin de Saint-Pierre pour écrire ses *Études de la Nature*, on voit encore une maison de modeste apparence, qui abrita la vieillesse de Rollin, quand il lui fallut, chose étrange! un abri hors de nos colléges où elle aurait dû finir. On y lit, sur une porte intérieure, au lieu où l'avait fait placer Rollin, cet élégant témoignage de sa résignation philosophique et chrétienne :

> Antè alias dilecta domus, quâ ruris et urbis
> Incola tranquillus, meque Deoque fruor !

(N.) Cette maison, située rue Neuve Saint-Etienne n° 14, est en quelque sorte rentrée dans le domaine de l'Université. Elle appartient à M. Guillon évêque de Maroc, professeur d'éloquence sacrée à la faculté de théologie, et qui a rempli successivement, dans l'académie de Paris, les fonctions de professeur de rhétorique au collége Bourbon, d'aumônier du collége Louis-le-Grand, d'inspecteur des études.

Mélanges de littérature ancienne et moderne, par M. Patin, professeur de poésie latine, à la faculté des lettres de Paris.

Exercices publics, au collége de Louis-le-Grand.

THÈSE SOUTENUE PAR LE MARQUIS DE LOUVOIS.

« Le vendredi 8 août (1681), M. le marquis de Louvois, fils
« aîné de M. le marquis de Louvois ministre et secrétaire
« d'état, soutint un acte de toute la philosophie, au collége de
« Clermont. La thèse était dédiée au roi qu'elle représentait fort
« au naturel. Au bout de la salle était élevé un dais, sous lequel
« on avait mis le portrait de ce grand prince. M. de Louvois,
« père de ce jeune répondant, et M. l'archevêque de Rheims
« son oncle, faisaient les honneurs de l'assemblée. Vous jugez
« bien qu'elle fut aussi nombreuse qu'illustre. M. le cardinal
« de Bouillon, M. l'archevêque de Paris, et tout ce qu'il y avait
« alors de prélats ici, furent témoins de cette action, aussi bien
« qu'un grand nombre de princes, ducs et pairs, maréchaux de
« France, ambassadeurs, conseillers d'état, et autres personnes
« qualifiées.
« Avant l'ouverture de la dispute, le soutenant fit une belle
« harangue en l'honneur du roi et la prononça avec une grâce
« qui ne se peut exprimer. Après avoir fait connaître qu'il pou-
« vait combattre avec confiance sous les auspices d'un prince à
« qui la victoire avait toujours obéi, il s'étendit fort sur sa mo-
« dération. Il dit, que cet illustre monarque avait mieux aimé se
« montrer digne de commander à toute la terre que d'en acqué-
« rir l'empire, et que, préférant la gloire de rendre heureux tous
« les peuples à celle d'en triompher, il avait sans peine inter-
« rompu des conquêtes dont la suite aurait pu mettre en quel-
« que péril la justice, l'innocence, la religion, et les beaux-arts
« qu'il avait toujours cherché à faire fleurir. Ce discours fini,
« M. l'abbé le Peletier, fils du conseiller d'état qui porte ce nom,
« ouvrit la dispute, avant laquelle il fit compliment au soutenant,
« sur les avantages de son illustre famille qui a l'honneur de
« servir le roi dans les charges et dans les affaires les plus im-
« portantes de l'Etat, avec la fidélité et le succès qui est su de

« tout le monde. Ceux qui argumentèrent après lui furent, l'abbé
« de Lorraine d'Armagnac; M. l'abbé de Charost; M. de Croissy;
« M. l'abbé de Luxembourg; M. le marquis de Villequier, fils
« aîné de M. le duc d'Aumont, et M. l'abbé de Vaubecourt.
« On ne peut répondre avec plus de netteté et de présence
« d'esprit, que ne le fit M. de Louvois pendant deux heures. »

Extrait du Mercure, 1681.

CHAPITRE XXV.

Mérope était encore en portefeuille.

Voltaire, *Correspondance générale*, lettre au Père Porée.

Porée mourut, etc.

Porée (Charles) né en Normandie, en 1675, jésuite, du petit nombre des professeurs qui ont eu de la célébrité chez les gens du monde. Eloquent dans le goût de Sénèque, poëte très-bel esprit ; son plus grand mérite fut de faire aimer les lettres et la vertu à ses disciples. Mort en 1741.

Voltaire, *Siècle de Louis XIV*.

Porée a donné dix-neuf de ses élèves à l'Académie française.

On réveillait le passé, etc.

Voltaire, *Siècle de Louis XIV*.

CHAPITRE XXVI.

La bibliothèque.

On y conservait l'original des lettres de Jansénius à l'abbé de Saint-Cyran. A l'époque de la première expulsion des jésuites, en 1594, l'ancienne bibliothèque, augmentée de celle du savant Budée, se composait de 20,000 volumes, qui furent dispersés.

Le père Garnier.

Le Père Garnier, célèbre par son *Marius Mercator*, ouvrage plein d'érudition. Il avait professé à Louis-le-Grand, six ans la rhétorique, dix ans la philosophie, la théologie vingt ans. Ce Père a fait imprimer son système avec ce titre : *Systema bibliothecæ collegii parisiensis societatis Jesu* (vol. in-4°). Brunet s'en est servi utilement dans la rédaction de son *Manuel du libraire*. Dans une galerie du premier étage était le cabinet d'histoire naturelle, où se voyait aussi une belle collection d'objets de curiosité ; on remarquait entre autres une corne de licorne d'une longueur extraordinaire.

Dans la chapelle, etc.

Sous l'administration de M. Laborie, fut restaurée la chapelle qui avait été dévastée pendant la terreur, et rendue au culte par M. Champagne. Les dalles furent remplacées par un parquet en chêne, et les gradins par des bancs

à dossier. L'autel, monté sur des châssis couverts de toile peinte, fut reconstruit en cœur de chêne et porté au fond de l'ancienne sacristie dont il était séparé par une cloison, et qui fait maintenant partie du chœur. « Il y avait deux devants d'autel, d'un
« très-beau travail : l'un brodé d'or en relief sur fond d'argent,
« l'autre brodé d'argent en relief sur fond d'or. »

Voir Jaillot.

On regrette de ne plus voir le précieux tabernacle qui faisait auparavant l'admiration des connaisseurs. Il était de forme hexagone, revêtu d'ébène avec des ornements d'écaille et d'ivoire incrustés d'or. L'entablement couronné par un attique élégant et sévère était soutenu par des colonnes de lapis-lazuli, et surmonté par une croix d'écaille de 65 pouces de hauteur sur 36 de largeur ; le Christ, d'un seul morceau d'ivoire, en avait 36 de la tête aux pieds ; ses bras, rapportés, présentaient un développement de 30 pouces. Le crucifix a été conservé à la chapelle, où on peut le voir : c'est un des plus beaux morceaux d'ivoire que l'on connaisse. J'ai fait d'inutiles recherches pour découvrir comment le collége en était devenu possesseur.

« Du temps où j'avais l'honneur d'être aumônier du collége de
« Louis-le-Grand, j'eus plus d'une fois occasion de m'informer
« d'où provenait le beau crucifix posé sur un riche morceau de
« lapis-lazuli qui en orne le tabernacle. M. Bruzard ne put me
« répondre autre chose, sinon *qu'il lui avait été dit* qu'il pro-
« venait de la chapelle de madame de Maintenon à qui le
« présent en avait été fait par les jésuites. D'où le tenaient-ils
« eux-mêmes ? Il ne venait pas de leur maison du noviciat, rue
« Saint-Antoine, ni d'ailleurs ; car les écrivains de l'ordre et au-
« tres n'auraient pas manqué de l'indiquer parmi les précieux mo-
« numents dont leurs églises étaient décorées. J'ignore donc com-
« plétement comment le collége de Louis-le-Grand s'en est trouvé
« possesseur depuis la révolution ; car, lorsque j'y étais écolier,
« la chapelle ne possédait ni le crucifix ni le morceau de lapis-
« lazuli qui le supporte, et à qui je ne pourrais comparer que le
« globe de même substance que l'on voit sur le maître-autel de
« l'église du Jésus à Rome. »

M. N. S G évêque de Maroc.

La Chartreuse, etc.

> Il est un édifice immense,
> Où, dans un loisir studieux,
> Les doctes arts forment l'enfance
> Des fils des héros et des dieux :
> Là, du toit d'un cinquième étage,
> Qui domine avec avantage
> Tout le climat grammairien,
> S'élève un astre aérien,
> Un astrologique ermitage
> Qui paraît mieux, dans le lointain,
> Le nid de quelque oiseau sauvage
> Que la retraite d'un humain, etc.
>
> <div align="right">Gresset, <i>la Chartreuse.</i></div>

Gresset avait été régent de cinquième à Louis-le-Grand. Après la publication de *Vert-Vert*, les jésuites lui firent comprendre qu'il s'était mépris sur sa vocation, et le décidèrent à se retirer. Le Belvéder s'élevait entre le Plessis et Louis-le-Grand, du côté de la cour des cuisines, sur le bâtiment neuf construit en 1660. Il se composait de deux petites chambres, l'une au-dessus de l'autre, surmontées d'une plate-forme qui dominait tout Paris. C'était l'observatoire des jésuites, qui y conduisaient les élèves pour les leçons d'astronomie. On l'a détruit récemment, parce qu'il menaçait ruine.

TOPOGRAPHIE DU COLLÉGE DE LOUIS-LE-GRAND

SOUS LES JÉSUITES.

Cour d'entrée, bâtiment de façade sur la rue Saint-Jacques. Rez-de-chaussée, en partant de l'extrémité à droite, côté de la chapelle : une petite chapelle dans la pièce qui sert de sacristie aujourd'hui ; une autre, dans la chambre au-dessus, qui communiquait par une porte avec les galeries ; une troisième, en face, pratiquée dans le bâtiment de la Cordonnerie ; deux autres dans la tribune du fond. Elles étaient affectées aux cinq congrégations : trois pour la congrégation des bourgeois, celle des artisans, celle des écoliers externes; deux pour les pensionnaires.

En suivant le rez-de-chaussée, dans la cour : classes de logique et de physique; elles n'étaient séparées que par une cloison de planches qui s'enlevait une fois par an, pour la représentation d'une comédie composée par le régent de seconde et jouée par les élèves de cette classe. Cuisines dont on a fait depuis le réfectoire qui donne sur la rue. Dans les caves au-dessous étaient la boulangerie et les dépendances des cuisines, on montait le bois, le charbon et les provisions par un puits, à l'aide d'une poulie. Les étages supérieurs étaient occupés par l'administration.

Bâtiment du clocher, aujourd'hui de l'horloge : c'était là qu'était la sonnerie; la corde descendait par une rainure pratiquée dans le mur de refend; le sonneur avait sa loge sous la voûte avant l'escalier, dans une espèce d'entre-sol qui n'existe plus. A gauche de la porte d'entrée, la chapelle; une petite porte sous le vestibule conduisait à la sacristie qui occupait la première travée dans l'emplacement où est l'autel aujourd'hui; à droite, les salles de musique et de danse.

Bâtiment des réfectoires. Au premier, les salles de réception, des actes et du conseil. On passait de là dans la maison des pères qui sépare la première de la seconde cour et se prolonge jusque dans le jardin de l'infirmerie où elle allait joindre une autre aîle qui s'étendait derrière le bâtiment de l'horloge qu'elle masquait, à la distance de la terrasse.

Le corridor qui sert de communication à la première et à la seconde cour était la cage d'un escalier. Ces deux cours correspondaient, par la porte cochère à l'angle des bâtiments des pères et du clocher, par la cour du vieux Mans aujourd'hui de l'Infirmerie, et un passage qui est maintenant la loge du portier de la deuxième cour.

La seconde cour était formée par la maison des pères, les bâtiments de la bibliothèque et de Harlay, le bâtiment neuf. La tradition porte que ce dernier édifice avait été élevé par les ordres de Louis XIV qui aurait eu l'idée de confier aux jésuites l'éducation de ses petits-fils.

La troisième cour séparée de la seconde par le bâtiment de Harlay qui faisait face au Mans neuf, du Plessis par une partie du bâtiment neuf, et de la rue de Rheims par le Mans vieux. Au milieu du Mans vieux était la porte d'entrée de la chapelle du collége du Mans. On a vu longtemps les sculptures qui représentaient, au-dessus du cintre, le saint-sacrement entre deux anges portant l'encensoir. Extérieurement, le Mans vieux faisait l'angle de la rue de Rheims, allant joindre, à gauche, le Mans neuf dans la rue Charretière; à droite, le collége des Chollets, en longeant la cour du vieux Mans et l'infirmerie.

M. Champagne était encore proviseur, lorsque des élèves qui jouaient aux billes dans la cour du vieux Mans, détachèrent des plâtres qui laissèrent à découvert une boîte en fer rouillé remplie de pièces d'or à l'effigie des Valois

Au fond du dortoir de l'infirmerie, était un autel; on y célébrait, tous les jours, la sainte messe. Le jardin était orné de fleurs; on y cultivait aussi les plantes médicinales usuelles. Au milieu, était un bassin. Le terrain n'était pas aussi étendu qu'aujourd'hui, où, par les soins des proviseurs et de M. Malleval en particulier, il s'est agrandi de l'emplacement des Chollets réduit de l'espace jugé nécessaire pour élargir la rue Saint-Étienne-des-Grès où s'élevait le collége des Chollets dont la chapelle se terminait au coin de la rue de Rheims.

Dulaure, dans son *Histoire de Paris*, raconte qu'après l'expulsion des jésuites, des écoliers armés de bâtons et de flambeaux pénétrèrent dans les caves de l'infirmerie; qu'arrivés à un certain endroit, ils entendirent le sol résonner sous leurs pas, et découvrirent une trappe en bois qui donnait passage à un bel escalier. Ils descendirent, et se trouvèrent dans une vaste salle voûtée. Elle était bordée d'environ dix caveaux aussi voûtés, de sept à huit pieds de longueur, garnis chacun d'un fort anneau de fer scellé dans le mur. La voûte de la salle était soutenue au milieu, par un gros pilier dont les quatre faces présentaient autant d'anneaux de fer; à la voûte, ils virent une ouverture étroite fermée par une grille de fer. Par cette ouverture, la seule qu'ils aient aperçue, on descendait évidemment la nourriture destinée aux malheureuses victimes. C'était les oubliettes ou *vade in pace* en usage autrefois dans les prisons légales et religieuses.

J'ai visité ces caves et je n'ai point vu le cachot dont parle Dulaure. On a accusé les jésuites d'ambition, de mauvaise foi, mais on ne dit pas qu'ils aient fait l'office de bourreaux. Au reste, le lieu était mal choisi pour le secret, les yeux sont clairvoyants au collége.

Les menuisiers, tapissiers, tailleurs, cordonniers, imprimeurs étaient, comme les gens de service, affiliés à l'ordre, et logeaient dans la cour de la Cordonnerie, derrière la chapelle, et dans l'ancien collége de Marmoutiers.

Dans les trois grandes cours, les étages supérieurs étaient occupés par les salles d'étude et les chambres particulières. Outre les préfets (maîtres d'étude) et les précepteurs, il y avait dans chaque bâtiment un inspecteur chargé de la police générale, et chez lequel les *chambristes* se réunissaient pour faire la prière en commun. Le rez-de-chaussée était réservé aux classes.

Un surveillant à poste fixe se tenait aux latrines, aux grilles et aux portes principales. Les élèves n'étaient seuls nulle part.

NOMBRE DES ÉLÈVES DU COLLÉGE DE LOUIS-LE-GRAND.

Dans les premiers temps du collége de Clermont, de cent à cent cinquante pensionnaires.

En 1611, cent pensionnaires.

En 1620, trois cents pensionnaires, dix-sept cents externes.

En 1627, après l'affaire de Santarel, trois cents pensionnaires, mille cinq cent vingt-sept externes.

En 1667, quatre cent quarante internes.

En 1688, cinq cent cinquante pensionnaires, parmi lesquels plusieurs palatins polonais, un prince de la nation des Mosques (*Moschorum*); les deux neveux du roi de l'île Macassar, venus du fond de l'Asie, pour recevoir les bienfaits de l'éducation chrétienne.

Plus tard, le nombre total des internes et des externes réunis montait de deux mille cinq cents, à trois mille.

Après le départ des jésuites, l'Université vint occuper le bâtiment de façade sur la rue Saint-Jacques. L'administration du collége fut établie au premier étage des bâtiments des réfectoires et de la maison des pères; les professeurs furent logés dans la cour de Marmoutiers, et les émérites dans le Mans neuf.

La grande salle du Mans vieux, qui sert aujourd'hui de

salle de dessin, sur la rue de Reims, était la salle des actes de l'Université.

Prix de la pension : 400 livres en 1741, 450 livres, deux ans plus tard ; les arts d'agrément, les expériences de physique étaient payés à part. Les chambres particulières étaient louées 36 livres. L'habillement n'était pas compris dans la pension, non plus que les frais de l'infirmerie et les fournitures de bureau.

Le bureau d'administration fixa le prix de la pension à 460 liv. pour les pensionnaires, et à 400 livres pour les boursiers, tant en santé qu'en maladie ; l'habillement et les livres étaient aux frais des familles. Aujourd'hui, le prix de la pension est de 1,000 francs, non compris le trousseau que la maison se charge d'entretenir et de renouveler à ses frais. La fourniture des livres et des objets de bureau est également au compte de l'établissement.

Le gouvernement paye pour chaque bourse, 900 francs.

AVOIR DU COLLÈGE DE LOUIS-LE-GRAND.

Sous les jésuites, 19,609 livres 11 sols 4 deniers de rentes, tant sur les aides et gabelles, tailles, coches et carrosses de Lyon, que sur l'ancien clergé de France, les états de Languedoc, et particuliers divers ; neuf maisons qu'ils possédaient à Paris, dont les loyers réunis montaient à 3,432 livres de revenu ; la ferme de Montubois, l'abbaye de Saint-Martin-aux-Bois, le prieuré de Gargenville, le prieuré de Montalet, la maladrerie de Brie-Comte-Robert, rapportant, somme totale, 22,350 livres de revenu.

Plus, la maison de campagne de Gentilly.

Sous le bureau d'administration, 4 décembre 1777, revenus particuliers du collége de Louis-le-Grand, reconnus monter à 114,934 livres 19 sols 9 deniers, les dépenses à 97,823 livres, 15 sols 3 deniers. Excédant des revenus 17,111 livres, 4 sols, 6 deniers ; ces revenus se composaient des rentes énoncées ci-dessus, avec augmentation des fermages, plus, des bourses fondées par Duprat évêque de Clermont, Henri III, Ravel Bontemps, Eustache Maurice chanoine de l'église collégiale de Saint-Paul, à Saint-Denis, Jean de Molony évêque de Limerick, en Irlande, de

Harlay, Braquet, et de celles établies par le bureau d'administration; en tout, quarante-trois bourses.

Les revenus des colléges réunis s'élevaient à 334,520 livres; en joignant les quatre cent vingt-cinq bourses des vingt-huit colléges réunis, aux quarante-trois bourses particulières au collége de Louis-le-Grand, on trouve un total de quatre cent soixante-huit bourses.

SITUATION DU COLLÉGE DE LOUIS-LE-GRAND.

DE 1809 A 1830.

1809.

Cent cinquante bourses du gouvernement, neuf bourses communales; quatre cent vingt-six internes tant boursiers que pensionnaires. Solde en caisse au 31 décembre 1809, quatre cent quatre-vingt-douze francs, quatorze centimes; déficit, vingt-huit mille trois cent quarante francs, trente-neuf centimes. (Au solde en caisse s'ajoutent les créances et les valeurs en magasin ; on déduit les dettes, et de cette opération résulte un boni ou un déficit.)

1810 (1er juillet).

Départ de M. Champagne.

Solde en caisse, 560 fr. 48 c. ; boni, 659 fr. 85 c.; quatre cent trente-deux internes.

1814 (1er juin).

Départ de M. de Sermand.

Solde en caisse, 525 fr. 84 c.; boni 85,721 fr. 45 c.; trois cent soixante-dix internes.

1819 (1er février).

Départ de M. Taillefer.

Solde en caisse, 85,154 fr. 96 c.; boni, 131,508 fr. 15 c.; trois cents internes.

1823 (30 septembre).

Départ de M. Malleval.

Solde en caisse, 43,198 fr. 82 c. ; boni, 121,625 fr. 75 c. ; quatre cent cinquante-sept internes.

1824 (1er avril).

Départ de M. Berthot.

Solde en caisse, 56,729 fr. 04 c. ; boni, 186,750 fr. 82 c. ; trois cent cinquante-neuf internes.

1830 (10 août).

Départ de M. Laborie.

Solde en caisse, 68,875 fr. 90 c. ; boni 186,301 fr. 64 c. ; quatre cent soixante et un internes.

Rentes : 25,000 fr. au capital de 425,325 fr., dues à la sage économie des proviseurs.

CHAPITRE XXVII.

Depuis longtemps on accusait les jésuites, etc.

Voir le compte rendu des constitutions des jésuites, par de la Chalotais; l'*Histoire de l'Église*, par Beraud de Bercastel.

L'avocat général Séguier a raconté plus d'une fois, en présence de son petit-fils M. Séguier premier président actuel de la Cour royale de Paris, qu'en 1760, lorsqu'il vit l'orage se former contre la compagnie de Jésus, à l'occasion du procès *Lavalette*, il alla trouver le père de la Tour, son ancien maître à Louis-le-Grand. « Mon père, lui dit-il, on va vous attaquer avec acharnement; prévenez le coup; tâchez, à force d'argent, de conjurer l'orage. — Mon fils, reprit le vénérable vieillard, il ne s'agit plus d'employer aucun moyen humain; pour cette fois, nous ne nous en sauverons pas, nous sommes perdus. »

On voit que le père de la Tour avait le même pressentiment que le père Frélaut.

Lui aussi se retira, etc.

La garde du collége fut confiée à un huissier nommé Mathière, sous les ordres du parlement.

Le père Frélaut.

(Henri René), né à Saint-Brieuc, le 20 octobre 1699, entré dans la compagnie, le 10 octobre 1716, au noviciat de Paris; il avait fait sa profession, le 2 février 1733, à Amiens. Enseigna les humanités cinq ans, la rhétorique deux, la philosophie sept, la théologie dix. Exerçait, depuis dix ans, la charge de préfet général des études, quand il fut nommé recteur du collége de Louis-le-Grand.

Le duc de Nevers lui donna un asile dans son palais. Le père Frélaut refusa de prêter le serment imposé par le Parlement de Paris, et se réfugia à Fribourg, où il reçut, lui, le père Querbœuf qui l'accompagnait, et beaucoup de ses confrères qui l'avaient précédé, un accueil hospitalier. Nous avons sous les yeux une lettre écrite en latin, adressée au général des jésuites, dans laquelle ce père parle de ses bienfaiteurs avec l'effusion de la plus vive reconnaissance.

CHAPITRE XXVIII.

Colléges réunis à Louis-le-Grand :

Collége d'Arras, d'abord rue Chartière, vers le clos Bruneau, transporté rue d'Arras, vis-à-vis le collége du cardinal Lemoine.

Fondé en 1327 par Nicolas le Candrelier abbé de Saint-Waast d'Arras. — Quatre bourses.

Collége d'Autun, rue Saint-André-des-Arts.

Fondé en 1341 par le cardinal Bertrand d'Annonay. Bienfaiteurs : Oudard de Moulins président en la chambre des comptes et André de Sazea évêque de Bethléem. — Quinze bourses.

Colléye de Bayeux, rue de la Harpe.

Fondé en 1308 par Guillaume Bonet évêque de Bayeux. — Douze bourses.

Collége de Boissy, rue

Fondé en 1358 par Geoffroy Vidé chanoine de Chartres et clerc du roi Jean, qui déclare vouloir que les boursiers de sa fondation soient pauvres et de basse extraction comme lui-même et ses ancêtres l'avaient été. Bienfaiteurs : Michel Chartier et Guillaume Hodey principaux de ce collége. — Sept bourses.

Collége des Bons-Enfants, rue Saint-Victor.

Fondé en 1257. On ignore le nom des fondateurs. Bienfaiteur : Jean Pluyette. — Neuf bourses.

Collége de Bourgogne, sur l'emplacement de l'École-de-Médecine.

Fondé en 1331 par la reine Jeanne comtesse de Bourgogne, femme de Philippe-le-Long, qui ordonna par testament que son hôtel de Nesle fût vendu et le prix employé à la construction des bâtiments nécessaires pour loger vingt écoliers pauvres.—Vingt bourses.

Collége de Cambray, place Cambray, emplacement du Collége de France.

Fondé en 1346 par Hugues de Pomare évêque d'Autun, Hugues d'Arcy archevêque de Rheims, et Guy d'Auxerre évêque de Cambray, qui céda sa maison. On le nommait aussi le collége des trois évêques. — Six bourses.

Collége des Cholets, rues Saint-Etienne-des-Grès et Saint-Symphorien aujourd'hui rue des Cholets.

Fondé en 1291 par le cardinal Cholet du titre de Sainte-Cécile. Bienfaiteurs : Jean de Bulles archidiacre du grand Caux dans l'église de Rouen, Évrard de Nointel et Girard de Saint-Just chanoine de Beauvais, exécuteurs testamentaires du cardinal qui ne crurent point pouvoir faire un meilleur usage de la somme de 6,000 livres qu'il avait laissée pour la guerre contre Pierre roi d'Aragon, qu'en fondant un collége en faveur de seize pauvres étudiants.

Collége de Cornouailles, rue du Plâtre-Saint-Jacques.

Fondé en 1317 par Galeran Nicolaï dit de Grève, clerc breton. Bienfaiteurs : Jean de Guistry maître ès arts et en médecine, du diocèse de Cornouailles, du Ponton principal, Valot conseiller au parlement, chanoine de Notre-Dame. — Dix bourses.

Collége de Dainville, ancienne rue des Cordeliers aujourd'hu de l'Ecole-de-Médecine, au coin de la rue de la Harpe.

Fondé en 1380 par Michel de Dainville archidiacre, conseiller du roi, en communauté avec Jean et Gérard de Dainville ses frères; le premier, évêque de Cambray, le second, maître d'hôtel du roi. On voyait au coin des deux rues un bas-relief où les rois Jean et Charles V et les fondateurs présentaient à la sainte Vierge le principal et les boursiers du collége. Bienfaiteur : l'abbé Targny. — Quatorze bourses.

Collége de Notre-Dame-des-dix-huit, sur l'emplacement du dôme de la Sorbonne.

Fondé en 1180 par Josse de Londres chanoine de l'église de Paris. — Dix-huit bourses.

Collége de Fortet, rue des Sept-Voies.

Fondé en 1393 par Pierre Fortet chanoine de Paris. Bienfaiteurs : Jean Beauchêne grand-vicaire de Notre-Dame de Paris, Nicolas Warin principal, Claude Croisier principal, Thibaut Gremiot prêtre du diocèse de Besançon. — Seize boursės. C'est dans ce collége et dans une assemblée d'environ quatre-vingts pesonnes que fut conçue la ligue qui a coûté tant de sang à la France, et que furent choisis les Seize.

Collége de Hubant, dit de l'Ave-Maria, près la rue de la Montagne-Sainte-Geneviève.

Fondé en 1329 par Jean Hubant clerc conseiller du roi. — Six bourses.

Collége de Justice, rue de la Harpe, entre l'Hôtel de Clermont et les dépendances du collége de Bayeux.

Fondé en 1329 par Jean de Justice chantre de Bayeux et chanoine de Paris. Bienfaiteurs : Étienne Haro principal, Pierre Liset premier président au parlement. — Dix-huit bourses.

Collége de Laon, *d'abord dans la rue Saint-Jean-de-Beauvais,
puis rue de la Montagne-Sainte-Geneviève.*

Fondé en 1327 par Guy de Laon trésorier de la Sainte-Chapelle. Bienfaiteurs : Raoul de Presle avocat au parlement, Girard de Montaigu avocat du roi en la Cour, qui donna son hôtel du Lion-d'Or, rue de la Montagne-Sainte-Geneviève ; Adée de Cerny chapelain du diocèse de Lyon, Jean de Coucy, Raoul de Rousselot évêque de Laon, François de Montaigu, Raoul de Harbes, Jean Motel, Michel Roussel, Jean Berthoul, Antoine Lepot, Antoine Chrétien, Charles de Vendeuil, Gilles Thilorier, Louis Cousin. — Trente-six bourses.

*Collége du Mans, d'abord rue de Rheims, puis à l'Hôtel-de-
Marillac, près la porte Saint-Michel.*

Fondé en 1519 par Philippe de Luxembourg cardinal-évêque du Mans. — Douze bourses.

Collége de Notre-Dame-de-Bayeux, dit de Maître-Gervais,
rue du Foin.

Fondé en 1376 par maitre Gervais Chrétien premier médecin de Charles V. — Vingt-quatre bourses.

Collége de Narbonne, rue de la Harpe.

Fondé en 1316 par Bernard de Farges archevêque de Narbonne, qui donna sa maison. Bienfaiteurs : Amblart Cérêne jurisconsulte, Pierre Roger boursier du collége, puis pape sous le nom de Clément VI, qui créa dix bourses. — Vingt bourses.

Collége de Presle, rue de la Montagne-Sainte-Geneviève.

Fondé en 1313 par Raoul de Presles clerc et secrétaire du roi, conjointement avec Guy de Laon chanoine de la Sainte-Chapelle. Bienfaiteurs : Jeanne du Châtel, femme de Raoul de Presles, Jean Panechaire principal. — Treize bourses.

Collége de Rheims, rue des Sept-Voies, ancien hôtel de Bourgogne.

Fondé avant 1408 par Guy de Roye archevêque de Rheims; le collége de Rethel qui était situé rue des Poirées y a été uni en 1443. Bienfaiteurs : Charles VII, Gauthier de Lannoi, Jeanne de Bresles, le cardinal de Mailly, Perreau professeur au collége royal. — Dix bourses.

Collége de Sainte-Barbe, rue Chartière.

Jean Hubert docteur en droit canon, premier fondateur en 1430. Robert Dugast curé de Saint-Hilaire, second fondateur en 1536. Bienfaiteurs : Simon Menarrier docteur en théologie, Seurat. — Neuf bourses.

M. Delanneau est le troisième fondateur du collége de Sainte-Barbe. C'est lui qui a rouvert, en 1798, le 4 décembre, fête de sainte Barbe, cette maison qui avait été fermée pendant les troubles de la révolution.

En 1831, M Delanneau fils a cédé l'établissement à la société des anciens Barbistes. Cette société ne s'est constituée définitivement et régulièrement qu'en 1841, où une ordonnance royale a approuvé ses statuts. Les succès obtenus, chaque année, par ses élèves aux distributions des prix du collége de Louis-le-Grand et du concours général, prouvent que Sainte-Barbe est digne de son ancienne renommée.

Collége de Chanac-Pompadour, dit de Saint-Michel, rue de Bièvre.

Fondé en 1402 par Guillaume de Chanac patriarche d'Alexandrie, qui donna son hôtel. Bienfaiteurs : Guillaume de Chanac évêque de Mende, le cardinal Bertrand patriarche de Jérusalem. — Six bourses.

Collége de Séez, rue de la Harpe, du même côté que ceux de Narbonne et de Bayeux.

Fondé en 1427 par Grégoire Langlois évêque de Séez. Bienfaiteurs : Charles-Alexandre Lallemand évêque de Séez, Claude Simon principal du collége, qui ont élevé sur la rue un corps de bâtiment magnifique qui a coûté plus de 100,000 francs. Est écrit sur un marbre noir : *Collegium Sagiense reœd. ann.* 1730. — Huit bourses.

Collège de Tours, *rue Serpente.*

Fondé en 1333 par Étienne de Bourgueil archevêque de Tours, qui donna son hôtel. — Six bourses.

Collège de Tréguier, *sur l'emplacement du Collège de France, place Cambray.*

Fondé en 1325 par Guillaume de Coëtmohan grand-chantre de l'église de Tréguier. Bienfaiteur : Olivier Donjeon docteur en droit. En 1575 le collége de Laon, autrement dit de Kérembert, fut réuni à ce collége par consentement de M. de Kergoade supérieur-majeur. — Huit bourses.

Collège du Trésorier, *rue du Trésorier, aujourd'hui rue Neuve de Richelieu, à l'entrée de la place de Sorbonne.*

Fondé en 1268 par Guillaume de Saône trésorier de l'église de Rouen. — Vingt-quatre bourses.

Collège Mignon, *rue Mignon, quartier Saint-André-des-Arcs.*

Fondé en 1343 par Mignon archidiacre de Chartres et maître des comptes à Paris. — Douze bourses.

Collège de Beauvais, *rue Saint-Jean-de-Beauvais.*

Fondé en 1370 par Jean cardinal de Dormans. Bienfaiteurs : Richard Duchesne chanoine de Rheims, Jean Notin procureur du collége. — Vingt-neuf bourses. Par une distinction qu'exigeait l'importance de cette maison, son nom se trouvait seul exprimé sur la principale porte du collége de Louis-le-Grand, dans l'inscription qui consacrait la mémoire de la réunion.

☞ Le total des bourses des colléges incorporés à celui de Louis-le-Grand, qui montait à quatre cent quatre dans le principe, se trouvait réduit à cent quatre-vingt-treize, à l'époque de la réunion. Plusieurs de ces bourses devaient défrayer les titulaires pour les hautes études de théologie, de droit et de médecine.

Les supérieurs majeurs étaient les fondés de pouvoir du fondateur. C'était l'aîné de la famille de ce dernier, ou, quand celui-ci avait occupé un siége épiscopal, le successeur actuel, l'Université ou un dignitaire de l'Église; ils avaient le droit de visiter, interroger et examiner les boursiers, et étaient aussi, pour l'ordinaire, collateurs ou nominateurs aux bourses.

Ces colléges, non compris celui de Beauvais, étaient appelés petits colléges, de non plein exercice. Nous compléterons ce cadre par le tableau des grands colléges en plein exercice. Ils étaient au nombre de dix.

Grands colléges de plein exercice :

Collége d'Harcourt, rue de la Harpe.

Fondé en 1280 par Raoul d'Harcourt grand archidiacre de Rouen, de l'ancienne et illustre maison de ce nom, originaire de Normandie. Bienfaiteurs : Robert d'Harcourt évêque de Coutance, Jean Boucard évêque d'Avranches, Godefroy Herbert évêque de Coutance, Godefroy Herbert seigneur de Preaux, Jean Michel chancelier de l'église de Coutance, Jean Rouxel, Robert Pélerin, Nicolas Quintain prêtre du même diocèse, Pierre Padet prêtre, ancien recteur de l'Université, Guillaume des Auberis professeur du roi en philosophie, Denis professeur au collége, Thomas Fortin proviseur qui fit des réparations considérables, Louis Nouel professeur royal en philosophie, Guion Gervais cuisinier du collége. — Soixante et treize bourses.

Collége du cardinal Lemoine, rue Saint-Victor.

Fondé en 1302 par Jean Lemoine cardinal légat du saint-siége. Bienfaiteur : André Lemoine frère du cardinal. — Vingt-quatre bourses.

Collége de Navarre, emplacement de l'Ecole Polytechnique; c'était le plus spacieux de tous les colléges.

Fondé en 1304 par Jeanne reine de Navarre, épouse de Philippe-le-Bel. Bienfaiteurs : Antoine Fayet curé de Saint-Paul, Louis XI, Charles VIII, François Ier, Louis XIII, le cardinal de Richelieu, Louis XIV, la baronne de Tours.—Quatre-vingt-deux bourses. Le roi avait le titre de premier boursier du collége. Une clause du testament de la reine, clause commune à presque toutes les fondations de ce genre, réserve exclusivement les bourses aux pauvres écoliers.

Collége de Montaigu, rue des Sept-Voies, au coin de la rue Saint-Etienne des-Grès.

Fondé en 1304 par Gilles Aicelin archevêque de Rouen, de l'ancienne maison de Montaigu en Auvergne. Bienfaiteurs : Pierre de Montaigu cardinal-évêque de Laon, neveu du précédent, Louis Mallet sieur de Grasville amiral de France, Ulderic Gering imprimeur, le vicomte de Rochechouart, Jean Standoncht principal. — Quatre-vingt-huit bourses. La discipline rigoureuse de Montaigu était passée en proverbe. On disait agréablement de cette maison : *Mons acutus, acuti dentes, acutum ingenium.*

Collége du Plessis, rue Saint-Jacques, à droite du collége de Louis-le-Grand.

Fondé en 1317 par du Plessis Balisson notaire apostolique et secrétaire de Philippe-le-Long, qui donna son hôtel. Bienfaiteurs : le cardinal de Richelieu, Amador J.-B. de Richelieu son neveu abbé de Marmoutiers, Charles Gobinet premier principal, Pierre Berthe bibliothécaire de Sorbonne, Guignon, Marie-Catherine Corneille, Jacquelin Nasse, Bernard Collot professeur au collége.—Cinquante bourses, non comprises celles de Bernard Collot, qui se donnaient au concours.

Collége de Lisieux, rue Saint-Etienne-des-Grès ; il s'étendait sur une partie de l'emplacement de la nouvelle église de Sainte-Geneviève. Transféré rue Saint-Jean-de-Beauvais dans l'ancien local du collége de Dormans-Beauvais.

Fondé en 1336 par Gui d'Harcourt évêque de Lisieux. Bienfaiteurs : Guillaume d'Estoutteville évêque de Lisieux, Colard d'Estoutteville seigneur de Torci, Estrad d'Estoutteville abbé de Fécamp frères du précédent. — Trente-six bourses.

Collége de la Marche, d'abord dans le cul de-sac d'Amboise, ancien local du collége de Constantinople, sous le nom de collége de la Petite Marche, puis rue de la Montaigne-Sainte-Geneviève.

Fondé en 1402 par Guillaume de la Marche chanoine de Toul, et Beuve de Winville curé de Rosière-aux-Salines en Lorraine. Bienfaiteurs : Nicolas Varin principal du collége, Martial Gallicher, Vari de Lucey seigneur de Dombasles, Mercier ancien principal du collége, Jacquard chapelain du collége. — Vingt bourses.

Collége des Grassins, ancien hôtel d'Albret, rue des Amandiers.

Fondé en 1565 par Pierre Grassin sieur d'Ablon conseiller au parlement. Bienfaiteurs : Pierre Grassin fils, Thierri Grassin frère du précédent, Grassin seigneur d'Arci directeur des monnaies — Douze bourses.

Collége Mazarin ou des Quatre Nations, sur l'emplacement des grand et petit hôtels de Nesle, aujourd'hui palais de l'Institut, en face du pont des Arts.

Fondé en 1661 par le cardinal de Mazarin. — Soixante bourses dont quinze pour le Pignerol et l'état ecclésiastique, quinze pour l'Alsace, vingt pour la Flandre, l'Artois, le Hainaut et le Luxembourg, dix pour le Roussillon, le pays de Conflans et la Sardaigne. Ces quatre grandes divisions formaient autant de nations dans le même collége, lesquelles avaient séparément leur principal, soumis à un grand-maître commun.

Collége de Louis-le-Grand.

Complète le nombre des dix colléges de plein exercice.

CHAPITRE XXIX.

L'opération la plus urgente, etc.

Voir, pour ce chapitre et le précédent, le registre des délibérations du bureau d'administration du collége de Louis-le-Grand ; le compte rendu aux chambres assemblées par le président Rolland et par M. de Laverdy.

Vos fils ne sont pas destinés à parler grec ou latin.

Savez-vous le latin, madame?— Non : voilà pourquoi vous demandez si j'aime mieux Pope que Virgile.— Ah! madame, toutes nos langues modernes sont sèches, pauvres et sans harmonie en comparaison de celles qu'ont parlées nos premiers maîtres, les Grecs et les Romains. Nous ne sommes que des violons de villages. Je crois l'*Essai sur l'homme*, de Pope, le premier des poëmes didactiques, des poëmes philosophiques, mais ne mettons rien à côté de Virgile.

Voltaire, *Correspondance générale*, lettre
à madame du Deffant.

Nous leur devons..... La Condamine, Cassini, etc.

« Lachalotais, écrit Lalande, porta l'ignorance et l'aveuglement jusqu'à dire que les jésuites n'avaient pas produit de mathématiciens. Je faisais alors la table de mon astronomie, j'y mis un article sur les jésuites astronomes : leur nombre m'étonna. J'eus occasion de voir Lachalotais, à Saintes, en 1773; je lui reprochai son injustice, il en convint. »

De Ravignan, *de l'Existence et de l'Institut des jésuites.*

CHAPITRE XXX.

Vingt-cinq colléges.

C'était en 1766; les colléges des Bons-Enfants, d'Huban et de Mignon n'étaient pas encore réunis; ils ne le furent qu'en 1769.

CHAPITRE XXXI.

Decalogne.

Jean-Louis-Marie-Geneviève Decalogne de la Perrie, né le 2 juillet 1752, au château de Boulan, sur la rivière d'Ancre, près la ville d'Albert, en Picardie. Mort en 1768, dans la nuit du 23 au 24 décembre, des suites d'une fièvre putride.

Voir la *Vie de l'écolier vertueux* par l'abbé Proyart sous-principal au collége de Louis-le-Grand. Le bureau d'administration accorda 200 fr. de gratification à l'auteur de ce petit livre.

CHAPITRE XXXII.

La gestion de ces nouveaux administrateurs, etc.

Le bureau intermédiaire avait transféré dans la maison d'un maître de pension les jeunes de langue, qui vont rentrer au collége de Louis-le-Grand pour ne plus en sortir.

Cette école est sous la surveillance : 1° d'un employé supérieur émérite ou encore en activité, du ministère des affaires étrangères ; 2° d'un directeur particulier qui réside au collége ; 3° du proviseur. Nous devons mentionner ici deux hommes fort respectables qui ont longtemps dirigé l'administration et les études des jeunes de langue : M. de Chayolles ancien chef de division au ministère des affaires étrangères, et M. Simon professeur suppléant à la faculté de droit. Tous deux alliaient à une sage fermeté, une bonté paternelle. Les plus savants orientalistes, MM. de Sacy, Joubert, Desgranges, Jouannin, Kieffer, Agoub, etc., étaient chargés de l'enseignement.

Vers 1826, M. de Chayolles étant décédé, et M. Simon ayant pris sa retraite, l'école subit une modification importante. Les jeunes de langue ne restèrent plus réunis dans la même salle, ils furent répartis, suivant leur âge respectif, dans les diverses salles d'étude du collége ; feu M. Jouannin premier interprète du roi pour les langues orientales fut nommé directeur. Cette mesure était conseillée par l'intérêt du bon ordre et de la discipline, c'est le motif qui la fit adopter. Néanmoins, l'école des jeunes de langue demeure un établissement à part dans le collége de

Louis-le-Grand, et conserve toujours les privilèges attachés à sa fondation.

L'école des jeunes de langue s'honore de compter parmi ses élèves MM. Théobald Dillon, Tancoigne, Ducaurroy, Joinnard, Jouannin, Desgranges, Barbier du Bocage, Cousineri, David, Dantan, Caussin de Perceval, Parandier, Jorelle, Fleurat, Franqueville, Peltier, Ledoulx.

Camille Desmoulins.

Quand Louis XVI fut condamné à mort, l'abbé Legris Duval se présenta à la maison commune pour obtenir la permission de lui porter les secours de la religion. Sa proposition fut accueillie par des cris de rage, et le saint prêtre allait être victime de son dévouement, sans la présence d'esprit de Camille Desmoulins qui le sauva en disant que, depuis longtemps, la superstition lui avait tourné la tête.

.... Legris Duval, de Cheverus.........

Deux noms si aimables se lièrent l'un à l'autre d'une amitié tendre, mais qui n'avait rien d'exclusif, parce qu'elle était fondée sur la vertu, ou plutôt formée par la vertu même.

Le cardinal de Cheverus aimait à raconter, jusque dans ses dernières années, comment il contribuait avec son vertueux ami aux amusements du collége. Il racontait qu'une année, le mercredi des cendres, l'abbé Legris Duval prononça l'oraison funèbre du carnaval, et prit pour texte ce passage des odes d'Horace: *multis ille flebilis, occidit;* sur quoi un plaisant se tournant vers un de ses camarades renommé par son grand appétit, ajouta la suite: *nulli flebilior quam tibi.*

Vie du cardinal de Cheverus. Périsse frères. 1842.

Les anciens administrateurs.

Le prix de la pension des boursiers fut fixé à 360 livres.
Celui des pensionnaires indistinctement à ... 460 livres.

Le principal et les professeurs jouissaient pour retraite, des deux tiers du montant de leurs honoraires fixes, après vingt ans d'exercice; et, après trente ans, de l'intégrité de leur traitement.

Le bâtiment de Marmoutiers fut assigné pour logement aux professeurs.

Le 4 décembre 1777, les revenus du collége de Louis-le-Grand sont reconnus monter à ...   114,934 livres 19 sous 9 deniers.
Les dépenses à ....   97,823 livres 4 sous 4 deniers.

Le 15 décembre 1785, mille louis d'or sont envoyés à la monnaie, pour y être échangés, aux termes de la déclaration du roi, 30 octobre 1785.

CLIENTÈLE DU COLLÉGE DE LOUIS-LE-GRAND.

Jusqu'en 1762, avec les boursiers qui appartenaient à des familles honnêtes et pauvres, le collége de Louis-le-Grand, ainsi que nous l'avons remarqué, recevait dans ses classes la plus haute noblesse du royaume. Depuis, le pensionnat s'est recruté parmi les noms les plus honorables de l'empire et de la restauration, dans les armes, dans la magistrature, dans la banque et le commerce : Soult, Excelmans, Saint-Cyr-Nugues, Ney, de Bellune, de Piré, Clément, de Montebello, Suchet, Bessières, de Rivière, Dupaty, Ferri-Pisani, Freteau de Peny, de Monseignat, Maussier, Beugnot, Demonts, de Vaublanc, Laboullaye, Persil, Roquebert, Lalanne, Crépy, Laffitte, Mallet, Féray, Delalain, Alluaud, Pouyat, etc.; il n'est pas possible de les citer tous.

CHAPITRE XXXIII.

Gobinet.

(Charles), principal du collége du Plessis, docteur de la maison et société de Sorbonne, instruisit la jeunesse par ses exemples et par ses ouvrages dont les principaux sont : *Instruction de la jeunesse*, *Instruction sur la manière d'étudier*. — Né à Saint-Quentin, mort à Paris en 1690, à 77 ans.

« Louis-le-Grand était encore le sanctuaire de l'étude...... en adoptant les orphelins. »

Le paragraphe compris entre ces deux guillemets est de M. Malleval.

Le feu sacré.

C'est l'expression même dont se servit l'empereur, à une fête de l'hôtel de ville à Paris, où il annonça lui-même à M. Champagne qu'il le nommait chevalier de la Légion d'honneur. « Vous avez, lui dit-il, conservé le feu sacré en France. »

> Note communiquée par M. Malleval à qui je dois aussi la plupart des détails qui concernent M. Champagne.

C'était M. Champagne.

Jean-François, né à Semur en 1751, mort à Paris en 1813.

On lui doit une traduction estimée de *la Politique d'Aristote*. Son tombeau est au cimetière du père Lachaise, avec cette épitaphe :

Αυτου ταφος εν τη των αγαθων ψυχη.

Les services rendus au collége par M. Champagne sont immenses : rétablissement de l'instruction religieuse, ouverture de la chapelle, nomination de deux aumôniers, le sévère abbé Montmartin, bon sous sa rude apparence; l'aimable abbé Bastiou. Toutes les fois qu'il a été libre de les choisir, ses collaborateurs ont été des hommes distingués : professeurs de rhétorique, M. Luce de Lancival, le poëte favori de l'empereur qui récompensa d'une pension de 6,000 francs sa tragédie d'*Hector*; Castel, auteur du poëme *des Plantes*. Professeur d'humanités, M. Goffaux; Castel et Goffaux, tous deux de l'assemblée législative, abandonnèrent la carrière politique, dès qu'ils virent la marche terrible de la révolution. Fort étonnés de se trouver en face l'un de l'autre, à Louis-le-Grand, jamais ils ne soufflèrent mot de leur ancienne carrière.

Surveillants de division : Cailleux censeur au lycée de Moulins où son nom est encore en vénération.

Besson excellent proviseur à Metz, longtemps le meilleur lycée des départements.

Godard proviseur à Bonn; après la cession de Bonn à la Prusse, délaissé par l'Université, accueilli par Latreille dont il fut le collaborateur. On a de lui un ouvrage estimé sur l'entomologie.

M. Champagne fit, le premier, revivre l'étude du grec au collége qu'il dirigeait en offrant une chaire à son ami Gail, dont on sait le zèle, et qui ne demanda pas d'honoraires. La classe de philosophie s'ouvrit de nouveau pour recevoir le savant Laromiguières, Perraut auteur de bons ouvrages de jurisprudence, l'un et l'autre appelés au tribunal; M. l'abbé d'Humières depuis évêque de Grenoble, et enfin M. Maugras.

M. Champagne proposa l'entretien des élèves par le collége et l'uniforme, deux excellentes mesures que le gouvernement s'empressa d'adopter.— Il trouva dans Lucien Bonaparte ministre de l'intérieur une protection efficace. Le frère du premier consul se montra si paternel pour les boursiers, qu'il leur accorda des menus plaisirs, aux frais de l'Etat : 2 francs par mois à la première division, 1 franc 50 centimes à la seconde, 1 franc à la troisième.

La sollicitude de M. Champagne pour ses élèves ne s'arrêtait pas à l'intérieur du collège, il les suivait encore au dehors, dans le monde, pour les aider de ses conseils, de son crédit et même de sa bourse. Aussi partout où se trouve un de ses anciens élèves, c'est-à-dire dans toutes les contrées du globe, son nom est-il respecté et chéri. M. Champagne était membre de l'Institut, il y fut admis sur la proposition de M. Joseph Chénier. Ce fut Murat qui le présenta à Napoléon, et demanda pour lui la croix de la Légion d'honneur qui fut accordée sur-le-champ.

Note communiquée par M. Malleval.

Il jeta les yeux sur le château de Vanvres.

L'acquisition de Vanvres donne aux élèves les moyens de s'exercer aux jeux qui développent les facultés physiques.... C'est là qu'on vient de faire inoculer la petite vérole à vingt-deux élèves qui ne l'avaient pas eue, etc.

Discours du citoyen Cambry, président de l'administration du Prytanée français, à l'occasion de la distribution solennelle des prix. — 7 fructidor an VII.

« *Feste donnée au roy par S. A. S. monseigneur le duc, en son château de Vanvre, le lundi 8 septembre 1721.*

» Un récit que M. le duc fit au roy, au retour de son dernier
« voyage de Chantilli, a donné lieu à cette fête. Il proposa à
« S. M. une chasse au chevreuil dans le parc de Vanvre.
   « Entre le nombre infini de châteaux et de maisons de cam-
« pagne superbes et magnifiques dont la ville de Paris est envi-
« ronnée, on peut dire qu'il n'y en a point dont la situation soit
« plus heureuse que celle du château de Vanvre.
   « M. de Montargis le fit construire en 1698, sur les dessins
« de M. Mansard. Il est bâti sur le haut de la montagne, dans

« un lieu très inculte, et presque inaccessible, mais dont le ter-
« rain a été ménagé avec tant d'art, que ce qui faisoit une
« défectuosité se trouve heureusement changé en magnifiques
« terrasses, plantées d'arbres et d'arbustes toujours verts, disposez
« de manière qu'ils ne nuisent point à la vuë du château, avec
« des rampes douces qui servent de communication aux jardins
« et aux bocages.

« Le château, qui est la seigneurie du village, est entièrement
« isolé; il consiste dans un grand corps de logis double, de
« 14 toises de face, sur huit de côté, la grande façade percée de
« sept croisées, et quatre de côté. Il est sans aucun ordre d'archi-
« tecture, tout bâti de pierres de taille par assises égales, mais
« d'une structure si belle et si simple, qu'on n'y désire aucun des
« ornemens dont on auroit pu l'enrichir.

« On entre d'abord dans un beau vestibule, du côté de la cour,
« élevé sur cinq marches, qui conduit à un magnifique salon,
« d'où l'on parvient à la chambre à coucher et au grand cabinet
« de M. le duc, etc. Les autres appartemens du rez de chaussée
« consistent en une salle à manger, la pièce du billard, etc.

« La vuë de cette maison n'a pour bornes, de quelque côté que
« ce soit, que celles qui lui sont données par un horison très-
« éloigné. Les yeux sont agréablement occupez de la vuë de
« Paris, du côté d'orient, d'où ils parcourent en se tournant à
« gauche la butte Montmartre, les Champs-Élizées, Auteuil, le
« bois de Boulogne et le château de Madrid; la vuë se promène
« ensuite dans les jardins et les parcs de Saint-Cloud, de Meudon
« et d'Issi. On voit le large canal de la rivière de Seine ser-
« penter majestueusement, et rouler ses eaux fécondes au
« milieu du plus beau paysage, et de la plus riche campagne de
« l'univers.

« On arrive au château par une avenuë de 200 toises de lon-
« gueur sur 16 de large, formée par quatre rangées d'ormes.

« Autour du bâtiment, à niveau de la cour, règne une ter-
« rasse de 216 toises de long sur 20 de large, ornée de parterres,
« de gazons, d'une égale simétrie.

« Une terrasse en amphithéatre de 36 pieds de large règne au-
« dessous de cette première, bordée ainsi que l'autre de toutes
« sortes d'arbres et d'arbustes. Elle communique à deux rampes

« qui sont en face du château, qui se terminent en fer à cheval,
« et conduisent en pente douce dans les bois qui sont au-dessous,
« par deux belles allées de maronniers.

« Dans le plus bas terrain, est un grand bassin, à 200 toises du
« château, dont on voit le jet d'eau au travers du vestibule en
« entrant par la porte de la cour; et comme le parc s'étend fort
« loin des deux côtez, et qu'il est traversé d'allées et d'arbres
« de haute futaye, on a interrompu la suite des allées, pour con-
« server ce point de vuë au château. C'est en effet la plus belle
« perspective qu'on sçauroit voir : la hauteur et la grosseur du
« jet d'eau paroissant au travers des allées interrompuës.

« Ce bassin est accompagné de deux autres, moindres en
« grandeur, aux extrémitez qui font face aux deux allées qui
« descendent, et un autre encore dans une salle de marronniers,
« qui forme un bosquet magnifique, régulièrement percé de huit
« allées qui aboutissent à ce bassin.

« Quoique le parc ne soit pas d'une grande étenduë, il répond
« parfaitement à la magnificence des jardins, par la variété des
« ornemens, et des beautez de la nature et de l'art qu'on y a
« conservées et pratiquées : beaux bosquets, grandes allées de
« 300 et 400 toises de long, plusieurs pièces d'eau, arbres d'une
« hauteur prodigieuse, etc.

« Monseigneur le duc de Bourbon, qui a acheté Vanvre de
« M. de Montargis commandeur et secrétaire des ordres du roy,
« pour lui servir de maison de plaisance, depuis que la surinten-
« dance de l'éducation du roy ne lui permet pas de longs séjours
« à Chantilli, y a fait quantité d'embellissemens.

« Le roy partit des Tuileries, à quatre heures après midi, ac-
« compagné de S. A. S. M. le duc, de M. le maréchal de Ville-
« roy, de M. le prince Charles, de messieurs les maréchaux
« d'Estrées, d'Uxelles et de Talard, et autres princes et sei-
« gneurs de la cour, avec le cortège ordinaire. Sa Majesté arriva
« à Vanvre avant cinq heures. S. A. S. madame la duchesse,
« accompagnée d'un nombre choisi de dames, vint au carosse du
« roy, et le conduisit dans le grand appartement du rez-de-
« chaussée.

« On avoit eu la précaution de jetter dans le parc quelques
« jeunes chevreuils pris dans la forêt de Chantilli, de même que
« des faisandeaux, etc. Après que le roy se fut reposé quelque

« tems, M. le duc vint prendre ses ordres pour commencer la
« chasse. S. M. monta à cheval, on découpla les chiens de sa
« meute au bruit des cors, et plusieurs chevreuils furent lancez
« dans les routes du parc. Cette chasse, qui fit beaucoup de
« plaisir au roy, dura une heure, jusqu'à ce que Sa Majesté ayant
« demandé un fusil, elle tira sur un chevreuil avec toute l'adresse
« possible, et le tua. On en poursuivit un autre, que les chiens
« prirent.

« Toute la cour, et tous ceux qui avoient suivi la chasse du roy
« trouvèrent des rafraichissemens sur plusieurs tables qu'on avoit
« dressées dans le parc, et qui se trouvèrent couvertes de jam-
« bons, de pâtez de gibier, de langues, etc. et de toutes sortes
« de fruits et de biscuits. Aux deux bouts des tables on avoit
« placé des cantines, avec du vin de Bourgogne, de Champagne,
« des vins de liqueurs, du cidre, de la bière, de la limonade, et
« quantité d'autres liqueurs, et d'eaux fraîches et glacées, que
« des garçons proprement habillez distribuoient sans confusion
« à tous ceux qui se présentoient.

« Deux autres tables furent dressées à une petite distance l'une
« de l'autre, au milieu du jardin, sous deux grandes tentes, l'une
« desquelles étoit couverte d'un ambigu magnifique et délicat, où
« les pesches et les plus beaux fruits de la saison étoient en grande
« abondance; et l'autre étoit garnie de plusieurs cabarets, où l'on
« servoit du thé, du caffé, du chocolat, et toutes sortes de sorbets
« et d'eaux glacées. Entre ces deux tables s'élevoit un grand
« buffet garni de toutes sortes de vaisselle de verre et de porce-
« laine, pour le service de ces deux tables, où tous ceux qui se
« présentoient n'avoient pas le tems de désirer, par l'attention
« des officiers de M. le duc qui étoient chargés de ce soin, et par
« les garçons d'office qui exécutoient leurs ordres. Le pourtour
« de toutes ces tables étoit orné de festons et de guirlandes de
« fleurs, et l'approche n'en étoit interdite à personne; les gentil-
« hommes et les officiers de S. A. S. prioient même poliment
« ceux qui paroissoient avoir besoin de cette cérémonie.

« Le roy, après avoir pris son second chevreuil, passa dans le
« second parc, et tua fort adroitement quelques faisans, perdrix,
» lièvres et lapins. Après la chasse, S. M. fit sa collation; elle fut

« servie sur les lieux par les officiers de son gobelet, et le cou-
« reur de vin, qui l'avoient apporté à l'ordinaire.

« Sur la fin du jour, le roy monta dans une des calèches qui
« avoient été préparées, avec S. A. S. madame la duchesse, et
« madame la princesse de Carignan ; toute la cour suivit le roy,
« qui se rendit dans le grand salon, pour entendre le magnifique
« concert dont on va parler, exécuté par les musiciens de S. A. S.
« très-proprement habillez des couleurs de Condé, avec un galon
« d'argent sur toutes les coutures.

« M. Danchet de l'Académie françoise, auteur du poëme,
« n'a pas eu beaucoup de tems pour y travailler, ayant été com-
« posé, mis en musique et exécuté en moins de sept jours ; mais
« de quelle ardeur ne se sent-on pas animé, quand on prépare
« une feste pour le roy, et qu'on exécute les ordres de M. le duc?
« On peut dire que ce divertissement ne se sent de la précipita-
« tion avec laquelle il a été fait, que par ce naturel heureux
« qu'ont toujours les ouvrages qui coulent de source : on y trouve
« de plus tout l'art et tout l'esprit de la poësie lyrique.

« Pendant le concert, grand nombre d'ouvriers étoient occu-
« pez à l'illumination qui fut entièrement achevée lorsque la mu-
« sique finit.

« Le lecteur doit s'attendre, dans le récit de ce superbe spec-
« tacle, à quatre différentes décorations, toutes plus brillantes les
« unes que les autres, par les feux d'artifice et les illuminations,
« en ne comptant les quatre faces et la cour du château que
« pour une.

« Tous les chambranles des croisées du premier et du second
« étage, des quatre côtez de l'édifice, étoient garnis d'un double
« rang de lampions, de même que les plinthes entre les étages, et
« toute la mansarde profilée de falots, dont les croisées qui font
« le troisième étage étoient éclairées en plein avec des terrines
« sur des tablettes, les cheminées bordées et surmontées chacune
« d'une pyramide de même.

« Après que le roy eut fait quelques tours sur la terrasse pour
« jouir de cette illumination, il fut conduit dans le cabinet de
« M. le duc, d'où il vit toute la longueur des allées, dont nous
« avons parlé, marquées par quatre rangées de falots ; chaque if
« planté entre les arbres, portant une terrine allumée. L'espace

« du milieu étoit terminée par une grande piramide de plus de
« quarante pieds de haut, ayant à son sommet un soleil rayon-
« nant.

« Après que Sa Majesté eut goûté assez long-temps le plaisir
« de ce beau point de vue, elle passa dans l'appartement du côté
« opposé, pour voir le feu d'artifice, qui étoit en face, à quarante
« toises du château. C'étoit un arc de triomphe de cinquante
« pieds de haut, dont tous les profils étoient marquez par des lu-
« mières. On voyoit au milieu de l'arcade un piédestal en forme
« de fontaine, qui supportoit un grand médaillon, où ces vers
« latins, de la composition de M. Danchet, se lisoient en lettres
« transparentes :

> Qui nunc in lusus cœlum circumvolat ignis,
> Si tibi erunt hostes, Gallia, fulmen erit.

« Quantité de fusées d'honneur furent d'abord tirées deux à deux :
« après quoi, les sens furent surpris de voir se former subitement
« une allée de gerbes ou fontaines de feu, qui, placées dans l'in-
« tervalle de chaque arbre et s'élevant à la hauteur de plus de
« quarante pieds, surpassoient de beaucoup le sommet des arbres
« de l'allée, à laquelle succéda une seconde allée en berceau, et
« enfin une troisième après celle-ci, pareille à la première. Alors
« la fontaine de l'arc de triomphe forma deux napes de feu, et
« l'on vit la bordure du distique lancée à plus de quarante pieds,
« tout au tour un nombre infini de rayons étincelans. Ensuite on
« fit jouer les pots à feux et les caisses en très-grande quantité.
« Ce premier feu se termina par une girande (1) des plus magni-
« fiques.

« N'oublions pas les deux ifs qui terminoient les côtez de l'arc
« de triomphe, élevez de plus de trente pieds et figurez par des
« lampions et des terrines, où aboutissoient les deux contre-allées
« d'arbres, entre lesquels on avoit suspendu, sur toute la lon-
« gueur, de grosses lampes qui formoient des espèces de giran-
« doles.

« Le roy vint ensuite avec toute sa cour dans le vestibule, pour
« voir ce qui devoit se passer dans les jardins bas, à la tête du

---

[1] On appelle *Girande*, un amas prodigieux de toutes sortes d'artifices.

« grand bassin. Le fauteuil de S. M. étoit placé sous la principale
« porte du château. Cette superbe et ingénieuse décoration con-
« sistoit dans un grand portique formé par cinq arcades, dont
« celle du milieu dominoit sur les autres; elles étoient séparées
« par des pilastres, terminez par une corniche, sur laquelle on
« voyoit des girandoles d'illumination, précisément au-dessus de
« chaque pilastre. Cinq piramides occupaient les intervalles sous
« les arcades; les quatre des côtez étoient dormantes, à l'ordi-
« naire; mais celle du milieu avoit toutes les dimensions d'un
« cône, ses lumières étoient disposées en ligne spirale, elle tour-
« noit continuellement sur un pivot, et sembloit faire sortir une
« clarté des plus brillantes de la terre, qui se perdoit dans les
« airs. Tout ce portique étoit éclairé par des falots.

« Un double rang de terrines formoit une allée depuis le châ-
« teau jusqu'au grand bassin, lequel en étoit aussi bordé par un
« double rang. Il étoit encore entouré de grosses gerbes de feu
« qui s'élevèrent tout d'un coup dans le moment que le roy parut;
« ensuite on fit jouer une très-grande quantité d'artifice d'eau, qui
« se mêloit avec celle du bassin, et qui sembloit en sortir avec
« plus de force et de véhémence. Pour dernier spectacle, on avoit
« placé entre le château et le bassin une aigrette d'artifice compo-
« sée de pots à feu, qui partirent tout à la fois et firent place à
« une très-grande girande plus forte encore que celle du dernier
« feu, qui termina cette superbe fête.

« Elle a été dessinée et conduite par M. Berin, dessinateur
« ordinaire du cabinet et de la chambre du roy. Tout l'artifice a
« été exécuté sous ses ordres par le sieur Morel artificier
« du roy.

« Le roy n'a jamais paru si content ni si charmé; il le témoigna
« à plusieurs reprises à M. le duc de Bourbon. Sa Majesté s'a-
« musa encore environ trois quarts d'heure à jouer au pharaon
« avec les princes, princesses, seigneurs et dames de la cour :
« le marquis d'Entragues tailloit. Après le jeu, le roy tira quel-
« ques poignées de louis d'or qu'il laissa sur la table pour les
« cartes; et ayant encore voulu se promener pour voir l'illumi-
« nation, dont il ne pouvoit se lasser, Sa Majesté s'en retourna un
« quart d'heure après, avec tout son cortége, reconduite par M. le
« duc de Bourbon, qui, d'abord que le roy fut rentré au palais
« des Thuilleries, monta dans une chaise de poste pour revenir

« à Vanvre, où il devoit y avoir un grand souper. En effet, deux
« tables de vingt couverts chacune y furent servies avec toute la
« délicatesse imaginable. Madame la duchesse faisoit les hon-
« neurs de la première et M. le duc de la seconde. C'étoient les
« mêmes tables sous les tentes, avec le grand buffet entre deux,
« qui avoient servi aux collations dans le jardin.

« Depuis l'arrivée du roy jusqu'à son départ, on servit encore
« plusieurs tables, outre celles des princes et des seigneurs, pour
« les pages, les gardes du roy, et pour les gens de l'équipage
« de S. M.

« Après les feux d'artifice les yeux ne furent plus occupez qu'à
« voir la régularité ingénieuse et brillante de l'illumination du
« bâtiment et des jardins, qui faisoit un effet merveilleux pendant
« la plus belle nuit du monde : elle éclairoit le dôme des Inva-
« lides et toute la plaine de Grenelle, qui étoit presque couverte
« de carosses, et éblouissoit les yeux de plusieurs milliers de
« personnes accourües de toutes parts et répandues aux en-
« virons.

« M. d'Estin contrôleur des maison et affaires de M. le duc
« de Bourbon, étoit chargé généralement de tout le détail im-
« mense de ce superbe régal, où le bon goût, la délicatesse et la
« profusion ont également régné, sans qu'il soit arrivé la moindre
« confusion, ni le moindre accident. »

Extrait du Mercure, 1721.

Le 16 messidor an IV, le domaine national de Vanvres a été adjugé au citoyen Rousset, dont l'administration du prytanée l'a acquis le 28 fructidor an VI. Un décret impérial du 27 thermidor an XII décide que la propriété de Vanvres demeure attachée à la division du prytanée convertie en lycée impérial, et est comprise dans les dépendances du pensionnat de ce lycée.

Au retour des Bourbons en France, Madame Louise, avant de se renfermer au Temple, voulut visiter le parc de Vanvres. Comme elle rappelait complaisamment les heureux jours qu'elle avait passés dans cette campagne, on lui fit entendre qu'il ne serait pas impossible de racheter ce domaine, et de le rendre à la maison de Condé. Elle demanda qui en était propriétaire, on lui répondit que c'était le collége de Louis-le-Grand. — Il suffit, reprit-elle, n'en parlons plus.

Il avait ce dernier nom, etc.

Ce fut le ministre François de Neufchâteau qui substitua au nom de collége Égalité celui de prytanée.

> . . . . Cet heureux Prytanée,
> Où de la France en fleur mûrit la destinée ;

disait le bibliothécaire Seryès dans une pièce de vers dont il fit lecture à la distribution des prix.

Note communiquée par M. Malleval.

Un jeune officier de marine.

Alexandre (Charles-Robert), né à Caen, le 4 octobre 1780, admis à l'Ecole polytechnique dont il est sorti ingénieur constructeur.

Le Prytanée français qui était rentré en possession d'une partie des biens, etc.

La surveillance la plus grande est exercée sur les propriétés du prytanée. On doit aux recherches du citoyen Hébert agent comptable, du citoyen Reboul, la rentrée de domaines dont les titres s'étaient égarés dans les mouvements révolutionnaires.

Discours du citoyen Cambry, président de l'administration du Prytanée français, 7 fructidor an VII. — Distribution des prix.

Napoléon organise l'Université impériale.

Dans le cours du récit et dans les notes qui s'y rattachent, on a pu voir une esquisse des constitutions de l'Université de Paris ; cette esquisse imparfaite sans doute, nous avons voulu la terminer en donnant ici les décrets et ordonnances qui concernent l'instruction publique, de 1790 à 1830.

13 octobre 1790, sur la proposition de M. de Talleyrand-Périgord, décret de l'Assemblée constituante qui décide que les colléges resteront en activité pendant que les législateurs s'occu-

peront en silence de préparer un projet de loi sur l'instruction publique.

23 octobre 1791, l'Assemblée législative place tous les colléges sous la surveillance des autorités administratives. 21 janvier 1792, elle ordonne au ministre de l'intérieur d'allouer jusqu'à concurrence d'une somme de 150,000 francs pour l'entretien des colléges qui auraient perdu leurs revenus, par suite de lois sur les dîmes, les bénéfices et les redevances féodales.

Avril 1792, décret de l'Assemblée législative qui oblige tous les instituteurs ecclésiastiques de prêter serment à la constitution civile du clergé. Cette mesure est le signal de la ruine de la plupart des maisons d'éducation.

8 mars 1793, décret de la Convention qui ordonne la vente, au profit de l'État, des biens formant la dotation des colléges, bourses et autres établissements d'instruction publique.

5 novembre 1793, discours remarquable de Chénier. Talleyrand-Périgord, Condorcet, Pastoret et Chénier sont à peu près les seuls, pendant la tourmente révolutionnaire, qui aient fait entendre la voix de la raison au sujet de l'éducation publique.

10 novembre 1793, décret qui prononce l'abolition du culte catholique en France, et son remplacement par celui de la Raison.

20 mars 1794, suppression de l'Université.

30 octobre 1794, décret qui établit une école normale générale pour toute la république. La Grange, Berthollet, Laplace, Garat, Bernardin de St-Pierre, Daubenton, Haüy, Volney, Sicard, Monge, Thouin, Hallé, La Harpe, nommés aux chaires de cette école.

17 novembre 1794, établissement des écoles primaires.

25 février 1795, établissement des écoles centrales pour l'enseignement des sciences, des lettres et des arts.

22 octobre 1795, création des écoles polytechnique, d'artillerie, du génie, de la marine, des ponts et chaussées, de topographie et de navigation.

25 octobre 1795, sur le rapport de M. Daunou, loi sur l'organisation de l'instruction publique; les professeurs des écoles primaires reçoivent une rétribution annuelle de chacun de leurs élèves. Les écoles centrales sont placées dans les anciens colléges. On établit des écoles spéciales destinées aux sciences morales,

politiques et mathématiques, et aux arts. Institut national des sciences et des arts fondé d'après les conceptions de Condorcet, divisé en trois classes et composé de cent cinquante membres.

5 février 1798, le Directoire place toutes les maisons d'éducation sous l'inspection des administrations municipales.

1er mai 1802, Bonaparte, premier consul, proclame loi de la république le décret rendu par le Corps législatif, sur le rapport de Fourcroy, lequel divise l'instruction en quatre séries : écoles primaires, écoles secondaires, lycées qui remplacent les écoles centrales, écoles spéciales pour le droit et la médecine.

11 septembre 1804, prix décennaux décernés aux auteurs des meilleurs ouvrages de sciences, de littérature et d'arts.

Il est temps, disait devant le Corps législatif, le conseiller d'état Portalis, que les théories se taisent devant les faits : point d'instruction sans éducation, point d'éducation sans morale et sans religion. Les professeurs ont enseigné dans le désert, parce qu'on a proclamé imprudemment qu'il ne fallait pas parler de religion dans les écoles.

17 mars 1808, organisation de l'Université impériale. Le nombre des Académies doit égaler celui des Cours d'appel. On reconnaît cinq ordres de facultés, savoir : les facultés de théologie, de droit, de médecine, des sciences et des arts.

Les grades, dans les diverses facultés, ne peuvent être obtenus qu'en subissant des examens et des actes publics garantissant la capacité des récipiendaires.

Les rangs des divers fonctionnaires de l'Université sont déterminés ainsi qu'il suit :

1° Le grand-maître ; 2° le chancelier ; 3° le trésorier ; 4° les conseillers à vie ; 5° les conseillers ordinaires ; 6° les inspecteurs de l'Université ; 7° les recteurs des Académies ; 8° les inspecteurs des Académies ; 9° les doyens des facultés ; 10° les professeurs des facultés ; 11° les proviseurs des lycées ; 12° les censeurs ; 13° les professeurs ; 14° les principaux des colléges ; 15° les agrégés ; 16° les régents de collége ; 17° les chefs d'institution, 18° les maîtres de pension ; 19° les maîtres d'étude.

Les proviseurs, censeurs, principaux et régents des colléges, les maîtres d'étude, enfin tous les employés à l'administration sont astreints au célibat et à la vie commune.

Rétablissement de l'école normale. 300 jeunes gens, choisis dans les colléges par les inspecteurs, y seront formés à l'art d'enseigner les lettres et les sciences.

Dotation de l'Université : 400,000 fr. de rentes sur le grand livre ; les biens restés disponibles de tous les anciens établissements d'instruction publique, rétributions pour obtenir les grades dans les trois facultés de théologie des lettres et des sciences, le dixième de celles payées dans les facultés de droit et de médecine, le 20e sur les prix de la pension de tous les élèves dans l'étendue de l'empire, le droit du sceau pour les diplômes, brevets, permissions d'enseigner.

Eugène Dubarle, ancien élève du collége de Louis-le-Grand, avocat à la Cour royale. *Histoire de l'Université.* 1829.

L'article 30 du titre IV porte que l'ordre des rangs sera suivi dans la nomination des fonctionnaires, et que nul ne pourra être appelé à une place, qu'après avoir passé par la place inférieure.

Ce même jour, 17 mars 1808, qui vit paraître l'organisation de l'Université impériale, M. de Fontanes, président du Corps législatif est nommé grand-maître. Il prête serment dans la chapelle impériale avec le même cérémonial que les archevêques. Il prêta le serment en ces termes:

« Sire, je jure devant Dieu, devant Votre Majesté, de remplir tous les devoirs qui me sont imposés, de me servir de l'autorité qu'elle me confie pour former des citoyens attachés à la religion, à leur prince, à la patrie; de favoriser, par tous les moyens qui sont en mon pouvoir, le progrès des lumières, des bonnes études et des bonnes mœurs, d'en perpétuer les traditions pour la gloire de votre dynastie, le bonheur des enfants et le repos des pères de famille. »

☞ 15 août 1815, ordonnance du roi qui maintient provisoirement l'organisation des Académies et la taxe du 20e des frais d'études établie par le décret du 27 mars 1808, et charge une commission d'exercer, sous l'autorité du ministre de l'intérieur, les pouvoirs attribués au grand-maître et aux autres officiers de l'Université MM. Royer-Collard président, baron Cuvier, baron Sylvestre de Sacy recteur de l'Académie de Paris, abbé Frayssinous, Guéneau de Mussy, Petitot secrétaire.

1er novembre 1820, ordonnance du roi qui donne à la commission de l'instruction publique le titre de Conseil royal de l'instruction publique. — Sept conseillers, plus le président.

27 février 1821, ordonnance qui nomme l'abbé Nicole recteur de l'Académie de Paris. Les vingt-six Académies qui composent l'Université sont divisées en trois arrondissements dont le premier est formé par la seule Académie de Paris. Le chef-lieu de l'Académie est fixé dans l'ancienne maison de Sorbonne. Un inspecteur général, sous les ordres du recteur, est attaché à l'Académie de Paris, particulièrement pour ce qui concerne l'administration.

Établissement des Écoles normales partielles près les colléges royaux de Paris, qui ont des pensionnaires, et près du collége royal du chef-lieu de chaque Académie. Chacune de ces écoles est composée de huit élèves. Le cours est de quatre années.

4 septembre 1821, statut général en deux cent quarante-quatre articles réglant tout ce qui concerne la discipline et les études des colléges. A part les modifications nombreuses qu'il a subies, il est encore en vigueur dans l'Université.

1er juin 1822, M. Frayssinous évêque d'Hermopolis, nommé grand-maître de l'Université. Il supprime l'École normale.

8 avril 1824, suppression du rectorat de l'Académie de Paris, dont les attributions sont dévolues au grand-maître.

26 août 1824, M. Frayssinous nommé ministre secrétaire d'État des affaires ecclésiastiques et de l'instruction publique.

4 janvier 1828, l'instruction publique cesse de faire partie du ministère des affaires ecclésiastiques. Réaction. Le 1er février suivant, M. de Vatimesnil grand-maître de l'Université. « Amé-
« liorer la condition des professeurs, ajouter à la considération
« et aux avantages attachés à l'estimable profession de maître
« d'étude, placer la comptabilité des colléges dans le droit com-
« mun en la soumettant à la cour des comptes, préparer à l'en-
« seignement de l'histoire le degré d'utilité qu'il doit atteindre,
« introduire dans les colléges l'enseignement des langues vivan-
« tes, varier l'instruction publique de manière à l'approprier à
« toutes les situations de la vie; tels furent les perfectionnements
« que réalisa M. de Vatimesnil pour l'instruction secondaire. »

Kilian, Tableau historique de l'instruction secondaire en France. Paris, 1841.

8 août 1829, M. de Montbel nommé ministre des affaires ecclésiastiques et de l'instruction publique.

1 novembre 1829, M. Guernon de Ranville, grand-maître de l'Université. Pensions accordées aux veuves de tous les fonctionnaires de l'Université. Statut du 3 avril 1830, prescrivant une nouvelle répartition des objets d'études pour les colléges royaux. « M. Guernon de Ranville était animé d'excellentes intentions « pour le progrès des lettres, » dit M. Kilian dans son *Tableau historique de l'instruction secondaire en France* ; il suffit de lire le nouveau statut pour s'en convaincre.

Luce de Lancival.

Né en 1766, à Saint-Gobain; nommé, à vingt-deux ans, professeur de rhétorique au collége de Navarre. Il passa la révolution dans la retraite, livré à des travaux littéraires. Mort en 1810. A son service funèbre, on remarqua avec étonnement sur le cercueil les insignes du sacerdoce. Il avait, en effet, reçu les ordres, et M. de Noë, évêque de Lescar, célèbre lui-même par son éloge du curé de Saint-André-des-Arts, l'avait nommé son vicaire-général. Luce de Lancival a fait de ce prélat un panégyrique qui honore également son talent et son cœur.

Note communiquée par M. Malleval.

M. Villemain.

« Je ne dirai point que tout récemment, ici même, un écolier sortant de rhétorique a été jugé digne de répéter un cours de rhétorique, et que, chargé plusieurs fois de suppléer ses professeurs, il n'a eu d'autre secret, pour se faire écouter de ceux qui étaient encore ses camarades, que l'ascendant d'une supériorité unanimement reconnue par eux, et d'autant plus incontestable, qu'elle n'était pas appuyée sur des succès d'un jour, sur ces triomphes d'éclat qui ont quelquefois trouvé des contradicteurs et des incrédules. De pareils exemples ne prouvent rien, précisément parce qu'ils prouvent trop, etc. »

C'est M. Villemain que désigne Luce de Lancival dans ces lignes tirées du discours prononcé, le 16 août 1808, à l'occasion de la distribution des prix au lycée impérial.

On montre, au collége de Louis-le-Grand, une fenêtre où il aimait à se retirer pour méditer, la tête appuyée sur le coude ; c'est, dans la cour d'entrée, dans le bâtiment qui fait face à la grande porte, la quatrième fenêtre, au second, à main gauche.

M. de Sermand.

(Louis-Joseph) de famille noble, né à Andelot (Haute-Marne), octobre 1759, mort à Fontainebleau, le 6 septembre 1829. Fit ses études au séminaire de Langres, dont il devint un des supérieurs, par la protection de l'évêque, M. de La Luzerne, depuis cardinal, qui lui conserva toujours son estime. Émigra en Angleterre, où il se livra à l'enseignement avec succès. Rentré en France, au commencement de l'empire. M. Roger de l'Académie française, son compatriote et son ancien élève, conseiller alors de l'Université et ami de M. de Fontanes, le fit nommer proviseur à Rhodez. Il y fit beaucoup de bien ; mais ce n'était pas un poste digne de lui. M. Roger le savait, et il répondit de la capacité de son ancien maître, en le proposant pour successeur de M. Champagne : jamais confiance ne fut mieux justifiée.

Note communiquée par M. Malleval.

M. de Sermand avait désigné pour son légataire M. Amette, caissier de l'Université. On voit l'éloge complet de M. Amette dans ce témoignage d'estime de la part d'un homme dont la vie entière fut un parfait modèle de probité et de désintéressement, et qui mourut pauvre.

M. de Guerle.

(Jean-Nicolas-Marie), né à Issoudun, 15 janvier 1766. Élève du collége de Montaigu, où il puisa cette justesse de goût, cette fermeté de principes et de caractère qui ne se démentirent jamais dans ses ouvrages ni dans sa conduite. Successivement professeur de rhétorique au lycée Bonaparte, professeur d'éloquence française à la faculté des lettres, et censeur des études au lycée impérial (aujourd'hui collége royal de Louis-le-Grand).

Voici la lettre que lui écrivit M. de Fontanes, en lui envoyant sa nomination à la chaire d'éloquence française :

« Je vous annonce avec plaisir, monsieur, que vous êtes nommé

« membre de la faculté des lettres de Paris. J'ai dû choisir, pour
« composer cette faculté qui doit être le modèle de toutes les
« autres, les hommes les plus propres à lui donner de la consi-
« dération et de l'éclat ; j'ai donc jeté les yeux sur vous, et je me
« félicite de voir l'Université vous compter parmi ses premiers
« officiers : elle doit tout attendre de votre talent et de votre
« zèle. »

Mort, le 11 novembre 1824.

M. de Guerle est auteur d'une excellente traduction en vers français du poëme de *la Guerre civile* de Pétrone, et d'une traduction en prose de l'*Énéide*, à laquelle il a consacré les dernières années de sa vie, et qui est digne de son auteur.

<small>Voir la *Notice sur J. M. N. de Guerle*, par M. Ch. Heguin de Guerle professeur au collége de Louis-le-Grand.</small>

Des officiers, etc.

Il y avait cependant d'honorables exceptions parmi les maîtres d'étude de ce temps-là : deux hommes, entre autres, dont l'esprit cultivé et la politesse contrastaient avec l'ignorance et la grossièreté de leurs collègues, M. Cottard, qui a été recteur de l'Académis de Strasbourg, et M. Petit, chef d'institution, dont l'établissement, rue de Jouy, est un des plus beaux de Paris.

CHAPITRE XXXIV.

M. Maugras.

(Jean-Baptiste) né en juillet 1762, à Fresnes (Franche-Comté). En 1787, au concours de l'agrégation pour la philosophie, il obtint la première place, à la suite d'une lutte brillante dont le souvenir s'est conservé longtemps dans la mémoire des vieux universitaires; il avait pour concurrent M. Labitte. Nommé professeur de philosophie au collège de Montaigu, en 1789; au lycée impérial, en 1808. Mort le 17 février 1830 à la suite d'une courte maladie. M. Maugras avait fait preuve de courage dans les temps les plus orageux de la révolution.

Voir la Biographie universelle, notice par M. Ch. Durozoir, professeur d'histoire au collège de Louis-le-Grand.

M. Guyot.

(Pierre-Martin) né à Troyes (Aube) le 6 novembre 1794. Son extérieur annonçait le calme de son âme; on ne pouvait le voir sans l'aimer, on ne pouvait le connaître sans l'estimer, et sans l'aimer davantage. Décédé, le 13 septembre 1832; comme Rollin, il vit approcher la mort sans effroi; durant toute sa vie, il s'était préparé à la recevoir.

M. Cossin avocat, ancien conseiller à la Cour royale de Paris, a écrit une notice pleine d'intérêt sur M. Guyot.

M. Marcou.

(Louis-René), né à Paris le 13 juillet 1795. Son zèle pour sa classe n'avait de bornes qu'un amour inquiet du devoir qui ne lui permettait jamais d'être satisfait de lui-même; aussi peut-on dire qu'au dehors, comme dans le collége, sa pensée était constamment avec ses élèves. Enlevé, le 2 juin 1832, à sa famille dont il était le soutien, et à ses amis dont le temps n'a pu affaiblir les regrets.

Plus tard, Louis-le-Grand devait compter parmi ses professeurs, MM. Desforges, Maugras neveu, Damiron, Filon, Courtaud-Diverneresse, Agon, Gibon, Sarret, Gaillardin, Barberet, de Neufforges et M. du Hamel qui s'est fait un nom dans les sciences; aujourd'hui directeur des études à l'École polytechnique.

M. Grellot.

Avait inventé une méthode claire et facile pour expliquer aux enfants les éléments de la grammaire.

Professeur de langue anglaise : M. Wilkin.

Les maîtres d'agrément étaient :

Escrime : M. Bouchez, prévôt.

Musique : MM. Blondeau, Bonardot, Cartier, Martinn, Onsmonde, Schloër, Rhein, Advier, Buteux qui appartenaient aux premiers orchestres de Paris, et l'excellent Ropiquet connu d'ailleurs comme amateur éclairé des beaux-arts, et appréciateur consommé des instruments de musique.

Dessin : MM. Rhoën père et fils qui se sont fait un nom dans la peinture, M. Bertrand qui possède à un degré remarquable le talent si difficile de bien enseigner. La première classe était sous la direction de M. Bouillon.

Bouillon.

(Pierre), né à Thiviers (Dordogne) en 1777; mort à Paris en 1831. Élève de Monsiau, il remporta le grand prix de peinture en 1797. Le véritable culte qu'il professait pour les chefs-d'œuvre de l'antiquité l'engagea à reproduire, par le dessin et la gravure à l'eau forte, la nombreuse collection d'antiques que la victoire avait réunie à Paris sous la république et l'empire. Cet ouvrage, contenant plus de quatre mille pièces, fut publié sous le titre de *Musée des Antiques*; Bouillon y sacrifia les dix-sept plus belles années de sa vie. Ses principaux ouvrages, exécutés dans les dimensions poussinesques, sont : en 1797, *la Mort de Caton* (tableau de son grand prix); en 1798, *Œdipe et Antigone*; en 1800, *l'Enfant et la Fortune*, fable; en 1803, *Léonidas et Cléombrote*; et en 1819, *Jésus-Christ ressuscitant la fille de Naïm*.

Note communiquée par M. Dromont.

M. Bouillon a été le premier maître de MM. Eugène Delacroix et Amaury Duval, tous les deux élèves de Louis-le-Grand.

En nommant les hommes qui ont bien mérité de Louis-le-Grand, je ne veux pas omettre le doyen de cette maison, Rombeau concierge du collége, ce bon et loyal serviteur dont les familles ont pu apprécier le zèle et l'intelligence.

Boitard,

(Joseph-Édouard), né à Paris, le 13 août 1804, mort, le 12 septembre 1835.

Un de ces jeunes gens précieux au collége où leur présence fait aimer le devoir. Celui-ci réunissait les plus belles qualités du cœur et de l'esprit ; il avait tout pour lui, tout, jusqu'aux avantages extérieurs, et sur sa figure, une expression de bonté qui lui faisait autant d'amis qu'il avait de condisciples. Il fit ses adieux au collége en remportant au concours général le premier prix de dissertation française. Docteur en droit, en 1829, il se présenta, l'année suivante, au concours ouvert pour les chaires de suppléance à l'école de droit, et fut reçu le premier. On a dit de lui qu'il est impossible de porter plus loin l'esprit d'enseignement et le talent d'initiation.

Voir les notices sur J.-E. Boitard, par M. J. Janin, rédacteur du *Journal des Débats*, M. Poret professeur de philosophie, M. Alexandre Laplace professeur à l'école de droit à Dijon, M. Gustave de Linage Docteur en droit, avocat à la Cour royale, qui a donné une édition des *Leçons sur les codes pénal et d'instruction criminelle*, par J.-E. Boitard professeur-suppléant à la Faculté de droit de Paris.

Matuschwitz et Hugo.

Le sujet du discours latin était : *Taxile à Porus*, pour l'engager à se soumettre à Alexandre. Le prix d'honneur fut décerné à Matuschwitz, le même qui a figuré dans la diplomatie des Cours du Nord.

Bequet.

(Étienne), rédacteur du *Journal des Débats*.

M. Angelet.

Professeur de seconde au collége Bourbon, conservait sous ses cheveux gris toute la vivacité du jeune âge. Un jour qu'il arrivait à Vanvres par une pluie battante, M. Malleval lui offrit un verre d'eau et de vin. «De l'eau ? reprit-il, j'en ai par dessus les épaules ! Du vin ? à la bonne heure. »

Comme on était à table, un domestique, voulant servir un plat de rôt, en versa le jus sur M. Malleval qui dit : *Summum jus, summa injuria !*

M. Malleval.

(François-Christophe), né à Annonay (Ardèche), le 16 mai 1785.

En 1796, il vint occuper, à Louis-le-Grand, alors collége Égalité, une bourse du collége d'Autun, de la fondation du cardinal Bertrand d'Annonay. A la création de l'Université impériale, le grand-maître, M. de Fontanes, lui ouvrit la carrière du professorat. Dans la classe de cinquième, les douze élèves que M. Malleval envoya au concours général, obtinrent les quatre prix de thème et de version, et les quatre premiers accessits dans chacune de ces facultés. En 1819, il professait la quatrième quand de graves désordres éclatèrent au collège. M. Royer-Collard président de la commission de l'instruction publique l'envoya chercher, à 11 du soir, par MM. Georges Cuvier et Guéneau de Mussy, et lui déclara qu'il le nommait proviseur. On ne pouvait faire un meilleur choix.

M. Taillefer.

(Louis-Gabriel), né à Paris, le 27 décembre 1767.

M. Taillefer s'est sérieusement occupé d'éducation publique. Il a donné une attention particulière aux nouvelles méthodes d'enseignement qu'il a suivies, étudiées, analysées, souvent même protégées de son autorité et de son crédit. Il est auteur de plusieurs ouvrages dont le plus recommandable, peut-être, est celui qui traite de l'éducation au collége. — Ce livre rempli de vues vraiment libérales a le mérite, bien rare aujourd'hui, de présenter une théorie qui peut être mise en pratique ; il appartient évidemment au proviseur du collége de Louis-le-Grand, car, à certaines modifications près, on y reconnaît l'esprit de paternelle sollicitude et de sage discipline qui gouverne cette maison.

C'était le calme de l'abattement.

Entre tous les fonctionnaires qui, dans ces jours difficiles, ont acquis de justes titres à la reconnaissance du collége de Louis-le-Grand, nous devons citer MM. Charpentier et Pourmarin agrégés professeurs, MM. Thomassin, Roger et Lemoine maîtres surveillants, dont le dévouement n'a pas peu contribué à sauver cette maison d'une ruine complète.

M. Charpentier est aujourd'hui professeur agrégé à la faculté des lettres et inspecteur de l'Académie de Paris, M. Pourmarin professeur au collége de Louis-le-Grand, M. Thomassin principal au collége de Nevers, M. Roger censeur des études au collége de Saint-Louis, M. Lemoine proviseur au collége royal de Dijon.

M. Laborie.

(Pierre-Laurent), chevalier des ordres royaux de Saint-Louis, de la Légion d'honneur, et de Charles III d'Espagne, né à Opoul (Pyrénées-Orientales) le 12 avril 1767. Membre de l'ancienne Université de Perpignan avant la première révolution française ; principal et régent de seconde au collége de Saint-Mihiel en 1812 ; principal et régent de rhétorique à Bar-le-Duc en 1814 ; la même année, principal à Périgueux ; proviseur au collége royal d'Angers en 1819 ; recteur de l'Académie de Strasbourg en 1821, proviseur du collége de Louis-le-Grand et inspecteur général honoraire en 1824 ; inspecteur général titulaire et chargé de la direction du collége de Louis-le-Grand en 1828. Admis à la retraite le 9 août 1830, après vingt-six ans d'exercice dans l'instruction publique. Pour apprécier l'administration de M. Laborie, il suffit de voir ce qu'était le collége de Louis-le Grand en 1824, époque de son entrée en fonctions, et ce qu'il était en 1830, époque de son départ. Il est moins difficile de fonder le bon ordre que de le rétablir.

M. Emond.

(Eutrope-René-Gustave), né à Saintes (Charente-Inférieure), le 28 juillet 1797. Entré au collége de Louis-le-Grand, le 1er avril 1808 ; successivement élève de cette maison, maître d'étude, maître surveillant, agrégé des classes de grammaire et d'humanités, censeur adjoint, censeur provisoire, censeur en titre. Admis à la retraite, le 11 octobre 1838, pour cause de maladie (hémoptysie compliquée de névralgie), après être demeuré trente ans au collége de Louis-le-Grand.

CENSEURS DES ÉTUDES AU COLLÉGE DE LOUIS-LE-GRAND.

M. Chambry.

Qui devint proviseur à Bruxelles, puis au lycée Bonaparte (collége Bourbon).

M. de Wailly.

Petit-fils de l'architecte, fils du grammairien, excellent élève de l'ancienne Sainte-Barbe, fut le premier proviseur et l'organisateur du lycée Napoléon (collége de Henri IV), où l'appela M. de Fourcroy, son parent.

M. le Prévost - d'Irai.

Depuis membre de l'Académie des inscriptions et belles lettres, gentilhomme de la chambre de Charles X.

M. de Guerle.

Voir sa notice.

M. Émond.

M. Thomassin censeur-adjoint.

M. Emond a été remplacé provisoirement, jusqu'à la nomination de M. Aubert-Hix, par M. Didier, ancien élève de Louis-le-Grand, aujourd'hui un des professeurs les plus distingués de ce collége, et M. Roger, actuellement censeur des études au collége de Saint-Louis.

Un gymnase.

Le premier gymnase en France fut établi à Paris en 1817, par M. Amoros, dans l'institution de M. Durdan, rue d'Orléans, 9. C'est là que se sont formés nos professeurs de gymnastique : le capitaine Schreuder, ancien élève de l'École des Arts, le docteur Londe, Le Sèble directeur de l'École normale d'enseignement mutuel, Lefèvre peintre, le lieutenant Bourgeois, Astigaraga, etc.

Le gymnase normal du bataillon de sapeurs-pompiers, commandé par le baron Plazanet a été élevé en 1819 par M. Amoros qui en a été le directeur ; le capitaine Schreuder lui a succédé.

Le capitaine Schreuder du bataillon des sapeurs-pompiers, aidé de M. Petitot chef de division au ministère de l'instruction publique, a été le fondateur et le directeur des gymnases des colléges royaux de Paris. Le collége de Louis-le-Grand a le mérite de l'initiative. Son gymnase a été fondé, le 27 août 1829 ; celui de Henri IV, le 1er novembre 1831 ; celui de Saint-Louis, le 15 mars 1836.

C'est aussi au capitaine Schreuder que l'on doit le gymnase dressé par les ordres du roi Louis-Philippe dans le parc de Saint-Cloud, pour l'éducation physique de ses fils, le prince de Joinville, le duc d'Aumale et le duc de Montpensier, dont cet officier était le professeur.

M. Schreuder.

Pierre-Louis, né à Paris en 1796.

M. Guillon.

(Marie-Nicolas-Sylvestre), né à Paris, le 1$_{er}$ janvier 1760. Ses études, commencées au collége du Plessis, se terminèrent à celui de Louis-le.Grand. Admis dans les ordres sacrés, sous les auspices de Mgr de Juigné, archevêque de Paris. Dès l'âge de vingt-cinq ans, il se faisait remarquer par la variété et l'étendue de ses connaissances. Aumônier et bibliothécaire de madame la princesse de Lamballe, professeur de rhétorique au lycée Bonaparte (collége Bourbon), professeur d'éloquence sacrée, aumônier du collége de Louis-le-Grand, aumônier de madame la duchesse d'Orléans, aujourd'hui aumônier de la Reine, évêque de Maroc (*in partibus infidelium*). Parmi ses nombreux écrits on remarque: *La réfutation complète des ouvrages de M. de La Mennais*, la traduction des *OEuvres complètes de St-Cyprien*, l'*Oraison funèbre de la princesse Marie*, la *Bibliothèque choisie des Pères de l'Église*.

Ses prônes, au collége de Louis-le-Grand, sur les devoirs de l'écolier chrétien, sont de véritables modèles dans ce genre.

Bastiou.

(Yves), né à Pontbrieux, en Bretagne, le 19 mai 1754; mort, le 8 mai 1814. (Voir dans le *Manuel des Etudiants*, la Notice de ce vénérable aumônier de Louis-le-Grand, par M. Guillon, son successeur.)

Les dortoirs assainis, etc.

Ces travaux ont été exécutés sur les plans et sous la direction de M. Bruzard économe du collége royal de Louis-le-Grand. Il y avait bien des exigences à satisfaire, celles de la santé avant tout, et de la surveillance. On ne peut rien voir de mieux, sous ce double rapport, que les dortoirs et les salles d'études. La même intelligence présidait à la restauration de l'infirmerie, de la lingerie et de la cuisine qui ne laissent rien à désirer.

M. Husson.

(Henri-Marie), né à Reims, le 25 mai en 1772 ; membre de l'Académie royale de médecine, médecin de l'Hôtel-Dieu et du collége royal de Louis-le-Grand, médecin vaccinateur du roi de Rome, médecin consultant du roi, etc. Nous n'avons pas à parler des services rendus à la vaccine par M. Husson, du succès de ses écrits et de sa clinique, de cet intérêt d'ami qu'il porte à ses malades ; nous ne voulons voir ici que le médecin de notre collége.

Il est des hommes dont le nom seul forme un éloge complet que la parole ne peut qu'affaiblir. Aux quartiers les plus brillants de la capitale où l'appelaient sa haute réputation et sa clientèle, M. Husson a constamment préféré le quartier S.-Jacques ; c'est là qu'il peut satisfaire deux besoins de son cœur, le dévouement à Louis-le-Grand, et la bienfaisance.

Guerbois.

(Denis François-Noël), né le 17 juillet 1775. Elève du collége de Montaigu. Joignait à la connaissance des langues anciennes celles de l'anglais, de l'allemand et de l'italien; chirurgien de seconde et de première classe aux armées du Rhin, de Naples et d'Italie, chirurgien principal à Marengo. Au retour de l'armée il fut appelé dans les établissements fondés à Liancourt par le respectable duc de la Rochefoucauld dont il resta toujours l'ami; unis par la conformité du goût pour le bien, ces deux hommes ne pouvaient manquer de s'entendre. Nommé professeur de pathologie à l'école secondaire de Reims en 1808 ; chirurgien du lycée impérial (collége de Louis-le-Grand) en 1810; adjoint au chirurgien en chef de la maison royale de santé, sur la demande du célèbre Dubois, en 1811 ; membre du comité central de vaccine en 1814; chirurgien de l'hôpital Cochin en 1817 ; membre de l'Académie de médecine en 1823; chirurgien de l'hôpital de la Charité en 1834.

Mort, le 23 octobre 1838. Son éloge est dans la bouche des pauvres qu'il aidait de ses soins et de sa bourse.

Voir l'*Eloge de M. Guerbois,* par M. le docteur Salone; Juin 1838.

Molière.

Le jeune Poquelin fit, au collége de Clermont, des progrès qu'on devait attendre de son empressement à y entrer. Il y étudia, cinq années; il y suivit le cours des classes d'Armand de Bourbon, premier prince de Conti, qui, depuis, fut le protecteur des lettres et de Molière. Il y avait alors dans ce collége deux enfants qui eurent depuis beaucoup de réputation dans le monde, c'étaient Chapelle et Bernier : celui-ci connu par ses voyages aux Indes, et l'autre célèbre par quelques vers naturels et aisés qui lui ont fait d'autant plus de réputation qu'il ne rechercha pas celle d'auteur.

L'huillier, homme de fortune, prenait un soin singulier de l'éducation du jeune Chapelle son fils naturel, et, pour lui donner de l'émulation, il faisait étudier avec lui le jeune Bernier dont les parents étaient mal à leur aise; il engagea le célèbre Gassendi à se charger de l'instruire. Gassendi ayant démêlé de bonne heure le génie de Poquelin, l'associa aux études de Chapelle et de Bernier.

Voltaire, *Vie de Molière.*

Voltaire.

Voltaire était au collége, et pouvait avoir de douze à treize ans, quand il fit une petite pièce de vers pour un invalide qui avait servi dans le régiment Dauphin, sous Monseigneur fils unique de Louis XIV. Ce vieux soldat était allé au collége des jésuites prier un régent de vouloir bien lui composer un placet en vers pour Monseigneur. Le régent lui dit qu'il se trouvait trop occupé dans ce moment, mais qu'il y avait un jeune écolier qui pouvait faire ce qu'il demandait; c'était le jeune Arouet de Voltaire, qui se mit à l'œuvre et apporta bientôt son épître :

A MONSEIGNEUR, FILS UNIQUE DE LOUIS-LE-GRAND.

Noble sang du plus grand des rois,
Son amour et notre espérance,
Vous qui, sans régner sur la France,
Régnez sur le cœur des François,
Pourrez-vous souffrir que ma veine,
Par un effort ambitieux,
Ose vous donner une étrenne,
Vous qui n'en recevez que de la main des Dieux ?
La nature, en vous faisant naître,
Vous étrenna de ses plus doux attraits,
Et fit voir dans vos premiers traits,
Que le fils de Louis était digne de l'être.
Tous les Dieux à l'envi vous firent leurs présents ;
Mars vous donna la force et le courage ;
Minerve, dès vos jeunes ans,
Ajouta la sagesse au feu bouillant de l'âge ;
L'immortel Apollon vous donna la beauté ;
Mais un Dieu plus puissant que j'implore en mes peines,
Voulut aussi me donner mes étrennes
En vous donnant la libéralité.

Cette petite pièce de vers, dit Palissot, valut quelques louis d'or au pauvre invalide, et fit connaître à la cour le nom du jeune Arouet de Voltaire.

De Cheverus.

En 1824, M. de Cheverus vint donner la confirmation au collége de Louis-le-Grand. Les élèves étaient en récréation dans la cour; il aborda le premier qui s'offrit à ses yeux et se mit à causer familièrement avec lui; la balle est bientôt abandonnée, et tous accourent se ranger en cercle autour de ce nouvel hôte. On causait collége, on comparait le présent au passé; c'étaient d'anciens camarades qui se revoyaient après une longue absence; ils ne songeaient pas à se séparer, ils avaient tant de choses à se dire! Le soir, comme M. de Cheverus se retirait, on lui présenta une ode en vers français. Après avoir parlé de ces victoires du collége qui réjouissaient le cœur du grand Condé sous les lauriers de Rocroy, le poëte fait allusion aux travaux apostoliques de l'évêque de Boston :

. . . .
. . . . . . O murs sacrés,
Vous possédez dans votre enceinte
Un de ces héros vénérés
Couronnés de la palme sainte !

Mais où l'a-t-il été cueillir ?
Répondez, flots des mers profondes,
Vous, qu'il traversa sans pâlir,
Au soulèvement de vos ondes !
Boston, ne te souvient-il plus
Qu'un ange vint sur tes rivages
Jeter le germe des vertus
Dans tes champs naguère sauvages ?

Non, non, tu ne peux l'oublier ;
Il sema, le ciel fit le reste ;
Mais c'est à nous de publier
Les soins de l'ouvrier céleste, etc.

Ces vers sont d'un élève de troisième, M. de Grandchamp, le même que M. de Cheverus avait rencontré le premier sur son passage dans la cour. M. De Grand-Champ a pu dire, après avoir entendu le saint évêque : Et moi aussi, je suis poëte !

FIN.

TABLE DES CHAPITRES.

Chapitres		Pages
CHAP. I.	— De l'Université de Paris. — Colléges. — Ignace de Loyola. — Testament de Guillaume Duprat. — Décision du colloque de Poissy concernant la compagnie de Jésus.	1
CHAP. II.	— Ouverture du collége de Clermont. — Opposition de l'Université. — Julien de Saint-Germain, recteur. — Les jésuites au tribunal de l'Université. — Les jésuites citent l'Université au parlement.	10
CHAP. III.	— Premier procès entre les jésuites et l'Université. — Plaidoiries de Pasquier, Versoris et Baptiste Dumesnil. — Les parties sont appointées.	18
CHAP. IV.	— Organisation intérieure et priviléges de l'Université de Paris. — Maldonat accusé d'hérésie. — Edmond Hay. — Les jésuites ont recours à la médiation du cardinal de Bourbon. — Bulle de Grégoire XIII. — Henri III vient poser la première pierre de la chapelle au collége de Clermont.	27
CHAP. V.	— Plan d'éducation de l'institut. — Opinion de Bacon. — Etat des colléges sous Henri III. — Réforme de l'Université jugée nécessaire. — Le recteur visite les colléges. — Les jésuites et l'Université figurent dans la ligue.	38
CHAP. VI.	— L'Université et les jésuites à l'entrée de Henri IV dans Paris. — L'Université demande l'expulsion des jésuites. — Arrêt du Parlement. Echec de l'Université.	46
CHAP. VII.	— Tentative d'assassinat sur Henri IV par Jean Châtel. — Les jésuites accusés de complicité. — Perquisitions au collége de Clermont. — Procès, condamnation du père Guignard et de Jean Châtel.	55

Chapitres.		Pages.
CHAP. VIII.	— Henri IV réconcilié avec l'Eglise. — La réforme de l'Université ordonnée par le roi. — Il est question du rappel des jésuites en France. — Edmond Richer.	6²
CHAP. IX.	— Edmond Richer poursuit l'œuvre de la réforme de l'Université. — Il se déclare contre les jésuites. — Rappel des jésuites. — Remontrances du parlement par l'organe de son président Achille de Harlay. — Réponse du roi. . . .	67
CHAP. X.	— Affaire de la puissance ecclésiastique et séculière. — L'Université somme les jésuites de s'expliquer. . .	81
CHAP. XI.	— Assassinat de Henri IV par Ravaillac. — Les jésuites accusés de nouveau. — Panégyrique de saint Ignace condamné par la Sorbonne. — Filesac s'emploie pour les jésuites. . .	85
CHAP. XII.	— Projet de lettres patentes pour incorporer les jésuites à l'Université. — Mouvements d'Edmond Richer pour en prévenir l'exécution. — Nouveau procès devant le parlement . . .	90
CHAP. XIII.	— Débats contradictoires. — La Martellière. — Montholon. — Hardivilliers. — Servin. . .	95
CHAP. XIV.	— Convocation des Etats-Généraux. — Le clergé, d'accord avec la noblesse, demande pour les jésuites la permission d'enseigner, et l'obtient. — Affaire de Santarel .	110
CHAP. XV.	— Agrandissement du collége de Clermont. — Tentatives pour acquérir le collége du Mans. — Reconstruction du collége de Clermont. — Achat d'une maison de campagne à Gentilly. — Mort d'Edmond Richer . .	105
CHAP. XVI.	— Classes des Jésuites. — Académies. — On jouait la comédie au collége de Clermont. — Représentation de SUSANNA. . .	121
CHAP. XVII.	— Fondation de l'école des Jeunes de langue. — Visite de Louis XIV au collége de Clermont. — Le collége de Clermont devient le collége de Louis-le-Grand. — Patronage du monarque. . .	131
CHAP. XVIII.	— Prospérité du collége Louis-le-Grand. — Rollin . .	137
CHAP. XIX.	— Le pape Innocent XII envoie le corps de saint Maxime au collége de Louis-le-Grand. — Rollin principal du collége de Dormans-Beauvais. — Rivalité de cette maison et du collége de Louis-le-Grand	145
CHAP. XX.	— Affaire du jansénisme. — Ecoles de Port-Royal. — Racine insulté par un régent du collége de Louis-le-Grand .	153
CHAP. XXI.	— Réjouissances au collége de Louis-le-Grand, à l'occasion de la naissance du duc de Bretagne. — Procession de l'Université. — Guerre poétique.	159
CHAP. XXII.	— Coffin succède à Rollin au collége de Dormans-Beauvais. — Le Père le Tellier. — Le Père Jouvency régent au collége de Louis-le-Grand fait l'apologie de Guignard. — Dénoncé au parlement. — Intervention du roi. — Bulle UNIGENITUS. . . . . »	169
CHAP. XXIII	— Enseignement déclaré gratuit en France. — Joie des élèves au collége de Louis-le-Grand, à l'occasion de la convalescence du jeune roi Louis XV.	176

Chapitres.		Pages.
CHAP. XXIV.	— Ecole des Jeunes de langue. — Exercices littéraires des PP. Porée et la Sante. — Nouvel arrêté de l'Université contre les jésuites. — Révocation de l'appel par la faculté des arts. — Mort de Rollin.	185
CHAP. XXV.	— Voltaire. — Tentative d'assassinat sur Louis XV par Damiens.	200
CHAP. XXVI.	— Chapelle du collége de Louis-le-Grand. — Bibliothèque-Gresset.	207
CHAP. XXVII.	— Banqueroute du père Lavalette. — Arrêt du parlement contre la société de Jésus. — Les jésuites sortent du collége de Louis-le-Grand.	212
CHAP. XXVIII.	— Chef-lieu de l'Université établi au collége de Louis-le-Grand. — Les colléges qui n'étaient pas en plein exercice, réunis au collége de Louis-le-Grand. — Nouvelle administration. — M. Gardin Dumesnil, principal.	224
CHAP. XXIX.	— Liquidation des colléges réunis. — Prétentions des novateurs relativement à l'instruction publique. — Difficultés entre M. l'archevêque de Paris et le bureau d'administration. — Vente de la bibliothèque des jésuites	231
CHAP. XXX.	— Ecole des Jeunes de langue. — Etablissement du concours pour l'agrégation. — Opposition du principal du collége d'Harcourt.	239
CHAP. XXXI.	— Decalogne élève du collége de Louis-le-Grand.	247
CHAP. XXXII.	— Retraite du bureau d'administration. — Son retour au collége de Louis-le-Grand. — Robespierre. — Le désordre s'introduit au collége de Louis-le-Grand	252
CHAP. XXXIII.	— M. Champagne proviseur. — Acquisition de la campagne de Vanvres. — Création de l'Université impériale. — L'ancien collége de Louis-le-Grand devient lycée impérial. — M. de Sermand proviseur	260
CHAP. XXXIV.	— Le lycée impérial reprend son ancien nom de Louis-le-Grand. — M. Taillefer, M. Malleval, M. Berthot M. Laborie, proviseurs. — Conclusion.	268

FIN DE LA TABLE DES CHAPITRES.

TABLE

Alphabétique et analytique.

A.

Académies. — Au collége des jésuites à Paris, p. 126.
Administration du collége de Louis-le-Grand, note p. 281.
M. Agoub, note p. 384.
Agrégation (Concours pour l'), p. 240.
Alcuin, note p. 293.
Alexandre (M.) p. 263.
Alexandre (Ch.-R.), note p. 397.
Andilly (Antoine-Arnauld d'), note p. 349.
Angelet (M.), note p. 407.
Appel (Révocation de l'), p. 197.
Armand, recteur du collége de Clermont. — Sa rencontre avec le recteur de l'Université de Paris, à l'issue du procès, p. 102.
Arnauld (Antoine). — Son discours contre les jésuites, p. 51.
Arrêt qui condamne les jésuites et dissout la société de Jésus en France, p. 220.
Auger, note p. 309.
Aubert-Hix, note p. 440.
Avoir du collége de Louis-le-Grand, note p. 366.

B.

Bacon. — Son opinion sur le *Ratio studiorum*, p. 42
Ballet, p. 195.
Banquet de la Saint-Charlemagne, p. 273.
Bastiou (M.), note p. 412.
Bedeaux de l'Université, note p. 314.
Bellay (Eustache du), note p. 298.
Bequet, note p. 407.
Berardier, abbé, nommé principal, p. 255-256.
Berne (Jeu de la), p. 157.
Berne (Jeu de la), note p. 350.
Berthot (M.), nommé administrateur provisoire, p. 272.
Besson, note p. 388.
Bibliothèque du collége de Clermont, p. 206.
Bibliothèque du collége Louis-le-Grand. — Vente des manuscrits, p. 237.
Bibliothèque du collége de Clermont (Vente de la), note p. 328.
Bibliothèque du collége de Louis-le-Grand, p. 360.
Boitard (M.), note p. 407.
Bouhours (Le père), note p. 351.
Bouillon (Duchesse de), note p. 340.
Bouillon (M.), note p. 406.
Bourbon (Charles cardinal de), note p. 317.
Bourgogne (Madame la duchesse de), note p. 344.
Bourses. — Origine des bourses, p. 3. — 226 et suiv.
Bourses (Révision des), par le bureau d'administration, p. 238. — note 366-367.
Bourses (Prix actuel des), note p. 366.
Boursiers, note p. 388.
Bruzard (M.), note p. 412.
Bulle *Unigenitus*, p. 174.
Bureau d'administration (Composition du), p. 228.
Bureau d'administration (Nouveau), p. 252.
Bureau d'administration (Retour de l'ancien), p. 255.
Bureau d'administration, note p. 388.

C.

Cailleux, note p. 388.
Cardinal de Lorraine, protecteur des jésuites, p. 7.
Castel, note p. 388.
Catherine de Médicis. — Ses lettres au parlement, note p. 297.
Censeurs des études au collége de Louis-le-Grand, note p. 410.
Chambry (M.), note p. 410.

Champ-de-Mars, p. 286.
Champagne (M.), p. 260.
Champagne (M.). — Sa retraite, p. 265.
Champagne (M.), note p. 387.
Chapelle du collége de Louis-le-Grand, p. 205.
Chapelle du collége de Clermont, note p. 318.
Chapelle du collége de Clermont, note p. 328.
Chapelle du collége de Louis-le-Grand, note, p. 360.
Charpentier (M.), note p. 409.
Charles, cardinal de Bourbon, protecteur des jésuites, p. 32, 34.
Chartreuse, p. 209.
Chartreuse, note p. 362.
Chayolles (M. de), note p. 384.
Châtel (Jean). — Tentative d'assassinat sur Henri IV, p. 54.
Chauvelin, abbé, rapporteur dans l'affaire du père Lavalette, p. 219.
Chevérus (De), note p. 385.
Cheverus (De), note p. 415.
Chollets (Collége des), note p. 364.
Choiseul (Duc de), p. 221.
Circulaire de Henri IV, après l'attentat de Châtel, note p. 327.
Clément VIII (le pape). — Ses réclamations en faveur des jésuites. — Donne son absolution à Henri IV, p. 62.
Clergé (Supplique du), note p. 335.
Clermont (Collége de). — Reconstruction de la cour d'entrée, p. 114.
Clermont (Collége de). — Devient collége de Louis-le-Grand, p. 134.
Clientèle du collége de Louis-le-Grand, note p. 386.
Coffin, p. 168, 169 et suivantes.
Coffin, principal de Dormans-Beauvais, p. 170.
Coffin, recteur, p. 175.
Coffin. — Son discours à M. le régent, p. 177.
Coffin (Mandement de), à l'occasion de l'enseignement déclaré gratuit en France, p. 179.
Coffin et Rollin exclus des délibérations de l'Université, p. 197.
Colléges. — Ce qu'étaient les colléges dans le principe, p. 3.
Collége de Clermont. — Ouverture, p. 11.
Collége de Clermont (Accroissements successifs du), p. 110.
Collége du Mans, acheté par le Roi et donné au collége de Louis-le-Grand, p. 135.
Collége de Louis-le-Grand. — Sa prospérité, p. 137.
Collége de Louis-le-Grand (Education au), p. 149.
Colléges. — Réunion des colléges de non plein exercice au collége de Louis-le-Grand, p. 225.
Colléges réunis (Passif des), p. 237.
Collége de Navarre, note p. 295.
Colléges réunis à Louis-le-Grand, note p. 371.
Colléges de plein exercice, note p. 377.
Colloque de Poissy. — Sa décision concernant les jésuites, p. 8.
Colloque de Poissy (Délibération et arrêté du) concernant l'admission des jésuites en France, note p. 300.

Comédie au collége de Clermont, p. 127.
Comédie. — Personnages et acteurs, note p. 340, 341.
Comitatu. — Ce qu'on entendait par ces mots : être *e comitatu*, note p. 352.
Conclusion, p. 277.
Concours entre les professeurs de rhétorique, p. 264.
Confession (affaire de la), jugée en faveur des jésuites, p. 104.
Consul (visite du premier), p. 263.
Coret, élève en théologie, note p. 347.
Cottard (M.), note p. 404.
Cotton (le père) jésuite. — Sa réponse à Henri IV, p. 84.
Cour d'entrée au collège de Louis-le-Grand, note p. 336.
Cour. — Consternation de la cour à Versailles, p. 174.
Courçon (Robert de) note p. 295.
Crémieux (Adolphe), avocat à la cour royale, député, élève de Louis-le-Grand, p. 271.
Cures de St-Côme et de St-André-des-Arts, à la nomination de l'Université, note p. 330.
Cuvillier Fleury, secrétaire des commandements de Monseigneur le duc d'Aumale, élève de Louis-le-Grand, p. 271.
Saint-Cyran (abbé de), note p. 349.

D.

Dacier (Madame), note p. 337.
D'Alembert, p. 220.
D'Amboise (Jacques) auteur d'une supplique au parlement dirigée contre les jésuites, p. 50.
Damiens (Attentat de) sur le roi Louis XV, p. 20.
Dauphiné (la grande), note p. 338.
De Beaumanoir (Charles de) évêque du Mans, négocie avec les jésuites la vente du collége du Mans, p. 111 et suivantes.
Decalogne, p. 247 et suivantes.
Decalogne son frère nommé boursier, p. 254.
Decalogne, note p. 383.
Décrets et ordonnances concernant l'Université, note p. 397.
Delacroix (Eugène), note p. 407.
Descartes, note p. 345.
Desgranges (M.), note p. 384.
Desmoulin (Camille), p. 256.
Desmoulins (Camille), note p. 385.
Désordre (le) s'introduit au collége de Louis-le-Legrand, p. 256.
Didier (M.), note p. 410.
Difficultés entre le parlement et l'archevêque de Paris, p. 232, 235.
Divertissements au collége de Louis-le-Grand, p. 161.
Dollé (Louis). — Son discours contre les jésuites, p. 52.
Doucin (lettre du père) au recteur du collége de Louis-le-Grand, p. 145.

Doyens des quatre nations, note p. 314.
Dubarle (Eugène), note p. 400.
Du Bellay (Eustache) évêque de Paris s'oppose à l'admission de jésuites, p. 7.
Duchatel (comte Tanneguy). — Ministre secrétaire d'état, élève de Louis-le-Grand, p. 271.
Ducros (M.), p. 263.
Dulaure, note p. 364.
Dumesnil (Baptiste), avocat général. — Son discours, p. 22.
Duprat (Guillaume), évêque de Clermont. — Son dévouement aux jésuites, p. 5.
Duprat (Guillaume). — Son testament en faveur des jésuites, p. 6.
Duprat (Guillaume), note p. 297.
Duret, avocat des jésuites, p. 53.
Duval (Amaury), note p. 407.

E.

Ecoles de l'Université (turbulence des), p. 7, notes, 298.
Ecoles d'Orléans, de Lyon, de Tours, note p. 294.
Ecoles des cathédrales, note p. 294.
Ecole palatine, note p. 295.
Education au collége de Dormans-Beauvais, p. 150.
Education au collége de Louis-le-Grand, p. 124 et suivantes.
Education à Port-Royal, p. 155.
Education *superficielle*. — Combien dangereuse, p. 255.
Elisabeth reine d'Angleterre, note p. 339.
Emérites (logement des), note p. 365.
Emond (M.), p. 274, note, p. 409.
Emulation, au collége des jésuites à Paris, p. 125.
Enigmes (explication des) au collége de Louis-le-Grand, p. 194.
Enseignement gratuit, p. 176.
Enseignement des sciences et des lettres, au collége de Louis-le-Grand, note p. 324.
Enseignement au collége de Dormans-Beauvais, p. 141
Estouteville (cardinal d') note p. 329.
Evêques. — Convocation des évêques pour examiner les constitutions des jésuites, p. 219.
Exeat, au collège de Louis-le-Grand, note p. 345.
Exercices, littéraires au collége de Louis-le-Grand, p. 189.
Exercice, sous le provisorat de M. Malleval, p. 270.

F.

Faculté de théologie. — Ecrit au Saint-Père, p. 33.
Fête donnée au collége de Louis-le-Grand à l'occasion du rétablissement de la santé du jeune roi Louis XV, par le duc de la Trémouille élève du collége, note p. 334.

Filesac fait condamner par la Sorbonne les panégyriques de St-Ignace, p. 89. — entreprend d'enlever à Edmond Richer le syndicat, p. 90.
Finances. — Situation des finances du collége de Louis-le-Grand, de 1809 à 1830, note p. 367.
Fontevrault (l'abbesse de), note p. 339.
France divisée en cinq provinces par les jésuites, note p. 325.
Franchises, immunités et rentes accordées par Louis-le-Grand au collége des jésuites à Paris, p. 135.
Frélaut (le père), recteur du collége de Louis-le-Grand, p. 213.
Frélaut (le père), note p. 369.

G.

Gail, note p. 388.
Gaillande principal du collége de Sainte-Barbe appelle les jésuites pour prêcher devant ses élèves, p. 195.
Gallandius, note p. 309.
Gardin (M.), nommé principal, p. 229.
Gazette, p. 195.
Gens de service des jésuites. — Leur logement, note p. 365.
Geoffroy. — Son opinion touchant la philosophie enseignée au collége, note p. 340.
Germain (Julien de Saint), accorde aux jésuites des lettres de scholarité, p. 12.
Gerson, p. 243.
Gobinet, note p. 387.
Godard, note p. 388.
Goffaux (M.), note p. 388.
Grades (tentative des jésuites pour obtenir de l'Université l'admission aux), p. 152.
Grades dans l'ancienne Université, note p. 316.
Grandchamp (M. de) note p. 416.
Greffier de l'Université, note p. 315.
Grellot (M.), note p. 406.
Gresset, p. 209, note 362.
Guerbois (M.), p. 279.
Guerbois (M.), note p. 413.
Guéret accusé d'être de complicité avec Châtel, p. 56.
Guerle (M. de), p. 267-274, note p. 403.
Guerre poétique, p. 167.
Guignard. — Perquisitions dans la chambre de ce père. — Son jugement. — Sa condamnation, p. 56.
Guillaume de Saint-Amour, note p. 295.
Guillon l'abbé, p. 275.
Guillon (M. l'abbé), note p. 361.
Guillon (M. l'abbé), note p. 411.
Guyot (M.), note p. 405.
Gymnase, p. 275.
Gymnase, note p. 411.

H.

Hardivilliers (Pierre d'), recteur de l'Université, p. 100.
Harlay (Achille de). — Son discours à Henri IV en faveur de l'Université, p. 71.
Harlay (François de), p. 122, note p. 340.
Hay (Emond), recteur au collége de Clermont, p. 34.
Hebert, note p. 397.
Henri III vient poser la première pierre de la chapelle du collége de Louis-le-Grand, p. 37.
Henri IV (Tentative d'assassinat sur) par Jean Châtel, p. 55.
Henri IV. — Sa réponse au discours d'Achille de Harlay, p. 75.
Henri IV rappelle les jésuites en France, p. 79.
Henri IV. Sa mort, p. 86.
Henri IV (Conversion, abjuration de), note p. 326.
Henri IV. — Sa circulaire après l'attentat de Châtel, note p. 327.
Humières (Abbé d'), note p. 388.
Husson (M.), p. 279.
Husson (M.), note p. 412.

I.

Ignace de Loyola, fondateur de la compagnie de Jésus, p. 4.
Ignace de Loyola, note p. 296.
Incurables (Hospice des), note p. 340.
Infirmerie, note p. 364.
Innocent XII (Le pape) envoie le corps de St-Maxime au collége de Louis-le-Grand, p. 18.
Inscription (Nouvelle) du collége de Louis-le-Grand, p. 231.
Installation des professeurs, p. 229.

J.

J. Janin (M.), élève du collége de Louis-le-Grand, p. 271.
Jansénisme (Affaire du), p. 183.
Jansénius, note p. 347.
Jésuites. — Leur entrée à l'hôtel de Clermont, p. 5.
Jésuites. — Obtiennent de Henri II des lettres patentes pour l'érection d'un collége à Paris, p. 8.
Jésuites. — Achètent l'hôtel de Langres, p. 10.
Jésuites. — Consternation des jésuites à la mort de Henri IV, p. 86.
Jésuites. — Obtiennent la permission d'enseigner à Paris, p. 107.
Jésuites. — Acquisition d'une maison de campagne à Gentilly, p. 118.
Jésuites. — (Enseignement des) au collége de Clermont, p. 122. — Comment ils entendaient l'éducation, p. 123 et suivantes.

Jésuites (école nomale des), p. 123.
Jésuites. — Faveur des jésuites en France, p. 138.
Jésuites. — Sortent du collége de Louis-le-Grand, 221.
Jésuites. — Abandon où ils se trouvèrent en sortant de Paris, note p. 328.
Jeunes de langue (fondation de l'école des), p. 131.
Jeunes de langue, p. 161.
Jeunes de langue (école des), p. 178.
Jeunes de langue, p. 239.
Jeunes de langue (École des), note p. 384.
Joie des élèves du collége de Louis-le-Grand, à l'occasion de la convalescence du jeune roi Louis XV, p. 183.
Jouannin (M.), note p. 384.
Joubert (M.), note p. 384.
Jourdain (Le père) fait représenter, au collége de Clermont, sa tragédie de *Susanna*, p. 129.
Jouvency (Le père) fait l'apologie de Guignard, p. 171.
Jouvency (Affaire du père), assoupie par ordre du roi, p. 172.
Jouvency (Le père), note p. 353.

K

Kieffer (M.), note, p. 384.
Kilian, note p. 401.

L.

Laborie (M.), p. 275, 274 et suivantes.
Laborie (M.). Sa définition d'un bon collége, p. 277.
Laborie (M.), note p. 409.
Lachalotais et Lalande, note p. 381.
Lafayette (Madame de), note p. 337.
Lamartellière, avocat de l'Université, p. 96.
Landi, note p. 315.
Langues grecque et latine (Apologie des), p. 254.
Langues grecque et latine (Éloge des), note p. 380.
Laromiguière (De la), note p. 388.
Lavalette (Banqueroute du père), p. 214.
Lebret, substitut du procureur général. — Ses paroles concernant les jésuites, p. 9.
Legris-Duval, note p. 385.
Lemaistre (MM.), note p. 349.
Lemarchand (Abbé), p. 271.
Lemoine (M.), note p. 409.
Lenoir (M.) visite le collége de Louis-le-Grand, note p. 245.
Lettres de scholarité (Texte des) accordées par Julien de Saint-Germain, note p. 306.

Lettres patentes. — Projet de lettres patentes pour incorporer les jésuites à l'Université, p. 90.
Liquidation des colléges réunis, p. 232.
Lire. — Définition de ce mot par l'Académie, note p. 307.
Logement des professeurs, note p. 386.
Lorraine (Cardinal de), note p. 300.
Louis-le-Grand le roi), visite le collége de Clermont, p. 135.
Louis XIV (minorité de), p. 121.
Louis XIV assiste à la représentation de *Susanna*, p. 130.
Louis XIV donne son nom au collége des jésuites à Paris, p. 135.
Louis XIV envoie son buste en marbre au collége des jésuites à Paris, p. 136.
Louis XV s'oppose aux prétentions des novateurs, p. 235.
Louis XV complète le vingt-huitième effectif du bail des postes à l'Université, p. 240.
Louise (madame), note p. 396.
Louvel, principal du collége d'Harcourt, p. 240.
Louvois (marquis de), note p. 357.
Luce de Lancival. — Lecture de son discours. — Sa mort, p. 264, 265.
Luce de Lancival, note, p. 388.
Luce de Lancival, note p. 402.
Lucien Bonaparte, note p. 339.

M.

Maldonat. — Affluence des écoliers à ses leçons, p. 31.
Maldonat. — Dénoncé par le recteur comme coupable d'hérésie, p. 31.
Maldonat, notes p. 309.
Malleval (M.), nommé proviseur, p. 269.
Malleval (M.), note p. 408.
Manglard (abbé), p. 278.
Mans (Collége du). — Il tombe en ruines; les jésuites négocient pour l'acheter, p. 111.
Mans (Collége du). — Ses bâtiments donnés par Louis-le-Grand au collége des jésuites à Paris, p. 135.
Mans (Vieux), note p. 363.
Mans (Neuf), note p. 363.-364.
Marchand, organiste du collége de Louis-le-Grand, p. 148.
Marcou (M.), note p. 406.
Marmoutiers (Les jésuites achètent le collége de), p. 116.
Marseillais. — Passent une nuit au collége de Louis-le-Grand, p. 237.
Mathière, note p. 369.
Mathurins (Couvent des), note p. 314.
Matuschewitz, note p. 407.

Maugras (M.), note p. 388.
Maugras (M.), note p. 408.
Menus plaisirs des boursiers, note p. 389.
Molière, note p. 413.
Montebello (Duc Napoléon de), ambassadeur de France, élève de Louis-le-Grand p. 271.
Montholon (De), avocat des jésuites, p. 97.
Montholon (De), note p. 332.
Montholon (De). — Son discours, note p. 333.

N.

Nations (Organisation des), note p. 316.
Noblesse (Supplique de la), note p. 335.
Nombre des élèves du collége de Louis-le-Grand, note p. 365, p. 367.
Novateurs (Prétentions des) concernant l'instruction publique, p. 233.

O.

Organisation des colléges de la compagnie de Jésus, note p. 323.
Origine de la compagnie de Jésus en France, p. 281.

P.

Panégyriques de St-Ignace. — Soulèvent une grande tempête à Paris, p. 87. — Condamnés par la Sorbonne, p. 89.
Parallèle de Rollin et de Richer, p. 139.
Parallèle entre le collége de Louis-le-Grand et le collége de Dormans-Beauvais, p. 149.
Parchemins (Vente des), note p. 315.
Parlement. — Refuse d'enregistrer les lettres patentes de Henri II pour l'érection du collége des jésuites, p. 6.
Parlement (Arrêt du) concernant les bâtiments et propriétés du collége de Louis-le-Grand, p. 224.
Parlement de Paris (Homologation du) touchant l'arrêté du colloque de Poissy, qui concerne les jésuites, note p. 304.
Pasquier, avocat de l'Université, p. 20.
Pasquier, note p. 308.

Passerat. — Parle des jésuites dans une de ses leçons, p. 50.
Passerat, note p. 328.
Porée. Le père, note p. 359.
Patronage. — Effets du patronage de Louis XIV au collége de Louis-le-Grand, p. 135.
Pension (Prix de la) sous les jésuites et sous le Bureau d'administration, note p. 366. —Prix actuel de la pension, p. 366.
Perraut, note p. 388.
Petit (M.), note p. 404.
Pierrot (M.), p. 277.
Placet au Roi, par le jeune duc de la Tremouille, p. 184.
Poignard (Abbé), nommé principal, p. 251.
Port-Royal, note p. 347.
Portalis. — Paroles de Portalis au Corps législatif, note p. 399.
Porte (Grande) du collége de Louis-le-Grand, note p. 336.
Port-Royal, p. 154.
Port-Royal (Ecoles de), p. 155.
Possevin de Mantoue. — S'emploie pour les jésuites, p. 24.
Postes (Origine des), p. 176.
Pourmarin (M.), p. 27, note p. 409.
Pré-aux-Clercs, note p. 299.
Prévost d'Irai (M.), note p. 410.
Principal (Installation du), p. 229.
Principaux. — Liste des principaux du collége de Louis-le-Grand, note p. 289.
Prisons établies au collége de Louis-le-Grand pendant la terreur, p. 258.
Prix (Distribution des), note p. 343.
Procès entre les jésuites et l'Université, p. 18.
Procès des jésuites et de l'Université, p. 92.
Procession de l'Université, p. 162.
Procureurs des Quatre-Nations, note p. 314.
Professe (Maison), note p. 318.
Propositions. — Les cinq propositions de Jansénius, note p. 347.
Prospérité du collége de Louis-le-Grand, p. 137.
Proviseurs. — Liste des proviseurs du collége Louis-le-Grand, note p. 299.
Provisoire (Effet du), dans les colléges, p. 275.
Proyart (Abbé), note p. 383.
Prytanée, note p. 397.
Pucelle (Abbé), p. 173.
Pyramide érigée devant le palais de justice, sur laquelle est gravée la condamnation des jésuites, note p. 327.

R.

Racine insulté par un régent du collége de Louis-le-Grand, p. 158.
Racine. — Lettre à Boileau, note p. 351.

Ramus, note p. 309.
Ratio studiorum. — Plan d'études des jésuites (Analyse du), p. 30.
Ratio studiorum (Texte du), note p. 319.
Réaction (Esprit de) en France, p. 201.
Réaction en France après la mort de Louis XIV, p. 202.
Reboul, note p. 397.
Receveur de l'Université de Paris, note p. 315.
Recteur de l'Université de Paris. — Interpose son *veto,* p. 11.
Recteur de l'Université de Paris. — Rejette la supplique des jésuites, p. 14-15.
Recteur de l'Université de Paris. — Ses prérogatives, p. 27.
Recteur de l'Université de Paris. — Ses réclamations pour être admis aux Etats-généraux, p. 106.
Recteur de l'Université de Paris. — S'oppose à la vente du collége du Mans, p. 114.
Recteurs du collége de Louis-le-Grand (liste des), note p. 281.
Recteur de l'Université (Appareil qui environnait le), note p. 313.
Recteur de l'Université de Paris. — Ses honoraires, note p. 315.
Rectorat de l'université de Paris, note p. 313. — Sa durée, 313. — Conditions exigées des candidats, p. 313.
Réforme de l'Université vivement réclamée, p. 43.
Réforme au lycée impérial, p. 266.
Remi d'Auxerre, note p. 295.
Retraite (Pension de), note p. 385.
Revenus du collége de Louis-le-Grand, note p. 386.
Ricci, général de l'ordre des jésuites, p. 220.
Richelieu (Cardinal de). — Aimait les jésuites. Pourquoi, p. 118.
Richer (Edmond). — Sa naissance, sa jeunesse, p. 65.
— — Chargé de réformer l'Université, p. 66.
Richer (Edmond). — Ses démarches auprès du parlement en faveur de l'Université, p. 69.
Richer (Edmond) — Ses démarches pour conjurer l'effet des lettres patentes, p. 91.
Richer (Edmond). — Ses débats avec le nonce Ubaldin et le duc d'Épernon, p. 105. — Sa mort, p. 119.
Rivalité du collége de Louis-le-Grand et des écoles de Port-Royal, p. 157.
Robespierre (Gratification accordée à), p. 234.
Robespierre, p. 258.
Roger (M.), p. 271.
Roger (M.), note p. 410.
Romet (M.), nommé principal, p. 256.
Rohan (Anne de), note p. 340.
Rohan-Chabot (M. de), note p. 344.
Rollin, p. 139.
Rollin (Ce qu'était), p. 139.
Rollin et ses élèves, p. 141.
Rollin, professeur, p. 141.
Rollin, recteur de l'Université, p. 142.
Rollin. — N'approuvait pas les représentations théatrales dans les colléges, p. 144.

Rollin (conseil de), aux instituteurs, p. 144.
Rollin, coadjuteur au collége de Dormans-Beauvais, p. 149.
Rollin, principal au collége de Dormans-Beauvais, p. 150.
Rollin, sort du collége de Dormans-Beauvais, p. 170.
Rollin et Coffin, p. 175.
Rollin (Discours de), à l'occasion de l'enseignement déclaré gratuit en France, p. 181.
Rollin, ami de la retraite. — Sa mort, p. 198-199.
Rollin. — Sa maison, note p. 356.
Russes, passent une nuit au collége de Louis-le-Grand, p. 258

S.

La Sablière (Mme de), note p. 357.
Sacy (de), note p. 349.
Sacy (M. de), note, p. 384.
Saint-Just, p. 286.
Salles de réception et des actes, p. 209.
Santarel. — Affaire de Santarel, p. 108.
Santeuil, p. 166.
Sceau (grand) de l'Université, note p. 314.
Schreuder (M.), p. 275.
Schreuder (M), note p. 411.
Scourion Thomas), recteur de l'Université de Paris, p. 35.
Séguier (M.), premier président, note p. 369.
Seignelay (marquis de), termine l'affaire du collége du Mans, p. 155.
Sermand (M. de), nommé proviseur, p. 265.
Sermand (M. de), note, p. 403.
Service de la maison, note, p. 324.
Servin, avocat-général au parlement, p. 100.
Sévigné (Mme de), note p. 357.
Sévigné (marquis de), note p. 349.
Siége de Paris (les jésuites et l'Université pendant le), p. 44.
Simon (M.), note p. 384.
Sollier (le père), traduit les trois panégyriques de saint Ignace, p. 87.
Sorbonne, divisée au sujet de la puissance ecclésiastique et séculière, p. 81.
Supplique des jésuites à l'Université (Texte d'une), note p. 310.
Suzanna, tragédie à laquelle le collége des jésuites doit le patronage de Louis-le-Grand, p. 129.
Syndic de l'Université, note p. 314.

T.

Taillefer (M.), nommé proviseur, p. 269.
Taillefer (M.), note p. 408.
Thèse de Coret, élève en théologie, note p. 548.
Thèse soutenue par le jeune marquis de Louvois, note p. 357.
Thomassin (M), note p. 409.
Tombeaux (Violation des), p. 260.
Topographie du collége de Louis-le-Grand sous les jésuites, note p. 362.
Tour (Père de la), note p. 369.
Tremouille (Duc de la), élève du collége de Louis-le-Grand. — Son placet au roi, p. 184.
Trémouille (Duc de), note p. 354.
Trésor découvert au collége de Louis-le-Grand, note p. 36.

U.

Universitaire (l'), p. 245.
Université de Paris. Fait remonter son origine à Charlemagne, p. 1.
Université de Paris. Ses priviléges, p. 11, 29.
Université de Paris. Son organisation, p. 27.
Université de Paris. Reconnaît Henri IV, p. 47.
Université de Paris. Fait une adresse au Parlement pour demander l'expulsion des jésuites, p. 48.
Université de Paris (réforme de l'). Exécutée, p. 63.
Université de Paris. Somme les jésuites de s'expliquer sur la question de la puissance ecclésiastique et séculière, p. 82.
Université de Paris. Son impuissance pour arranger ses affaires, p. 106.
Université impériale (organisation de l'), p. 264.
Université de Paris. — Versions diverses touchant son origine, note p. 293 et 294.
Université de Paris. — A donné naissance aux Universités qui se formèrent dans plusieurs provinces, note p. 307.
Université de Paris. — Nomme aux cures de Saint-Côme et de Saint-André-des-Arcs, note p. 330.
Université de Paris. — Bâtiments qu'elle occupait au collége de Louis-le-Grand, note p. 365.
Université de Paris. — Note p. 397.
Unigenitus — Bulle, p. 197.
Unigenitus. — Bulle, p. 203.

V.

Vanvres (Acquisition du parc de), p. 261.
Vanvres (Château de), p. 271.
Vanvres (Château de), note p. 389.
Vatimesnil (M. de), p. 275.
Verdun (De). — Premier président au parlement. Son interpellation aux jésuites, p. 102.
Versoris, avocat des jésuites, p. 26, 21.
Villemain (M.), p. 265, note p. 402.
Voltaire, élève du collége de Louis-le-Grand, p. 201.
Voltaire (Lettre de) au père Porée, p. 201.
Voltaire. — Lettre au père de Latour, p. 202.
Voltaire. — Son opinion relativement aux casuistes, p. 203.
Voltaire, note, p. 414.
Wailly (M. de), note p. 410.

FIN DE LA TABLE ALPHABÉTIQUE ET ANALYTIQUE.

ERRATA.

Page 26. Quand on les représentait voulant comme s'isoler, *lisez :* comme voulant s'isoler, etc.
— 63. De la Grelle, *lisez :* De la Guesle, etc.
— 119. Fin d'Edmond Richer. — Nous avons suivi la tradition populaire, adoptée par l'abbé Racine; mais en rapprochant les dates de la mort d'Edmond Richer et de sa dernière rétractation, surtout en considérant combien était impolitique cet acte de violence qui ne pouvait manquer de devenir public, on reconnaît que la scène où le père Joseph, de l'ordre des capucins, joue un rôle si étrange, est dépourvue de vraisemblance.
— 122. Comme nous vu, *lisez :* comme nous l'avons vu, etc.
— 124. De Pardics, *lisez :* De Pardies, etc.

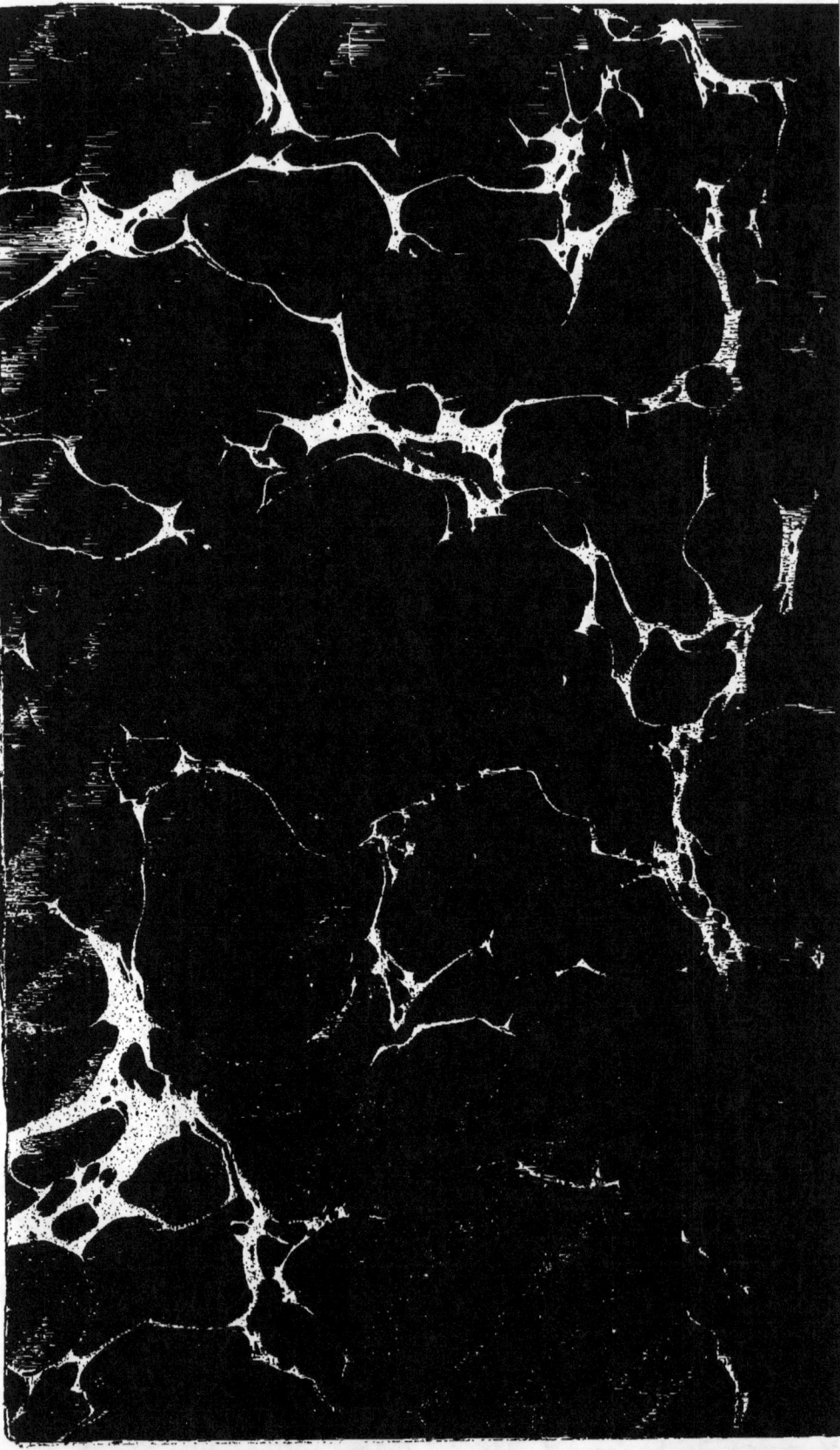

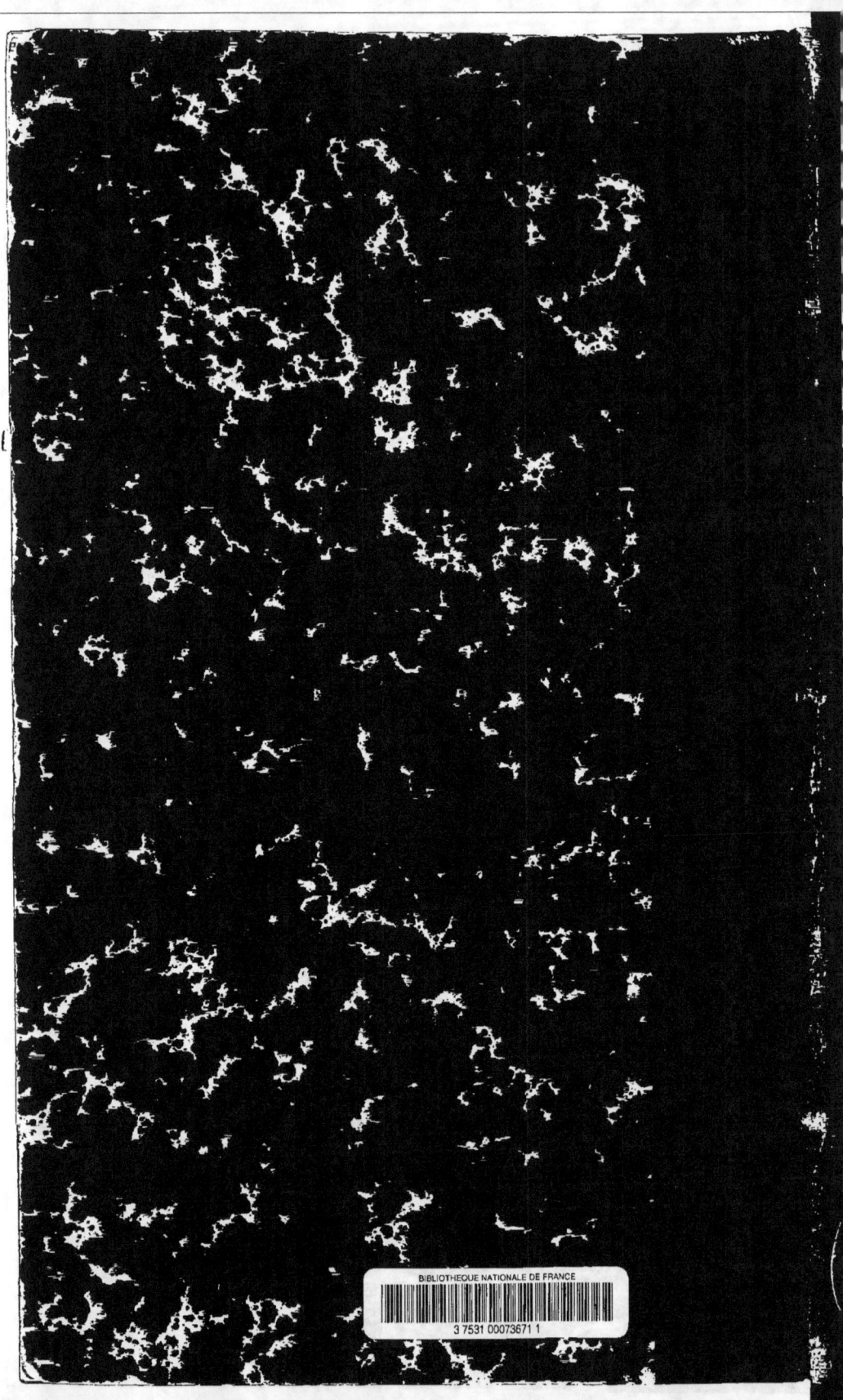

www.ingramcontent.com/pod-product-compliance
Lightning Source LLC
Chambersburg PA
CBHW070535230426
4366SCB00014B/1694